えろこれ
ERO-COLLE

映画と文藝

日本の文豪が表象する映像世界

清水純子
Junko Shimizu

彩流社

目次

はじめに

本書は、外国映画化された日本の文豪の文学作品と、その映画化を論じる。

ここで取り上げる文学作品が超一流であることは疑いもないが、その映画化は、優劣において、好悪において、さまざまである。一般に原作がすぐれていればいるほど、その映画化が原作を凌ぐのはむずかしいとされる。

だが、映画には小説の出版以上に制約される厳しい事情がある。文学作品の映画化は、文字による芸術を、役者の肉体を使った演技によって表現されたものをカメラで記録して新たな表現形式に変換するのだから、原作通りのイメージがそのままスクリーンに映ることは常には期待できない。読書という無限の時間をさくことを許される活動を、銀幕上の作業はわずか二時間前後でまとめあげなければならない。映画化においては、スタッフやキャストへの支払い、ロケのための経費、映画に必要な背景、衣装や装置を整えるための費用、それに原作者への著作権も含めて莫大な費用が生じる。何千万あるいは何億円という費用を捻出するプロデューサーの確保が先決であるが、最終的にその出費を赤字にしない観客数の確保ができなければ破綻する。経済的には、映画は出版以上に大事業である。小説が読んでもらわなければならない以上に、映画は見てもらわなければやってゆけないビジネスなのである。それゆえ、よほど強力な経済的後ろ盾がある場合を除いて、映画は観客の嗜好を意識して製作しなければならない。そのうえ、文学作品の映画化は、原作者が存命であれば心強いとばかりは言えず、原作のニュアンスとは違うとか、あの女優、あの男優が演じるのは嫌だとか、原作者の思い入れゆえに映画化の障害になる場合もあると聞く。

このように幾重にもわたる困難を抱える文学作品の映画化に意味があるかと言えば、大ありである。観客は、お気に入りの文学作品の映画化を待ち望んでいるからである。映画より原作の方がよかったと感想を漏らす観客は、それでも映画化それ自体を喜んでいる場合が多い。自分の読みを映画化と比較検討できたからである。活字によって頭の中で描いていた印象が、役者の姿と具体的な景色や背景を伴った映像によってビジュアルに確かめられたので、自分の読みに自信がついたり、映像化によって自分だけの読書では気づかなかった点にはっとしたり、まったく別の角度からの解釈を教えられることもある。映画は舞台となる場所でロケを行うことが多く、綿密な時代考証を経た建物、家具、衣装等によって小説の背景を忠実にリアルに再現するので、読書の裏付け、是正をしてくれる。さらに、忙しい現代人は、読書の時間はないけれど、二時間程度ですめば映画で小説を読む手間に変えたい、その方が楽だし、知らないよりはいいでしょ?と思う。その結果、映画が気に入ると、原作を手にとってしまう。それだから映画化が決定した小説は、映画の写真入りの帯がついて書店に並ぶわけである。このように原作から映画の流れは、一方通行ではなく、双方通行である。

本書の挑戦は、外国で映画化された日本の文豪の小説を原作および日本の映画化と比較して論じることにある。外国での映画化に際して、製作者も出演者も日本での映画化を当然参考にしたと思われるが、中には外国だけで映画化された作品、清少納言の『枕草子』や三島由紀夫の『午後の曳航』がある。

目次を見ると、妖艶で怪しく、不気味というか、怪奇にして華麗なデカダンスに満ちた作品がひしめいている。日本文学がすべて妖艶な変態的傾向の作品群で構成されてきたわけではないのに、外国で映画化された日本の文学作品は暗い官能の甘美に満ちたものばかりが選ばれている。小説家の田中慎弥は、川端康成の『虹いくたび』を評して「日本文化そのものが妖美《ようび》と奇怪と変態に彩られているのだ」(『虹いくたび』解説、新潮社、平成二十八年)と述べるが、外国人の眼にも同様に映ったのに違いない。西洋の人々にとって、日本は依然として東洋の神秘をまとう遠い国と映り、そういう非日常の妖しい日本の世界に心を遊ばせることを西洋の人々は密かに望んでいるということになる。しかし日本文化の特徴をうす暗い妖しさに見るのは、外国人の錯覚や偏見とは言い切れないのも事実である。谷崎潤一郎は随筆『陰翳礼賛』で、日本人の芸術的感性と美意識は、陰翳の中にこそ存在する、朦朧たる薄暗闇の中の陰翳を認め、陰翳を生かすことによって育ったのであり、日本の美は闇との調和によって生みだされた、と説いている。谷崎は日本家屋独特の薄暗い陰翳と座敷の暗さに触れているが、気密性と機密性の低い、薄暗い家屋の暗がりの中で魑魅魍魎が徘徊する奇怪な空想が日本の文学に集結したともいえる。谷崎の言う部屋の陰翳なくしては、本書で扱う名作の数々は生まれなかったかもしれない。

また本書の文豪の多くが活躍した二十世紀は、サイコロジーとその応用が盛んな時代だった。谷崎、川端、三島の小説に表れたSM嗜好、人格分裂、母性への固着は、フロイトを始めとする精神分析学者がその原因を明らかにして人間の理解を深めようと苦心してきたテーマでもある。日本の文豪は、日本らしさを誇り、日本人のアイデンティティを表明するが、このことはとりもなおさず万人が隠し持つ心の闇の追求に他ならなかった。近代の日本文学者は、欧米経由の精神分析を熟知して、人間の陰の部分への研究を怠らず、関心を深めていた。ほの暗い日本家屋の闇にも似た人間の暗い部分の描写と精緻な分析に、外国の映画関係者は理解を容易にして深く共感したに違いない。陰翳礼賛に満ちた大文豪の小説とその映画化についての理解を深め、楽しんでいただければ幸いである。

第一章　『枕草子』(*The Pillow Book*)　ピーター・グリーナウェイのパロディ

ピーター・グリーナウェイによる映画化

『ザ・ピロー・ブック』(*The Pillow Book*, 1996)は、宮中に仕えた日本の女性作家、清少納言によって九九六年から一〇一〇年に書かれたと推察される随筆集『枕草子』の間テキスト化である。間テキストとは、「あるテキストの意味を他のテキストとの関連によってみつけだすこと」、あるいは「先行テキストから借用したり変形したりすること」、つまり「あるテキストの中に別のテキストが存在すること」を意味する。

「草子」は、「冊子《さっし》」の音変化によるものであり、「紙を綴じ合わせて作られた書物、綴じ本」の意味であるが、「枕」については諸説がある。「枕」が「寝具」を意味することから、枕元に置くべき書物、枕のように人に見せるものではない書物、「枕言」「枕歌」の「枕」が表すように「肝心の部分」「肝要」という含み、あるいは「歌枕」のように「歌にとって不可欠な歌の心が宿る所」その他様々な解釈がされてきた。結局、「枕草子」の書名の意味は、明確にされていない。

日本文化に対するパロディ

ピーター・グリーナウェイの『枕草子』は、日本の古典の名作に忠実な映画化を期待した観客に肩すかしを食わせる作りである。鹿島茂は「肌の上の書物論」と題して、以下のように評価する。

なんだこりゃ。ピーター・グリーナウェイの『枕草子』を見た日本人の平均的観客の感想を一言で要約すれば、まずはこうなるにちがいない。『枕草子』という題名に惹かれて映画館に足を運んだ観客のなかには、馬鹿にされたと憤慨する人もいるかもしれない。

だが、欧米人、とりわけインテリの目からすると、これは相当に興味をそそる映画であることは確かだ。といっても、それは、キモノや書道、漢字、京都といったテーマ自体が、オリエンタル・ジャパンに対するエキゾチシズムを喚起するからではない。むしろ、そうした月並みなテーマをあえて使って、ヨーロッパ文化と日本文化とを無理やりに衝突させ、そこに生まれるなにものかを見ようとするグリーナウェイの方法に、ひとつの可能性を感じると思われるからだ。実際、これは牽強付会すなわち強引なこじつけをあえて方法論として採用した映画だ。

（鹿島42）

グリーナウェイの映画では、ヒロインの清原諾子《キヨハラナギコ》が、金で買った男にベッドの上で筆をもたせて自分の背中に文字を書かせ、背中ごと枕に押しつけてその文字を印字した枕を持ちかえる場面がある。原作の『枕草子』がどういう含みを持とうと、現代の清少納言を目指すヴィヴィアン・ウーが演じるナギコにとっては、ベッドの上で書かれた作品は、文字通り、そして皮肉な意味においても「ザ・ピロー・ブック」となる。グリーナウェイ版は、清少納言版へのオマージュを捧げているようにみえて、実は現代のイギリス人による日本の原作の隠微で淫猥なパロディ化である。パロディとは、揶揄、風刺、批判を目的として著名な芸術作品の構成や文体を巧みに取り入れて模倣し、作り変えた作品、あるいはその手法のことを指す。リンダ・ハッチオン(Linda Hutcheon)は、『パロディの理論』(*A Theory of Parody*)において以下のように述べる。

パロディとは、皮肉な「文脈横断」と転倒を用いた、差異を持った反復なのである。背景となるパロディ化されるテクストと新作品との間には批評的距離が、通常アイロニーにより示される距離があるとされている。しかしこのアイロニーは、原作を貶めるだけでなく、遊び心にあふれたものでもありうる。つまり破壊的であるだけでなくて、建設的な批評でもありうるのだ。パロディのアイロニーの楽しみは特にユーモアから来るというよりも、共謀したり距離をとったりの相互テクスト的な「跳躍」(E・M・フォースターの有名な用語)に読者がどれくらい参加するかによるのだ。

(ハッチオン78)

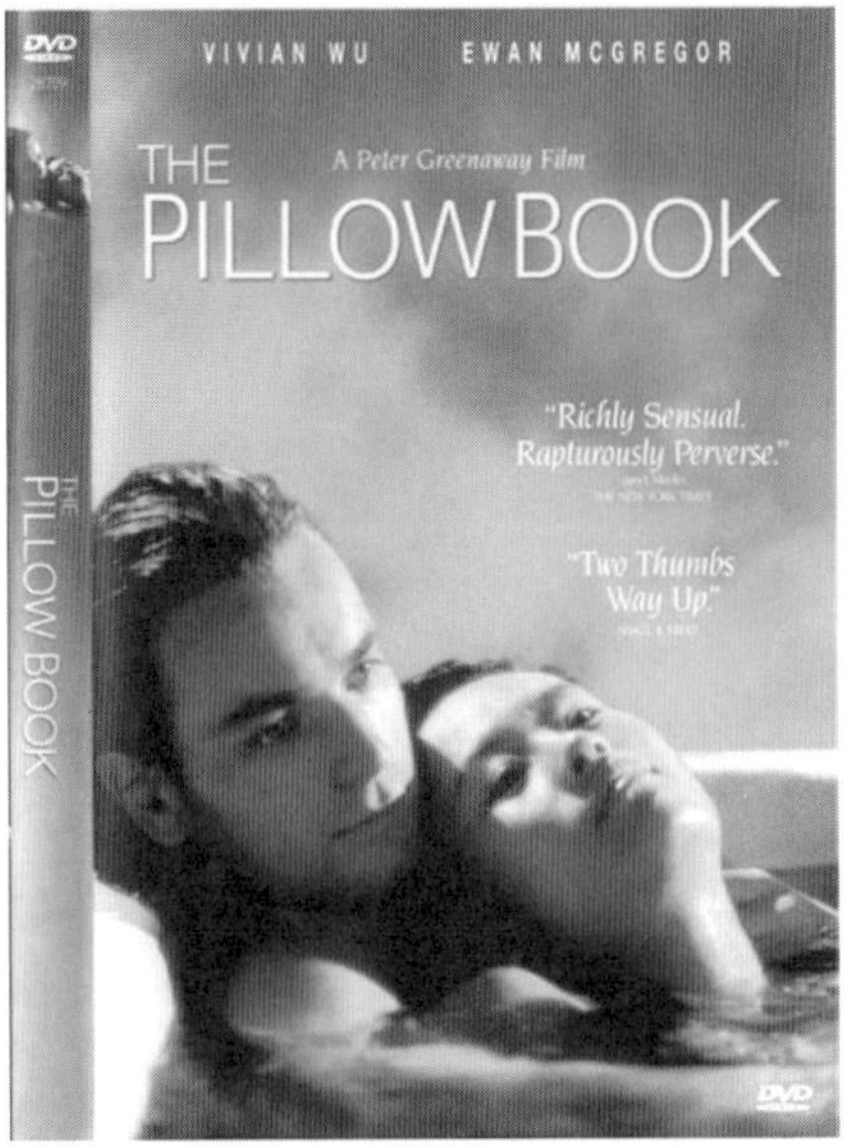

映画『枕草子』
VHS：『ピーター・グリーナウェイの枕草子』
監督 & 脚本：ピーター：グリーナウェイ
製作：キース・カサンダー
衣装・美術：ワダ・エミ
出演：ヴィヴィアン・ウー、緒方拳、ユアン・マクレガー、ヨシ・オイダ、吉田日出子、ジュディ・オング他、イギリス、フランス、オランダ合作、1996 年、発売：バップビデオ
DVD：The Pillow Book, 内容は上と同じ（dir. Greenaway, Peter. Prod. Kasander, Kees. Perf. Vivian Wu, Ewan Mcgregor), Columbia Tristar, 1998.

清少納言

中宮定子の女房として仕えた清少納言は、後宮を機知に富んで洗練された風情で書き記した。清少納言は、主人の中宮定子の凋落という厳しい現実にもかかわらず、一貫して物事を肯定的に美しくとらえ、惨めな日常に触れることなく、毅然とした姿勢を示した。

グリーナウェイのナギコの人間の肉体に書かれる文字には、懐疑、不安、裏切り、欺瞞、呪詛、恥辱、屈服、汚濁、暴力、死などの否定的言葉とイメージが充満する。ナギコとの仲たがいが原因で服毒自殺した恋人ジェローム(Jerome)との約束を果たしてしたためられた「十三の書」は、生きているジェロームと死んだジェローム、スウェーデン及びアメリカの白人男性、日本人男性、日本の力士、日本の僧侶の全身の肌および舌を紙代わりに描かれる。

ここでは、書物と肉体の機能は相似形とみなされ、紙代わりの個々の人物の肉体に対する非難、

愚弄、愛欲、官能が書きこまれる――「喉／第一の書／計画表／私は肉体を本の代わりにして描きたい／そしてこの肉体とこの本は／十三巻の本の第一巻になるのだ」("Throat/ The First Book / The Agenda / I want to describe the Body as a Book / And this Body and this Book / will be the first Volume / of thirteen volumes" Greenaway 102)（中略）「臍から尾骨へ／本と肉体の機能は単独のものではない／もしも複合的務めが遂行されるならば」("Nape to Coccyx/ No function of book or body is singular / If a multiple service can be performed." Greenaway 102)、肥満したアメリカ青年の肉体に毛筆で綴られた「第五の書」は「露出狂の書」("THE BOOK OF THE EXHIBITIONIST")と題され、「装飾過多の書、ぶざまに太って、赤らんでいる／多すぎる頁が詰め込めこまれている／肉のつきすぎた表紙に。重量オーバーの一冊／膨れ上がった労作で脂ぎっている／言葉という言葉は子音というコレステロールではち切れそう／太っちょの言葉が充満している／頁は皮下脂肪で塗りたくられている／（中略）この本は減量すべきだ／（中略）この本は金メッキしたカリフラワーだ／悪臭を放つのだ／たっぷりと熱湯をかけた後には。（中略）下肢／この本のユーモアはしつこくて、悪趣味だ／命令口調の虚字にあふれている／この本の機知をありがたく味わえという命令調だ」("A gaudy volume, gross and florid, / too many pages stuffed into too/ fleshy covers. An overweight volume. / It's greasy with expanded effort. / Each word is pumped up with consonant cholesterol. / It's full of fat words. / the pages cream with subcutaneous fat, /…This book needs to lose weight /…This book is gaudy like a gilded cauliflower / which smells so bad after / a good hot water soaking, / Lower Leg…Its humour is heavy and vulgar / full of expletives commanding you / to appreciate its wit." Greenaway 102&106)。

清少納言が『枕草子』執筆を開始したのは、主人の中宮定子が内大臣《うちだいじん》伊周《これちか》から送られた陸奥紙二十枚の高級紙を清少納言に下されたことがきっかけだと最後の段に書かれる。清少納言自身によって披露された逸話の真偽のほどはわからないが、十世紀前後の日本にあって、紙は貴人がうやうやしくいただく高価で尊いものであったことは確かである。それに対して、グリーナウェイの現代（一九七〇年代から二〇〇〇年まで）では、紙は安価なものに落ち、熱帯雨林を切り倒して地球温暖化を促進する地球規模の人類共通の犯罪の促進物になり下がっている。紙の大量消費の元凶であり、ゆえに多くの紙を所有するヨシ・オイダが演じる香港の出版社の日本人社長は、権力と金力に物を言わせて、従業員を酷使する男色者である。グリーナウェイは、清少納言とおぼしき女官を映画の画面のさらなる内枠に囲われた枠内に登場させて「人生の喜び二つ——肉体と文学の喜び」と言わせ、人間の肉体を毛筆の受け皿である紙に代用させる行為の正当化をはかる。ナギコが男たちの肉体の上に毛筆で書き入れた書物に社長が幻惑されるのだから、内枠にいる千年以上前の清少納言の言葉は皮肉に響く。逆に言えば、清少納言がうやうやしくのたまう言葉を映画はパロディ化している。映画内の清少納言は、「すばらしきもの」の一つとして「仏像の木の肌」を挙げるが、ナギコの「すばらしきもの」は、筆でしたためるのに適したすべりのいい男の肌であった。ナギコの紙になりたい男たちは、ナギコに肌を許そうとするが、ナギコは簡単には気に入らない。ジェロームを恋人に選んだのは、むだ毛を剃った後の彼の肌は、筆ののりがよかったことが一つの理由である。

グリーナウェイは、醜く、煩雑な現実を超越して、凛とした美しい世界を築いた清少納言の『枕草子』とは対極にあるナギコを取り巻く、おどろおどろしく、グロテスクな世界をスクリーンに映し出す。清少納言同様、ナギコも京都の名家の生まれとされるが、ナギコの父は生計を立てるために男色家の出版社社長の餌食になっていた。幼いナギコの誕生日には、必ず肌に毛筆で意味深い言葉を書き、書の喜びを教えてくれた父、心身共にナギコの創造主《クリエイター》であった父が、出版業者に凌辱される場面を幼いナギコは意味もわからずに目撃する。長い黒髪を垂らした、着物姿の稚児のナギコが襖を開けて見たのは、父に背後から覆いかぶさった後で、おもむろにはだけた着物の前をとじ、へりくだる父から原稿を受け取り、札束を差し出す出版業者の姿であった。書道家であるナギコの父・清原元輔《きよはらのもとすけ》は、同じく歌人であった清少納言の父と同姓同名に設定されているだけに、ここにも原作のパロディ化が見られる。この場面では、音声と映像を巧みに使用して、幾層にもわたるパロディが挿入される――枕元で叔母に『枕草子』を読んでもらい眠るナギコ、「素晴らしい香を焚き込めて一人横になる時」という叔母の朗読する声、そしてその叔母を写し出す画面の内枠に、美しい着物を着て休む平安時代の清少納言の姿が映る、そして男色行為を終えて起き上った父と出版業者の姿が交互に映し出され、ブラックユーモアの効果を醸しだす。清少納言が『枕草子』を執筆したのは、格式高く、典雅な京都の宮中であった。それとは対照的にナギコの書家としての活動は、香港の食材になった後の動物の臓物が投げ捨てられる通りに面した、猥雑な場末の安ホテルのベッドの上でなされる。

ナギコは、六カ国語を自由に操るインテリの翻訳家の恋人ジェロームによって、「書かれる女」から「書く女」へと変身する。父を始めとする男たちによって、肌に文字を書かれることにエクスタシーを味わってきた受け身の女、ナギコは、男の肌に書く能動の女に生まれ変わる。ナギコは書を通じて、客体から主体へと変身する。ナギコは、恋人ジェロームによって、父譲りの書道家としての資質を発掘され、現代の清少納言として産声を上げた。

しかし、ここでも、清少納言の美意識とナギコのそれとのあからさまな対比は明らかである。清楚で格調高く描かれた宮中を記した書『枕草子』は、恥も外聞も投げ捨て、金で買われた男たちの肉体の上に、あられもない現実の汚濁を綴ったナギコの肉体の書にパロディ化される。

三島由紀夫

清少納言は、一族の男たち、そして主人の中宮定子を襲った不遇を静かに受け入れて、言葉に表わさないことを美意識として貫いた。しかし、現代の清少納言ナギコは、父と恋人ジェロームを凌辱した出版業者への憎悪をむき出しにして、おぞましい復讐計画を練る。日本人には不思議に映る、最後の場面の男色の出版業者の無抵抗の死は、日本の現代文化に対するグリーナウェイのグロテスクなパロディだと解釈できる。ナギコのカリグラフィーに惚れた日本人青年写真家の誘いにのってナギコは出版を試みるが、成功しない。肉体の書は肉体によって売りこむべきだと気づいたナギコは、男色者の出版社社長を誘惑するためにジェロームの肉体に筆で字を書いて送りこむ。ナギコの計画は的中して編集業者は陥落するが、ジェロームがその代償として凌辱される。嫉妬に狂ったナギコは、絶交のふりをしたところ、絶望したジェロームは狂言自殺の果てに死ぬ。自分の創造主と仰ぐ父と恋人の二世代にわたって辱められたナギコは、出版業者の気をそそる男の肉体に、次々と挑発的な言葉を綴り、二十一世紀を迎えた新年の夜、最後に十三番目の「死の書」を送る。書を肉体に書かれた日本人青年は、出版業者の喉を日本刀でかき切るが、出版業者は青年の「おまえはもう充分長生きしたのだ」という言葉に反発せず、覚悟していたかのように切られる。裸の日本人青年に年配の男色家の出版業者が切られる場面は、二十世紀日本の代表的文豪である三島由紀夫の最期をパロディ化したのではないだろうか。この場面は、一九七〇年に日本刀で割腹自殺を遂げる際に、盾の会の若い隊員に首をはねさせた三島由紀夫の姿を彷彿とさせるために欧米人観客は、日本人のメンタリティーにのっとった行動として疑問を抱かないのだろう。

日本の軍歌

出版社社長の支配する印刷所、ナギコの横暴な夫の弓道場では、日本の軍歌がバックグラウンド・ミュージックとして聞こえてくる。ナギコの物語の時代背景は一九七〇年代から二〇〇〇年までなので、この音楽は明らかに時代錯誤《アナクロニズム》である。グリーナウェイは、現代の日本文化に無知で、日本では今でも日常的に軍歌が流されていると思っているわけではないだろう。出版社社長や夫の縄張りに軍歌を流すことが、グリーナウェイのパロディの手法である。グリーナウェイは、権力と地位を利用して、自分の利益と快楽のために弱い者を搾取し、いたぶる出版業者、そしてナギコの日記が中国語や英語で書かれるから盗み読みできないと怒って日記を燃やす夫の横暴と専制君主ぶりを、戦前の日本の帝国主義、国粋主義、特に日本の軍隊のやり方になぞらえているのだろう。

また「『ロミオとジュリエット』のロミオのように、毒を飲んだふりをして生き返る」はずだったジェロームが本当に死んでしまったのは、発案者が欧米人ではなく、たどたどしい英語を話す恋敵の日本人青年ホキであったために物語の構成上文化的不協和音を引き起こし、予想が成就しないことを暗示する。またジェロームが消化不良を起こしたかのように、黒いイカ墨のような汁を口から垂らして死ぬ姿には、日本文化と欧米文化が本当に混じり合って一つになることのむずかしさが見られないだろうか。

機知と洗練に富んだやりとりをこよなく愛した清少納言の鋭い感性を反映した『枕草子』には、美しい美の世界が造型される。それに対して、モデルをしながら男性遍歴を重ねるナギコの作品は、美しいとばかりはいえない裸体の男たちの肌に書かれた汚濁の言葉を羅列した呪いの書である。清少納言は、初稿を道長の猶子(貴族社会の家族制度で、兄弟・親戚や他人の子と親子関係を結ぶ制度)源経房を通じて道長に見せて評価を仰ぎ、有利になるように計ったといわれる。清少納言の父の元輔は、もともと受領階級の下級官僚に過ぎず、この時すでに亡くなっていたうえに、清少納言は年老いた夫とも不仲であった。後ろ盾になる男性の不在という点に関して、ナギコも同じ境遇である。ナギコが自分の書を出版するために出版業者に直接売り込むことをせず、恋人ジェロームの肉体を媒介にする所も、源経房を仲介役にした清少納言のやり方のパロディであろう。ナギコは、状況と手段は清少納言に習っているが、洗練とつつしみに著しく欠ける。ナギコの清少納言との相似と相違は、パロディの特質である原作との「皮肉な差異」(ハッチオン15)を浮き立たせた結果、原作の「反復であるが、差異を含んだ反復」(ハッチオン87)に仕上がっている。

西洋文化/聖書に対するパロディ

西洋文化由来の最大のパロディは、旧約聖書「創世記」の万物の創造主であるユダヤ教およびキリスト教の「父なる神」のイメージをナギコの父の元輔にかぶせている点である。聖書は、神は神のイメージにかたどって人を造られたと語る。そしてナギコの父は、経典を読む声をバックに、ナギコの創造主だと宣言する――「神、はじめに土より人かたを造りし時、目と口とほと(陰、女陰)とを描き入れたり。しかるのち、おのおの自らの名前を忘れざるべしと、おのおのの名を書き入れる。神みずから造りしものを認めたまいし時、目鼻入れたる人かたにわが名を書きこめて、命のいぶきを与えたる」。ユダヤ・キリスト教の神は、完全無比の唯一神であるから、その神に一人の人間の男が自分をなぞらえることは、聖書の神に対する冒瀆である。緒方拳が演じるナギコの父の元輔は、ナギコの生みの親であり、書の喜びを教えた人生の導き手であるから、ナギコにとっては神のように大切で、頼りになる存在だったはずである。しかし、現実の元輔は、男色者の編集長に身売りすることで一家を養わねばならない売れない作家だった。ナギコの神を名乗る父は、犯され、汚されることによって存在しえた。ナギコは、幼い頃に覚えた父の筆の感触を大人になっても忘れることができず、性的関係を持つ男には、自分の体に筆で文字を書きこむことを強要した。ナギコは、毛筆によるボディ・ペインティングを性感を高めるフェティシズムとして貪るようになっていた。ナギコの神である父は、ナギコのフェティッシュの創始者ということになる。清少納言の「筆は喜びの道具、その意外な効果を人はいつも忘れているようでございます」という言葉は、皮肉で淫猥な響きを伴って観客に迎えられる。

ナギコは、自分を「書かれる女」から「書く女」へ変えてくれたジェロームに、第二の父を見て、恋する。ジェロームは、六ヶ国語を操る、腕のたつカリグラファーであり、ナギコの理解者である。しかし、ジェロームもナギコの書の売り込みのために父と同じ出版業者に同じように凌辱される。ナギコの第二の神・ジェロームも汚され、地に落ち、死に至る。葬儀に現れたジェロームの母は、「ジェロームは作家になるためのイマジネーションが足りなかったために必要以上に雑多な言葉で世界を散らかした、あの子は、十二歳までは言語障害があり、父親に似て、ものを壊すのが得意、特に人間関係を壊すのが好きだった」と語る。才能豊かな美青年に見えたジェロームも、ナギコの父と同じように作家一本でやっていけるほどの器量はなかった。導き、守ってくれるように見えたナギコの神は二人とも現実の世界では堕落した神であり、堕天使だったのである。

美男の死と人皮紙

死んで埋葬されたジェロームの墓を出版業者が暴く場面は、エドガー・アラン・ポー（Edgar Allan Poe, 1809-49）を始めとする西洋のゴシック小説のパロディである。ポーはその小説中で、「美女の死」を嘆く男の幻想を紡いだ。映画では「美男の死」を初老のゲイの出版業者は深く悲しむ。ジェロームの肌を忘れられない出版業者は、遺体を掘り起こして、筆文字の書き込まれたジェロームの体中の皮膚を裁断して、紙同様に製本する。出版業者は、ジェロームから作った本を開いて眺め、匂いを嗅ぎ、裸になった自分の肌に巻きつけて、ジェロームを恋しがる。出版業者もナギコと同じく、男の肌に書かれた文字をフェティッシュに愛でることになり、ナギコの復讐は完成へと向かう。

死んでもなお美しいジェロームの文字が書かれた肌を製本する出版業者の行為は、想像を絶するグロテスクな行為である。日本の文化においても「耳なし芳一」のように、魔よけのために経文を僧侶に筆で体中に書き込んでもらったが、経文を書き忘れた耳だけが化け物に取られてしまう話は存在する。しかし、古来、記録の媒体に筆と紙を用いてきた日本には、動物の皮膚を紙代わりに使用するという文化は存在しない。それに対して、肉食を常としてきた欧米文化には、動物の皮に文字を書いて記録する「羊皮紙」の伝統がある。紀元前二五〇〇年頃、エジプトで羊皮紙が使用され、紀元前百年頃には、聖書にも使用されているのが発見された。この聖書は「死海文書」と呼ばれ、一九四七〜一九七九年に死海のほとりのクムランで発見された。「死海文書」は、ヘブライ語で書かれ、「イザヤ書」を始め、千近くの文書が含まれている。ユダヤ教では、死海文書の時代から現在までも聖書の記述に羊皮紙を使うこともある。欧米では、羊皮紙は「ステータスと永久文書としての耐久性」のために欧米では現在も用いられることがある。その例として、メキシコの卒業証書、聖書を羊皮紙に手書きで書いて現代の写本を生みだそうという計画であるイギリスの「セント・ジョンズ・バイブル・プロジェクト」(St. John's bible Project)が挙げられる(「羊皮紙」の項目は、Wikipedia『羊皮紙の歴史』参照)。さすがに人皮紙の伝統は、欧米においても存在しないが、美しいジェロームの皮膚を本にするという発想法は、羊皮紙の伝統を持つ欧米人ならではである。

人皮紙のアイディアは、西洋文化の羊皮紙使用に対するパロディである。聖書では、人間は「羊」にたとえられるので、羊＝人、人＝羊の構造が成り立つが、この点にもグリーナウェイはひっかけて茶化しているのだろう。古来、草食系であった日本文化の中に、肉食系西洋文化を持ち込んで、グリーナウェイはブラック・ユーモアを添加した。洗練された美の世界を理想とした清少納言の『枕草子』は、肉食系西洋文化の影響を受けて、グロテスクなパロディ化を施される。

素材は日本、視点は欧米

原典『枕草子』の清少納言が活躍した十世紀末から十一世紀初頭にかけての日本は、国風文化(日本風の文化)が栄えた。八九四年に菅原道真の提案によって遣唐使が廃止され、中国文化の輸入がとりやめになると、奈良時代の文化(唐風)に代わって、日本独自の文化が発展した。しかし、唐や高麗との対外交流は活発に行われ続け、中国や朝鮮の文物はたくさん日本にやって来た。映画でも「中宮定子が唐の緑の絹の着物を着ておられる」という清少納言のナレーションが入っていたように、当時の日本の上流社会では、唐の品物および文化が珍重されていた。清少納言の時代も異文化交流はあったが、現代の日本のように世界各国の人々が行き来する時代ではなかった。

映画『枕草子』の成立それ自体が、二十世紀末の日本の異文化交流の多彩を物語る。ウェールズ生まれの英国人監督グリーナウェイが英国で十世紀の日本文学を英訳で読み、映画化のためにロケ隊を率いて来日し、日本人スタッフと共に一つの映画を作りあげたということが国際交流の成果である。映画の中では、英語、日本語、広東語を中心に、北京語、ヴェトナム語、オランダ語、フランス語、ラテン語、イディッシュ語が自由自在に話され、書かれ、飛び交う。出演俳優と製作スタッフは、日本人、中国人、イギリス人、フランス人、オランダ人その他多種多様である。ロケ地は、京都、香港、ルクセンブルグである。

グローバル化時代に相応しく、映画内のナギコも徹底してインターナショナルな存在である。ナギコは、京都の名家に生まれるが、母は中国人である。ナギコは、日本語、中国語、英語の三カ国語を流暢に操り、世界を股にかけて活躍する国際的モデルへと自力で躍進する。ナギコが男に求めるものは、父譲りのカリグラファーの腕に加えて、国際性である。ナギコが白人男性ジェロームに惹かれたことの一つに、彼の持つ国際性が挙げられる。ジェロームはナギコと出会った時は、イディッシュ語を含めて四ヶ国語を理解する通訳であった。ジェロームは、ナギコの身体に「主の祈り」と「アメリカ独立宣言」を英語で書き込んでナギコに「エイリアンだ」と嫌われるが、ナギコと交際後は、日本語と中国語にまで理解の幅を広げていく。

グリーナウェイは、ナギコとジェロームの交際を軸に異文化同士の「完全な融合」(Parfait Mélange)をフランス語で、美しく高らかに歌いあげる。ジェロームはナギコの嫉妬を完全な拒絶と誤解して狂言自殺の挙句、本当に死んでしまうが、日本の京都の実家に戻ったナギコは、彼の子供を生む。異人種同士である若い二人の血は、誤解による行き違いの後、一つになって完全に融合する。脚本を書き、監督をてがけたグリーナウェイの日本理解が浅薄なものでないことは、原作の巧妙なパロディ化の手腕に表わされる。映画『枕草子』が、日本の原典とは似ても似つかぬ作品に仕上がっているのを見て、グリーナウェイの日本理解の確かさを疑うのは、映画の趣旨を見誤っている。グリーナウェイは、清少納言の『枕草子』を欧米人流にパロディ化したかったのであり、原作に忠実な映画化をめざしたわけではないからである。清少納言の『枕草子』は、原作であると同時に素材であり、インスピレーションの元である。

映画に潜む二重の声

すぐれたパロディの特徴であるアイロニー、ユーモア(多くはブラック・ユーモア)、批判精神、「共謀したり距離をとったりの相互テクスト的な『跳躍』」(ハッチオン78)がグリーナウェイの『枕草子』には見られる。その「飛躍に読者がどれくらい参加するかによる」(78)は、日本でよりもむしろ欧米での評価を見た方がよい。日本人観客は、日本の古典を原典にしているので、日本人の方がこの映画の意図をより理解しやすいと考えるかもしれない。しかし、英国人グリーナウェイは、欧米人に親しみやすいイメージ、比喩と連想を多用している。日本文化を基調にしているように見えながら、この映画は欧米文化、および欧米人が持つステレオタイプ化されたイメージに詳しくないとわかりにくい部分が多くある。その一番良い例は、ジェロームのエスニシティである。「ジェロームはイディッシュ語がわかる」のであり、ナギコの肌にイディッシュ語で文字を書く場面で、欧米の人はジェロームがユダヤ系の青年ではないかと考える。その推量が正しいことは、ジェロームの母が「ジェロームの父はカトリックに改宗しました」「名前はイシュマエルなので、改名したかったのも無理はないわ。彼は旧約聖書から新約聖書へ、そして砂漠の初期のカトリックに改宗したの」(筆者訳。二番目のこの部分は映画のセリフとは違うが、Greenaway 86に明記)という会話が百パーセントの裏づけとなっている。一度も「ユダヤ(系)(Jew, Jewish)」という言葉は出てこないが、欧米人には自明の理である。では、ユダヤ系であるか否かがそれほど重要なことかと問われれば、欧米社会においては実は非常に重要なのである。誰も声高にユダヤ系だとは言わないが、ユダヤ系であれば「白人に見えるが、本当の白人ではない」、したがって差別の対象になるという淫靡な認識へと導かれる。

グリーナウェイの『枕草子』が人種差別から無縁の映画で、異人種間の融合と異文化の融合を歓迎すると考えるのは楽観的である。美しく、知的な白人青年ジェロームが日中混血のナギコと融合して、さらなる混血児を生みだすことにイギリス人観客が鷹揚でいられるのは、白人のアングロ・サクソン文化の外で起きたことだからである。東洋人であるナギコもユアン・マクレガーが演じるユダヤ系英国人のジェロームも、白人文化の周縁に置かれた他者なので、何をしても関係はない。またジェロームの遺体が掘り起こされて、その肌が東洋人の男色家の製本作りの素材にされても、英国人観客のプライドが傷つくことはない。第二次世界大戦中、ナチスの強制収容所では、ユダヤ人の皮膚や脂肪を利用した製品が生み出されていたのだから、美しいユダヤ系青年の肌が羊皮紙の代用にされても日本人が驚くようには驚かないかもしれない。大戦中、日本はナチスと同盟国であった歴史から、軍歌をバックにする出版社の社長には、ナチスの倒錯的で非道な高官のイメージがだぶる可能性もある。グリーナウェイは、自由奔放なイメージと主題を用いるために、イギリスでも賛否両論の評価を得ているようだが、イギリス人のプライドを過激に刺激するような作り方はしていない。踏み出してはいけない点をふまえて、守るべきところはしっかり押さえて巧妙に作っているので、英国社会において根本的に非難を浴びることはない。

欧米でのユダヤ系に対する冷遇は、日本人には理解できない問題である。外見は白人であるし、あらゆる分野に優れた人材を輩出し、影響力を持つ人物を世界中に抱えるユダヤ系の人々への偏見は不可解である。なによりも不思議なのは、聖書はユダヤの民の書であり、イエス・キリストもユダヤ人であるのに、なぜそのユダヤ系が尊敬されないばかりでなく、差別されるのだろうか。グリーナウェイの映画にユダヤ系への差別が意図的に埋め込まれているとは思わないが、欧米におけるユダヤ系に対する視点は日本人の理解を超えるものがある。おそらくユダヤ系だとして差別する側もされる側も、その理不尽を明晰に説明することは不可能なのではないか。

監督グリーナウェイの『枕草子』への思慕

(1)映画は絵画と言葉

グリーナウェイは、画家をめざしていたが、映画監督に転向した。そのためだろうか、グリーナウェイの映画には、色彩感覚が豊かで、奇抜で、前衛的絵画のような映像があふれている。たしかにグリーナウェイの映画を見た一回目は、豊かで個性的な映像ばかりが記憶に残る。しかし、二回、三回と回を重ねて見るたびに、言葉の豊かさ、そしてその言葉の背後に潜む、皮肉でユーモラス、きわめてハイブロウな視点と思想に驚かされる。絵画と言葉の関係をグリーナウェイ自身は以下のように語っている。

確かに絵画は意識している。(中略)一方、私は文学にも惹かれる。とりわけ、英語の文学にね。言語そのものにも私は大いなる興味を持っている。イメージで遊ぶのも、言葉で遊ぶのも、両方とも好きだ。そういう意味では、私は自分自身をフィルムメイカーではなく、映画という媒体に身をおいた画家であり、また、小説家だと思っている。(「インタビュー『ピロー・ブッ

ク を知ってるかい?』」85)

(2)カタログ・リストとしての『枕草子』

「映画における画家であり、また小説家」であるグリーナウェイが日本の古典『枕草子』の映画化を思い立ったのは、『枕草子』の分類学的リストという文学的形式にあったと述べる。

『枕草子』のなかで私が惹かれたのは、この本に現れたカタログ・リストです。(中略)これは経験科学的な手法ではなく、どうでもいいようなこと、朝の異なる時間の気温や、虎の吐く様々な色の息をリストに挙げています。ここには一九世紀のドイツ的規格化の感覚を見出すことができます。しかも西洋の感覚ではまったく重要とは思えないものをリスト化している。つまりこのリスト自体が西洋的目録作成の批判となっているわけです。(中略、この間、ミッシェル・フーコーの『言葉と物』、ボルヘスの『幻獣辞典』を例に挙げる)私が『枕草子』に感嘆するのは、千年も前に同じことをやっていたからです。私は常にノン・ナラティヴな形で素材を構成することに興味を持っているのですが、その意味で『枕草子』はノン・ナラティヴだといえるでしょう。(中略)もうひとつ『枕草子』が私の興味をひくのは、その形式にあります。連詩形式による作品構成ですね。(中略)「文学」と「肉欲」は信頼に足るテーマですからね。この二つと清少納言を、現代的なコンテクストのなかで融合させようとしたわけです。

（「インタビュー『ボルヘスに最大の影響を受けた』」21―22）

（3）書物への愛

グリーナウェイの映画『枕草子』の解釈はむずかしいとされるが、グリーナウェイの「書物への愛」を知れば理解しやすくなる。鹿島茂は、この点に関して二通りの解釈法を示唆する。一つは、この映画がジェイムズ・ジョイスの『ユリシーズ』をまねた神話対応物としての再現であるから、書物と映画は対応関係をもっているということである。もう一つは、「ストーリーや複雑な構成は、じつはほとんど意味がなく、ある一つのことをあらわにすると同時に隠してしまうアリバイにすぎない」のであり、「あらわにされながら隠されているものはなにかといえば、それは多分、グリーナウェイの『書物への愛』ということなのではないか。つまり、これは『枕草子』に触発された書物論を映画という形で展開したものと解することができる」（鹿島43）。鹿島茂は、映画『枕草子』のストーリーや複雑な構成はグリーナウェイの「書物への愛」を隠蔽するための無意味な隠れ蓑に過ぎない、グリーナウェイは清少納言の『枕草子』に触発された自己の書物論を映画の形で表現したと述べている。鹿島の分析はさらに続く――西洋には、ペンを用いたカリグラフィー（欧文の文字を美しく見せるように手法）が存在するが、これは毛筆を用いた日本や中国における書道に対応するものである。西洋のカリグラフィーは、ペンのとがった先で羊の皮、あるいは紙の上を力づくで引っ掻き、インクをしみ込ませることによって字を記す。いわば、ペンによる皮もしくは紙のレイプである。ペニスとヴァギナあるいはアヌスとの二元論的衝突ととってもいい。それに対して日本の筆は、紙の表面をやさしくなでつけ、墨というしっとりとした水気を使って紙に字をしみ込ませる。筆が仲人になり、紙と墨の合意のもとに、両者の合一を果たすのである(鹿島43)。

グリーナウェイは、和風の書物の在り方に魅せられたのだろう。書物を表わす目的で使われるあの毛筆が人肌の上を這ったら、どのように気持ちいいだろう、と想像したに違いない。ここで、グリーナウェイの「文学」と「肉欲」(「インタビュー『ボルヘスに最大の影響を受けた』」22)は、結婚して一体化する。ナギコの父を始めとする男たち、それにナギコが人肌に記す文字は、ひらがなではなく、漢字が多く使われる。清少納言は女性なので、当時の風習に従って、漢字ではなく、ひらがなを用いたことまでグリーナウェイは熟知している。

しかし、グリーナウェイは中国の影響から抜け出せずに漢字を使う男性よりも、「解放されて、日本独自の言葉の道を歩いていた」女性文化を評価した(グリーナウェイ&淀川「からだのことば映画のことば」24)。それにもかかわらず、グリーナウェイはひらがなではなく、漢字を多用した。それは表音文字であるひらがなに対して、漢字は表意文字であるため、字そのものがその物を表わす絵であり、絵画的要素において優るためではないだろうか。グリーナウェイは言う――「東洋の文字は形と意味が結びついたものです。西洋ではその部分は切り離されています。(中略)映画には言葉とイメージ(映像)をうまく結びつける可能性があると僕は信じています。この映画の中には、肉体は本であり、本は肉体なのだという比喩《メタファー》があります」(「ピーター・グリーナウェイ監督

Interview」『ピーター・グリーナウェイの枕草子』」）侵略的ペンの文化で育った西洋人グリーナウェイは、筆の文化の受容的視覚的触覚的エロティシズムに惚れたのである。

（4）異文化理解の鍵は「似て非なるもの」

ピーター・グリーナウェイは、十六歳か十八歳の時にアーサー・ウェイリーの英訳によってこの日本文学の古典を知り、「彼女が私的リストをずらずらとあげ続ける部分は、映画のシナリオとしてとても魅力的に映りました」「九九六年という時代の日本で、これほど洗練された随筆を書いていたことに僕は驚嘆したんです。（中略）この女性は生意気で気取り屋なところなど、二十世紀の西洋社会に通じるものがたくさんあります。短気で怒りっぽくて、アイロニーがあって、男達に皮肉な視線を向けています」（「ピーター・グリーナウェイ監督Interview」『ピーター・グリーナウェイの『枕草子』」）と答える。グリーナウェイは、清少納言の『枕草子』を通じて日本文化に興味を持ったのである。

しかし、グリーナウェイは、日本文化の研究者ではないし、日本に住んでいるわけでもなく、あくまで一人の英国人として日本文化を映像化した。西洋文化内の人間が東洋文化に興味を持つ多くの場合に共通する現象として、「似て非なるもの」を求めることが挙げられる。グリーナウェイの育った西洋には、カリグラフィーの伝統があるが、日本の書道も書く行為によって文字の美しさを表現する東洋の造詣芸術としてのカリグラフィーである。グリーナウェイは、書道に西洋の伝統の

「似て非なるもの」を発見して、興味を抱いたのである。作者の清少納言は、古《いにしえ》の異国の女性だが、その個性には現代の西洋の女性に似たところがあり、グリーナウェイが共感を抱く余地があった。グリーナウェイによると、十世紀のヨーロッパでは、女性がこれほどの楽しみと自由をもって文字を書くこと、文学の教養を与えられることは考えられず、「十世紀に書かれたこの宮廷物語の作者が女性だったということが、たいへんな驚きだった」(グリーナウェイ&淀川「からだのことば 映画のことば」15)。

このように異文化に対する興味を刺激される時は常に、自国の文化との比較が根底にある。育まれてきた文化の類似点と相違点の双方を兼ね備えた異文化に惹かれ、魅了されるのが人間の常である。グリーナウェイは、英国人として日本文学の『枕草子』を眺め、英国の文化的コンテクストの中で異文化日本を再構築し、自国文化の中に融合させた。この映画のベースは西洋文化にあるので、インテリの欧米観客の方が日本人よりも映画『枕草子』を理解するのは容易かもしれない。しかし、日本の観客には、日本文化が異文化の中でどのように受容され、変形されうるのかを眺める快楽がある。自分の姿を写す鏡が多少変形していたとしても、それはそれでおもしろいではないか。自分はこんな顔じゃないと怒らず、その前衛芸術《アヴァンギャルド》のありようを楽しむぐらいの心の余裕を持つことも異文化理解には必要であろう。

参考文献

石田穣二「解説」新版『枕草子』上巻・下巻、石田穣二訳注、角川学芸出版、一九七九年

大伴茫人「終わりに」『枕草子』大伴茫人編、ちくま文庫、筑摩書房、二〇〇七年

鹿島茂「肌の上の書物論」『広告批評』二〇六号、月刊広告批評、一九九七年

岸上慎二『清少納言』(人物叢書)吉川弘文館、一九六二年

グリーナウェイ、ピーター「インタビュー・ピーター・グリーナウェイ―ピロー・ブックを知ってるかい?」聞き手:大森さわこ『Peter Greenaway―グリーナウェイ』、『イメージフォーラム一月増刊号 No.144』、ダゲレオ出版、一九九二年

――「インタビュー・ピーター・グリーナウェイ―ボルヘスに最大の影響を受けた」聞き手:編集部、『Peter Greenaway―グリーナウェイ』、『イメージフォーラム一月増刊号 No.144』

――「ピーター・グリーナウェイ監督 Interview」『ピーター・グリーナウェイの枕草子』Cinema Rise No. 67、エース ピクチャーズ、バップ、一九九七年

グリーナウェイ、ピーター&淀川長治「からだのことば 映画のことば」『広告批評』二〇六号

小西聖一『紫式部と清少納言』(NHK人間日本史)理論社、二〇〇三年

坂口由美子「解説」『枕草子』角川書店編、角川学芸出版、一九九一年

清少納言『枕草子』角川書店編、角川学芸出版、一九九一年

――『枕草子』大伴茫人編、ちくま文庫、筑摩書房、二〇〇七年

――新版『枕草子』上巻・下巻、石田穣二訳注、角川学芸出版、一九七九年

ハッチオン、リンダ『パロディの理論』辻麻子訳、未来社、一九九三年

Greenaway, *Peter. Peter Greenaway: The Pillow-Book*, Paris: Dis Voir, 1996.

オンライン・データベース

「羊皮紙の歴史」(出典:羊皮紙工房 Atelier du Parchemin 二〇一〇年)Online.7 Jan. 2011.<http://www.youhishi.com/introduction_history.html>.

第二章　芥川龍之介「藪の中」多様な読みを許す複数の視点

小説「藪の中」

芥川龍之介（一八九二～一九二七年）の短編小説「藪の中」（一九二二年）は、平安時代を舞台にした「王朝物」と呼ばれる歴史小説のひとつであり、『今昔物語』巻二九の説話集から素材を得ている（吉田240―241）。原典は単なる盗みの話で、男と称される夫の金沢武弘は殺されない。芥川は原典にない盗人の色情を付加したので、芥川の「今昔もの」の中では最も創作の度合いが強いものだとされる（吉田245）。風のいたずらが垂絹を舞い上がらせ、菩薩のような女である妻の真砂の顔を露わにしたため、欲情をそそられた盗賊の多襄丸は、その夫を計略にかけて縛り上げ、女を夫の前でレイプする。その後、男は死体になって発見されるが、犯人は誰なのか、盗人、女、男の三人の告白が違っていて真相はわからない。つまり真実は「藪の中」である。

レオン・サーメリアンは、物語を「有意義な情緒的経験についての一貫性ある記述」と定義し、

「物語の形式も内容も、どの語り手を選ぶかに大きく依存する」(サーメリアン67)と述べる。語り手はそれぞれ自分の立場から独自の見解と解釈を読者に提供する役目、つまり物語の視点という機能を担う。視点は「単に文学における光学＝視力の問題ではなく、それには見地と洞察の両方が含まれる」(サーメリアン143)。

明確な視点は、一貫して用いられると、明確なテーマを意味する。ギリシャ語で「見ること」を意味する「アイディア」は、作家の内的なヴィジョンから生じる。物語の最初の構成は作家の想像力に始まる。作家がある物語についてのアイディアを持つということは、すなわち、すでに多くのものを見、再配列したことになるのだ。語り手を選択する場合、作家はヴィジョンの問題や知識の範囲だけでなく、心に描いている物語の全体的な意味や意図をも考慮しなくてはならない。視点は事件の意義を明らかにするものでなくてはならないし、物語に形と意味を与えるのも視点なのである。(中略)フィクションにおいて何より重要なのは語り手の権威と語り手の距離・統制の問題、すなわち語り手がどの人物の心の中に入ってどの人物には入らないか、物語を直接自分で語るのか、間接的に人物を通して語るのか、また自分自身の視点か人物の視点か、といった問題、そして物語のテーマの意味を充分に表現するにはどのような態度や文体をとるのがよいか、などといった問題を弁《わきま》えることである。(サーメリアン145―146)

三通りの視点の提示法

視点の問題（物語を誰が話すのかということ）によるストーリーの提示法の型は大まかに分けると三つのタイプが存在する。

（1）全知の語り手：作家が物語をすべて把握する神のような存在として直接読者に語りかけ、主観的に解説し、物語の意味づけをする。作家が自らの視点をそのまま反映させるため、語り手と視点人物の一体化が行われる。

（2）第一人称の語り手：作家は物語の中の一人の人物の視点を借りて、第一人称「わたし」で語る。告白体になるので、作者は、読者との一体感をあおり、親しみ、真実性、興奮を呼び起こしやすい。

（3）第三人称の語り手：作家は作中の一人の人物の視点から事件を語る。読者はその人物の眼に映ったもののみを知らされる限定的視点を提供される。視点の移動が容易であり、単一人物の視点のみならず、複数の人物の視点から語られることもある。

芥川は「藪の中」にあって、（2）第一人称の語り手の型を採用し、「わたし」の視点から語る複数の人物を登場させるという画期的手法をとる。サーメリアンによれば第一人称の語り手において、語り手が主人公の場合は、事件は語り手の上に起こる事件であり、語り手が傍観者の場合は、事件は語り手の周辺に起こる（サーメリアン128）。芥川は、事件の周辺にいる第一人称の語り手として、木樵《きこ》り、旅法師、放免、媼《おうな》の四人を設定して法廷における証人および事件の関係者の陳述の役割を課す。その一方、事件が語り手の上に起こる第一人称の当事者として、レイピストの盗賊の多襄丸《たじょうまる》、犯された女の真砂《まさご》、死霊となった男の金沢武弘の告白を披露させる。当事者である第一人称の告白者の設定は手がこんでいる。検非違使の前で自白するのは多襄丸のみであり、女は清水寺に姿を隠したまま姿を現さないで言葉だけを送り、殺されて死霊となった良人は巫女の口を借りて自分にとっての真実を現世に向けて発信するという時空を超越した複雑な構成をとる。

信用できない語り手たち

構成のみならず、内容においても当事者の告白は三者三様であり、どれも説得力があって真実らしく聞こえるが、誰が本当のことを言っているのか判断ができない。読者には真実が全く見えてこない。まず男を殺した真犯人もわからない。殺人を犯した場合、ふつうは他人のせいにするのに、三人がそろって「殺したのは自分だ」と自ら真犯人として名乗りを挙げるのも奇妙である。多襄丸は、女を犯した後、女に頼まれて決闘した結果、男を殺したと言う。しかし、検非違使に発見された夜、多襄丸は石橋の上でうなっていた。検非違使は馬に落とされたのだろうと言っているが、すばしこい盗賊にしては奇妙である。女は、良人をあやめたのは自分だと「懺悔」する。多襄丸にレイプされる一部始終を見た良人の眼に憎しみと軽蔑の色を見て耐えがたくなり、夫の「殺せ」という命に従って心中をはかるが、女だけ死にきれなかったという。それに対して、死霊となった男

（夫の金沢武弘）は自害したのだと自ら語る。多襄丸に手籠めにされた妻は、こともあろうに多襄丸の求婚にうっとりとして応じ、じゃまになった夫の自分を殺すように頼んだという。多襄丸は、女の言葉を聞かずに罪深い女をどうするか男に聞いたが、その間に女は逃げた。多襄丸に縄を解かれて自由になった男は、女の落した小刀で自殺した。意識が薄れる直前に誰かが男の胸の小刀を抜いたという。作者である芥川は、一切の解説も説明も排除して、男の「おれはそれぎり永久に、中有《ちゅうう》の闇へ沈んでしまった」（芥川202）という言葉で作品を終わらせているので、真実も中有の闇へ沈んでしまうことになる。

　事件の周辺にいる関係者の発言もあいまいで、独断と偏見による当て推量に満ちている。四人の関係者の木樵り、旅法師、放免、媼の視点は極めて限定的であるうえに、事件を目撃した者は一人もおらず、事件が始まる前か後に垣間見た、あるいは事件を伝え聞いたにすぎない。四人の物語は、事件の当事者の三人と同じく、あるいはそれ以上に無責任であり、信用ならない語り手としての視点を提供するのみである。彼らの信用ならなさは言葉尻に表れている——木樵り「〜ようでございます、違いございません」（芥川186—187）、旅法師「〜ようでございました、はっきり存じません、違いございません」（芥川187—188）、放免「〜のでございましょう、〜に違いございません、〜でございましょう、〜だとか申しております、わかりません」（芥川188—189）、媼「〜筈はございません、因果でございましょう、どうなりましたやら、〜とか何とか申す」（芥川189—190）。作者の芥川は、サスペンスを盛り上げるために事件周辺の関係者の知識の欠落を利用する。さらに事件を体験した当事者三人に第一人称による告白体を披露させることにより、三人の主人公全員の認識に限界があり、それぞれが自分の狭い視野に縛られて、全体が見渡せないことを暗示する。一人称の視点とは、限定された自己の認識による物語を紡ぐことであり、事件は語り手の感情で色づけされ、読者はその語り手の解釈をひとまず飲み込むしかない。しかし、芥川はいく通りもの異なる視点を提示し、物語を曖昧にすることによって、読者に異なった解釈、つまり読者自身の解釈を下せる余地を用意する。一人称を用いること自体が限定された視野を読者に暗示するが、芥川はその限定された視点を七通り（当事者三通り、関係者四通り）用意することによって、物事はその人の立つ位置によって全く違って見えることを示唆する。

サーメリアンは、会話体は話者の性格を直接表現しうる手段だ（サーメリアン114）という。芥川の複数の人物に独白形式で語らせる実験は成功している。トーマス・クワークも芥川の独白の使用による迫真性を高く評価する——「多襄丸の独白には迫力がある。（中略）登場人物の独白の扱い方は一つの視覚的衝撃を与えることに集中しているように思われる。しかし構成要素が独白だけに限られている劇の形式というのも珍しい。独白とは直接的、個人的なコミュニケーションであり、それはこの独白者達に、いろいろと心の中で質問をする観客のみならず、その中に座っている官吏にも語りかける『藪の中』は小劇場の中で開かれた法廷である」（クワーク172—173）。

ロールシャッハテスト

ロールシャッハテストは、心の奥に潜む感情や性癖を探る心理テストである。この投影法と呼ばれるテストは、インクを紙の上に垂らして折り、それを開いた時のしみが何に見えるかによって人間の深層心理や無意識に光をあて、被験者の感情の流れ、物事の見方などの特徴を浮かび上がらせる一つの方法である。

「藪の中」では、語り手それぞれが自分の心に浮かんだ真実を語るので、語り手たち自身のロールシャッハテストの結果を披露している。しかしそこにとどまらず、彼ら語り手たちの見解を知らされて、自分で結論を考えるように仕向けられた読者もロールシャッハテストを受けさせられている。芥川の「藪の中」にちなんで、「関係者の言うことが食い違い、真相がわからないこと」を「藪の中」と表現するが、現実の世界にも「真相」、「本当の見方」、「唯一の真実」というものがそもそも存在しうるのだろうかという疑問を読者は突きつけられる。

一番の悪人は誰か

しかし、「藪の中」の当事者三人の中で誰が一番の悪人かという問いかけの答えは容易には出ない。この短編のおもしろいところは、悪党の悪事に触発されて善人風の男女が心の奥に潜む悪党以上の悪を見せた点である。平穏無事に過ごしていたカップルを襲い、女を良人の前で犯した盗賊の多襄丸が悪党であることはいうまでもない。多襄丸は、「襄」が「情」と同音であることから「多情丸」と言い換えてもよい「女好きのやつ」（芥川189）の常として、色欲による罪を犯した。しかし、多襄丸の言葉に従えば、良人である男も塚の宝物を奪いたいという慾深さのために多襄丸の罠にはまって身の破滅に導かれた。妻である女の言葉によれば、力づくで犯された妻を気絶させるような冷たい蔑みと憎しみしか表せない狭量な男である。男は刀ではなく、まなざしで女をあやめたことになる。

では女が一番の被害者かといえば、この短編ではそうはならない。逆に女が最終的には一番罪深い生き物であることが露見する。女は良人の前で別の男にレイプされる被害者のはずだが、女としての価値の損失を補うべく、目撃者である良人を亡き者にする。多襄丸の言葉によれば多襄丸は、女を奪ってもその夫である男の命までとる気持ちはなかったのに、女に懇願されて男を殺すことになる。男の亡霊も女が自分を殺すよう多襄丸に頼んだことを証言している。女のみが、男を殺せと命じたのは男自身だと主張するが、責任逃れの色が濃い。

「藪の中」では、それぞれの限定的視点と自己防衛の立場で虚実を織り交ぜて主張するため、真実は明らかにならない。しかし女がレイプされたこと、男が死体に成り変わったことの二点は客観的事実だとみなせる。女のレイプから男の死に至る橋渡しをしたのは、女側のしたたかな生き残りのための計算、つまり女としての社会的立場と自尊心の防衛機能が作動したことが読み取れる。多襄丸と夫の二人の男は女が多襄丸に夫殺しを依頼したことを認めているので、おそらくこれが本当だと推量できる。良人は最終的には自害したと述べるが、そこへ至ったのは、妻の罪深い言葉によって生きる気力を奪われた末のことである。良人は、妻の言葉によって殺されたといえる。か弱き被害者であるかのように見えた女が、エゴイスティックな加害者に転じて思わぬ最後を導くというのがこの短編の圧巻である。

灯り(美女)に群がる蛾(男たち)

現代小説や映画の「悪女もの」も、女の美しさにたらしこまれて悪事に導かれ、破滅していく男たちを描くことに忙しいが、「藪の中」の女もどのように自己弁護しようと悪女としての側面を否定できない。女の美しさが夜にきらめく灯りのように蛾である男たちを惹きつけるのは、灯りのせいではない。しかし、蛾である男から見れば、灯りがそこにあって光を発して手招いたからこんな結末になったということになろう。灯りに蛾を引き寄せようとする意図があろうとなかろうと、輝く灯りがあれば蛾は本能に従って集まってくる。「藪の中」には、女の発する妖しいフェロモンに引き寄せられて灯りに群がり、焼き殺される蛾のような男たちの生態を見ることができる。一見いたいけな被害者に見えて、いざとなると猛毒を発揮する魔性の女を登場させたことは創作上効果的である。

芥川の内的ヴィジョンの投影

芥川は、複数の視点を提供することによって読者に複眼の楽しみと広がりを与えるが、表には表れない「作家自身の内的ヴィジョン」(サーメリアン145)を最後に披露している。つまり「物語に形と意味を与える」(サーメリアン145)作家自身の隠れた視点が多くの視点を束ねる形でその裏で物語を牛耳り、「形と意味を与える」(サーメリアン145)。「藪の中」は解明不能の物語に見えて、実は作者芥川の視点としての「見地と洞察」(サーメリアン143)が明示されている。事実は「レイプ」と「男の死」という二点に限られ、あとは曖昧だが、作家である芥川個人の女性観の一端が多数の視点の背後に潜んでいる。言葉を換えていえば「藪の中」で明白なのは、芥川の女性への憧憬と疑惑であるといえる。多襄丸と男は明らかに加害者と被害者であるにもかかわらず、男同士二人の間には奇妙な共感とゆるしが成り立っている。多襄丸は果し合いに挑んだ男の勇敢さをたたえる。同様に、男も女が自分を殺せと多襄丸に懇願すると、多襄丸は女の言葉に従わずに女の命を自分に預けた点を多いに評価し、「おれはこの言葉だけでも、盗人の罪は赦《ゆる》してやりたい」(芥川200)と言う。二人の男は共通して、被害者である女の妖艶さとしたたかさに翻弄され、逆襲されたと感じている。

サーメリアンは、作品には作家の視点が必ず潜んでおり、作品は作家自身の価値観や人生観に支配されていると述べる。

> 語りの手法としての視点の背後には道徳的視点があり、(中略)作家の人生観全体あるいは世界観、そして彼の個性や人間としての価値などが加わり、(中略)作家の手法がどんなに非個人的なものであっても、作家自身が語り手であっても、また作中人物を通して語ったり作中

人物の視点から語っても、いずれにしても事件についての解釈は究極的には作家のものである。作家というものは物語を書くことによって人生についての個人的な見解を述べるものなのだ。（中略）このようにして表現される見解には道徳的な判断が含まれ、作家はその判断によってまた自らも判断されるのである。作家は自分の価値の尺度を超えることはできないのだ。

（サーメリアン143―144）

では芥川は、どういう人生観をもって女をこのように描いたのだろうか。男性にとって最初の女性像を形作るはずの母は、龍之介には存在しないも同然だった。実母フクは、龍之介の出産後数か月で発狂したため、龍之介は、実母の姉のフキに育てられ、十二歳の時に母方の芥川家の養子になる。戸籍上の「芥川龍之介」という名を手に入れるまで、父方と母方の確執に悩まされ、龍之介は幼くして人間のむきだしの醜いエゴを見させられた（島内106）。母の乳の味を知らない龍之介にとって、聖母マリアに抱かれる幼子のキリストは永遠の憧れであり、死ぬまで大切にしていた「マリア観音像」は、彼の母親を慕う気持ちのシンボルであるとされる（島内104）。母親を慕う反面、龍之介は狂気の母を恥じてひた隠しにしていたふしがある。佐伯彰一は、芥川にとって母の狂気が耐え難いオブセッションであったと述べる。

芥川の地獄執心の中核には、狂った母のイメージが息をひそめて居座っていた。芥川は、あたかもタブーのようにこの中心に近づくまいとし、手をふれまいとした。語り手としてのペルソナ、仮面は、芥川の場合、自己防禦の武器に似ていた。地獄のヴィジョンを、一篇の聞き書として、また一幅のタブローとして作品化、客体化することによって、自分との間に距離をおこうとつとめた。語り手としてのペルソナを多様化することで、その蔭にわが身を隠そうとした。（佐伯92）

佐伯に従えば、母発狂の隠ぺいと暴露の恐怖と欲望は、芥川個人の心理状態のみならず、作家としての芥川の作品の特質とテーマ、そして小説の技法上の語りのテクニックにまで影響を及ぼしていたことになる。佐伯は作家・芥川における母の発狂の影響を以下のように結ぶ。

芥川の長からぬ作家的生涯をふり返ると、隠された母による復讐という感慨を抑えがたいのである。母を隠し、おし包み、またしめ出した形での物語的世界の構築にいそしみながら、人柱のように地下に埋められた母がいつかじりじりと勢いをもりかえし、ついには土台から食いやぶって、建物全体の崩壊に導いたといった、芥川自身によっては語られずに終った、もう一つの物語を思い描かずにいられないのである。（佐伯96）

芥川にとって、母は憧憬の対象であると同時に不信と恐怖の源であった。母は龍之介に作家としての資質を授け、物語の材料を提供する生みの母であると共に、遺伝によって、社会的評判によって龍之介の生命と将来を奪う破壊者になりかねない存在だったといえる。母という女性に対する相反する思いと葛藤が、「藪の中」の女の人物造形に反映されているのではないだろうか。女はいとおしく、慕わずにはいられないが、関わり合いになると男を裏切り、踏みにじる、怖ろしく、罪深い生き物だという作者・芥川の見解が作品に反映されたと考えてよい。

映画篇

(1)『羅生門』(一九五〇年)

黒澤明監督による映画『羅生門』は、一九五一年ヴェネチア国際映画祭金獅子賞と一九五二年アカデミー賞名誉賞(最優秀外国語映画賞)を受賞した。当時の日本は、敗戦の傷跡が色濃く残り、国際的信用も失っていたため、『羅生門』のグランプリ受賞は、黒澤明の名前を世界的にすると同時に日本人に大きな自信と希望を与えた。映画のタイトル「羅生門」は、同名の芥川龍之介の有名な短編小説からとられたが、内容は「藪の中」の翻案化である。

黒澤映画における視点は、原作よりもさらに複雑であり、黒澤をはじめとするこの映画の製作陣独自の展開が見られる。まずこの惨劇を語る話者は、羅生門に雨宿りのために偶然居合わせた三人の男たち――杣《そま》売り(志村喬)、旅方師(千秋実)、下人(上田吉二郎)――である。事件の第一発見者

『羅生門』（1950年）
監督：黒澤明、脚本：黒澤明、橋本忍
キャスト：三船敏郎、京マチ子、森雅之、志村喬、千秋実
発売＆販売：角川書店

は杣売りであり、この男は事件を直接目撃していたことが後でわかる。原作では事件の一部始終を見た目撃者はいないので、この点が小説とは大きく異なり、杣《そま》売りの見聞きしたものがこの映画独自の視点であり、原作にはない解釈を提供することになる。旅法師は、小説と同じく事件を目撃したわけではなく、生前の男つまり金沢武弘（森雅之）を目撃したので、検非違使に呼ばれる。映画は小説の媼《おうな》の代わりに下人（上田吉二郎）を聞き手役に置き、部外者である下人を通して客観的で辛辣な視点を披露する。したがって、物語の一番外の枠を形づくる語り手は、この三人である。杣《そま》売りと法師の検非違使での取り調べの回想場面のさらに内側の人物として多襄丸（三船敏郎）、良人の金沢武弘（森雅之）、妻の真砂《まさご》（京マチ子）が存在する。七人の人物の証言という形をとるため、物語は原作でも回想形式であり、過去のできごととして提示される。ここのところは原作では、七人の証言が順を追って平面的に羅列されている。それに対して、黒澤版映画では、語りの次元を大きく三つの現在（羅生門）、過去（検非違使所）、そのまた過去（惨劇の現場）に分けて立体化している。現在を司る「羅生門」に集った三人の男の中の下人を聞き手役にして、自

由に意見を言わせ、物語の解釈をさせることによって製作者側の視点を付加し、小説よりも明確な物語の解説と解明を示す。小説よりも具体的にわかりやすく物語の核心をなす意味づけを示すために、映画は冒頭から「さっぱりわからねえ」、「何が何だかわからねえ」、「こんな不思議な話は……」と登場人物に言わせて「藪の中」の持つ意味を観客に初めからしっかり示す工夫がされる。鬼が住むといわれる「羅生門」に語りの本拠地を置くことによって、「藪の中」の時代背景――平安時代の京都に飢饉が発生し、死体が野ざらしになり、物取りも横行する物騒な人心のすさんだ世の中――を効果的に物語る。その「羅生門」に鬼の姿が見えないのは、鬼ですら人間の悪を怖がって姿を消したためだと前置きしてこれから始まる物語が人間の悪を扱うことをたくみに暗示する。

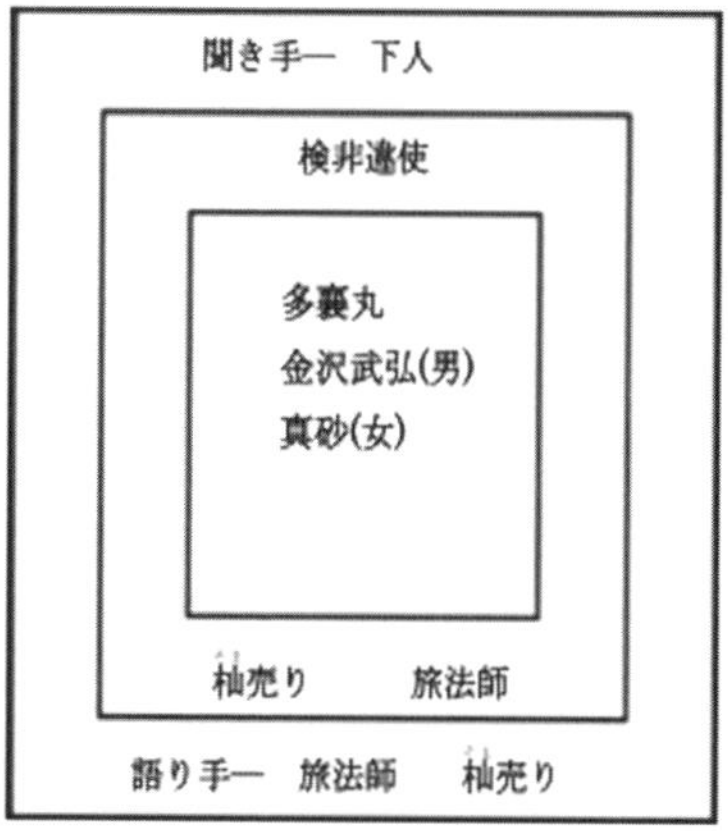

映画『羅生門』の語りの構造

事件の当事者である多襄丸、真砂、金沢の物語るところは原作に忠実だが、京マチ子は女の官能性をしとやかに、しかし強烈に表現する。真砂は多襄丸のキスにはじめは抵抗するが、そのうち力が抜けたように握りしめていた小刀を地面に向かってドスンと落とし、飼いならされたしなやかな獣のように多襄丸の肩に手をまわしてしがみつく。野猿のように野蛮で野性的で荒々しい多襄丸と、気品ある端正なインテリの金沢の二人の男にはさまれて真砂の女の性は目覚め、男をたぶらかしだす。レイプ以前の真砂のしとやかな女らしさと以後の気性の激しい女くささの対照的な二面性が見ものだが、それは原作からも推察されるのでそれほど驚くことではない。原作にない映画独自の驚きは、金沢の紳士ぶった仮面がはがされる場面である。真砂を妻にするための決闘を迫る多襄丸に、金沢は「こんな女のために命をかけるのはごめんだ、あきれ果てた女だ、こんな売女くれてやる、馬の方が惜しい」と破廉恥にも言い放つ。原作でも男の物欲は示されていたが、妻の前で下卑た本性を露わにすることはなかった。映画は、鬼役の多襄丸も顔負けの悪鬼が善人ぶった人々の内面に棲みついていることを示す。映画が付加する人間の罪深さは、杣《そま》売りが夫婦の持ち物を拾ってねこばばしたために一部始終を目撃した事実を隠していたこと、そして下人が捨て子の赤ん坊の産着を奪い取る行為に表われている。

人間のエゴイズムと罪深さを目の当たりに見せられて、人間不信に陥り、絶望する旅法師を救うのは、杣《そま》売りである。こそ泥と事実隠ぺいの罪悪をあばかれた杣《そま》売りは、改心して赤子を罪滅ぼしに自分の子たちと一緒に養育すると言い出す。旅法師が人間不信の地獄から救い出されると、羅生門にたたきつけるように降っていた土砂降りもいつの間にか止んでいる。羅生門と感謝する旅法師を背後に残して、赤ん坊を大事そうに抱えた杣《そま》売りが晴れやかな表情で去っていく姿をカメラはとらえる。

原作にない映画のハッピーエンドに観客もほっとして微笑むことだろう。原作の結末とは違い、映画は人間不信の闇の中に沈んで終わらない。映画は人間の罪深さを原作にない場面を追加することでより強調したが、最後は幻滅を超えて人間の未来にほのかな光をあてて終わらせる。この点が黒澤映画が付加した独自の視点である。原作の人間悪をさらに掘り下げたうえで、観客に希望を与える決着へと導いたことは、この映画の人間の善悪二面性への深い洞察力と鋭い視点を表している。芥川の短編により力強い息吹を与えて甦らせ、国境を越えて世界の人々の心をつかむ力作である。

（2）『藪の中』（一九九六年）

映画の視点は、真砂の兄の検非違使、森川中正（松岡俊介）に負っている。物語の推進力となり、収束に導くのは、この検非違使の一昼夜の幻想怪奇な体験だからである。冒頭は、真砂と思しき女（坂上香織）が内股から血を流しながら全裸で湖に入水する。この時はブルーだった色調はグリーンに変わり、藪の中で検非違使が事件の真相究明への強い意志を表明しながら、過去を意味する後方へと後ずさりの姿勢でバックして走り続ける。

『藪の中』（1996年）
監督：佐藤寿保、脚本：名取高史
キャスト：松岡俊介、坂上香織、細川茂樹、高杉亘、白石ひとみ
発売＆販売：ウェストブリッジ

原作と異なるのは、誰が誰を殺したかが明確に示されている点である。真砂の頼みによって良人の武弘（細川茂樹）は多

襄丸（高杉亘）に殺され、多襄丸は検非違使に殺され、検非違使は事件の証人である顔なじみの木こりに殺される。ただ一人自害した真砂に、多襄丸、武弘、検非違使が加わり、四人は終盤では全員亡霊になってスクリーンの上を徘徊する。原作では全くの部外者であり、証言も姿も現さない検非違使を視点の中心に置くことにより、「藪の中」に隠されていた真実の内容も変質している。原作では男を殺したのは誰かが真相究明の焦点だが、この映画では兄の検非違使と妹の真砂の間の近親相姦の愛が外からうかがい知れない隠されたもの、つまり「藪の中」の中味だとされる。検非違使に妹への抑圧された愛を自覚させるのは、藪の中のお堂に住まう妖艶な若き巫女である。妹への邪《よこしま》な欲望を自覚した検非違使は、吸血鬼の化身である巫女に血を提供するために案内役の木こりによって生贄にされる。検非違使が多襄丸を殺すのは正義感からというより、妹と交わったことへの嫉妬心からである。死んだ検非違使の全裸になって浜辺を走り、海に向かう姿が映され、先に死霊になっている真砂とあの世で結ばれることが暗示される。

原作の幻想性を大きく飛躍させて主たる登場人物を全員死霊に化し、検非違使の近親相姦の愛を謎の中核に据えた点がこの映画独自のアレンジである。ブルーとグリーンを交互に基調にした映像は、この世ならぬ怪奇幻想の世界を妖しく映し出す。四人の主たる登場人物はみな若く、美しい。

（3）『ミスティ　Misty』（一九七七年）

『ミスティ』も複数の視点を採用するが、中心に据えられるのは真砂の眼である。オープニング・クレジットの前に少女の真砂が現れる。この少女は母を盗賊に惨殺され、仕返しにその一人を池の中にたたきこんで殺した後、手鏡の中をじっとのぞく。以後展開する物語は、真砂の眼を通した回想であり、過去、現在、未来(過去および現在から見た)を貫通する真砂の視点であると解釈できる。

美しく成長した真砂(天海祐希)は、高貴な家柄の武弘(金城武)の婚約者として森を通過中、二人で愛し合っているところを盗賊の多襄丸(豊川悦司)に盗み見られる。欲情を煽られた多襄丸は、真砂の大切な鏡を手に入れて誘き寄せ、武弘の前で真砂をレイプする。

死体となった武弘が村の者達および検非違使に発見され、その死をめぐり多襄丸が「自分が殺した」、真砂は「心中だ」、武弘は「自害した」と主張するところは原作に従っている。小説では巫女を通して男が自分にとっての真実を告白するが、映画では巫女を子供の盗賊(少女真砂と同じ役者)に肩代わりさせて、臨終の武弘から事件の顛末を聞かされたことにしている。原作同様、武弘は自殺したというが、その話を聞いた検非違使らの「子供の証言はあてにならない、嘘をつかぬ子なんかいない」という批判によってこの話の信憑性に疑問を投げかける。

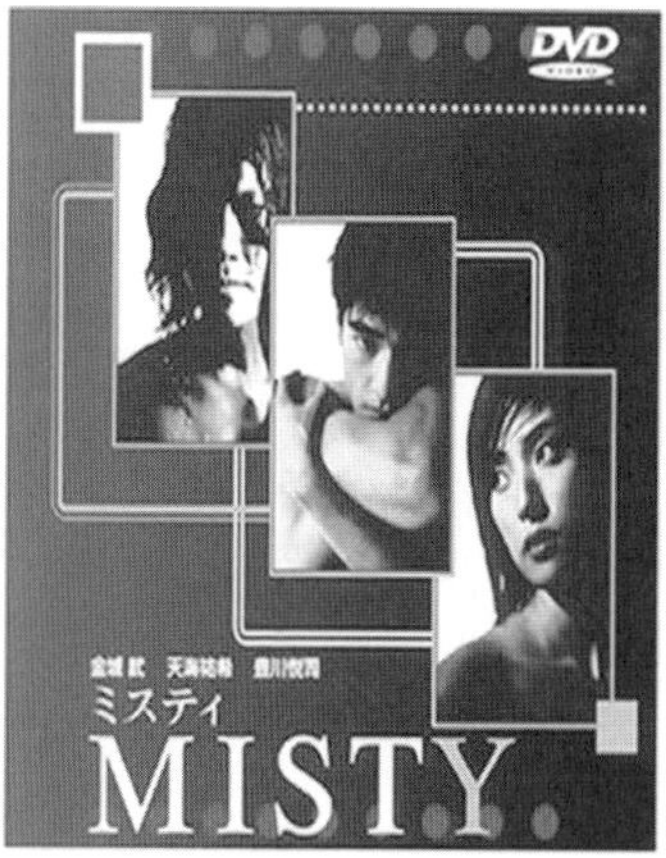

『ミスティ　Misty』DVD
監督：三枝健枝、脚本：井上由美子
キャスト：天海祐希、豊川悦司、金城武
発売＆販売：ポニーキャニオン

『ミスティ』の独自性は、多襄丸を単なる女好きのレイピストではなく、恋の殉教者に仕立てている点である。真砂に心底惚れてしまった多襄丸は真砂をかばって自分の右手を自分で切り落とし、武弘殺しの罪を一身に背負い、牢獄で最後の食事を終える。真砂は自分を愛してくれた二人の男(武弘と多襄丸)を犠牲にして、生き延びる。映画の最後に木を這って上るトカゲが映るが、真砂はトカゲの尻尾のように二人の男を切り落として、自分の安泰を確保する。真砂は、多襄丸の強引な身体内突入によって今まで知ることのなかった快楽と女の獣性に目覚めてしまった。争う二人の男を木陰から覗き見する真砂の暗い眼差しは、悪女のそれに変貌している。真砂は二人の男を結果的に籠絡して、裏切るために女の性的魅力を武器に用いたことになる。真砂は、母を盗賊によって奪われた不幸な過去を女の魅力によって復讐したといえる。鏡を覗く少女真砂の眼は、妖婦になった真砂のそれと重なり、この映画の中央に据えられる。

監督の三枝健枝と撮影監督の篠田昇の強い要望で、ロケ地には屋久島が選ばれた。世界遺産に指定される縄文杉で有名な屋久島の自然の美しさは存分に映像化されたが、そのためには「突然の大雨、踏んではならない苔、ヒル、ヘビ、アブ等の対策に追われる毎日」(「ロケ地について」『ミスティ』パンフレット)を忍ばねばならなかった。『ミスティ』のミステリアスな物語をくるむのには、屋久島の自然の神秘性が必要だったのであろう。その意味で映画『ミスティ』の隠れた主役は屋久島の自然だとも言える。

（4）『TAJOMARU　たじょうまる』（二〇〇九年）

日本国内における「藪の中」の最新の映画化『TAJOMARU』は、最もオリジナルであり、翻案化の度合いが強い。原作は芥川龍之介だが、デジタル・アーティストの刑部一平によって多襄丸をヒーローに仕立て直してキャラクター化され、アニメおよび漫画として展開された後、映画化された。映画化にあたって、プロデューサーの山本又一朗が小栗旬の『カリギュラ』の舞台姿を見て映画化を思い立った（山本　映画.com.）。小説→デジタル・アート→アニメ→舞台のイメージ→映画という五つの媒体とイメージを経て、新たに誕生した『TAJOMARU』は、時代背景を室町時代に置くが、きわめて現代的な経緯をたどったのである。

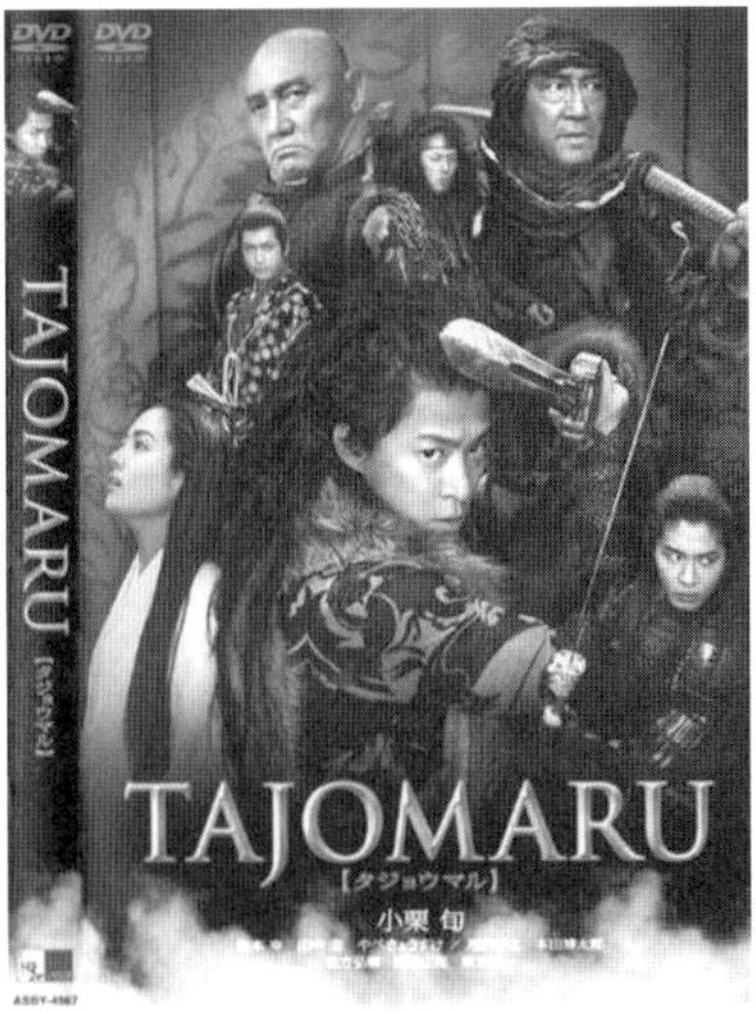

『TAJOMARU　たじょうまる』
監督：中野裕之、脚本：市川森一、水島力也
キャスト：小栗旬、柴本幸、松方弘樹、近藤正臣、萩原健一、田中圭
発売＆販売：アミューズソフトエンタテインメント

相田冬二は、原作「藪の中」は七人のモノローグによる七つの主観によって構成され、客観的事象は存在しないが、映画『TAJOMARU』はその中の一つの主観「巫女の口を借りたる死霊の物語」を採用して作られたと述べる。小栗が演じる原作では男にあたる直光はこの映画では死なないが、死霊の主張どおりに、自分で自分を三回精神的に殺し、三回再生

する。三回の甦りによる変身とは、（1）憐れみ深い優等生の子供から大人へ、（2）阿古の「殺せ」という言葉によって未成熟さを愛に、（3）桜丸の一騎うちによって直光から自由な名もない男へである（相田　パンフレット『TAJOMARU』）。

『TAJOMARU』が原作とも他の映画化とも決定的に異なるのは、多襄丸を純愛を貫くロマンチックな英雄として描く点である。多襄丸の高貴な生まれと精神を示すために、その素性と生い立ちを幼少時から丹念に物語る。多襄丸は、名門の畠山家の二男、直光（小栗旬）として生まれるが、乞食の少年桜丸（田中圭）を同情心から小姓にしたことから悲劇は始まる。

畠山家で分け隔てなく育てられた桜丸は、将軍足利義正（萩原健一）の寵愛を盾に見当違いの野心を持ち、畠山家の長男を殺害し、次男の直光を追い払い、直光の婚約者の阿古姫（柴本幸）を妻にする。桜丸から阿古姫を救出して森へ逃亡した直光だが、初代多襄丸（松方弘樹）に阿古姫を犯される。原作とは異なり、タフな直光は、この年配の多襄丸を倒す。臨終の多襄丸から名刀と多襄丸の名前を授与され、盗賊の頭になった直光こと二代目の多襄丸は、悪者をくじき弱者を助ける盗賊になる。多襄丸は、地獄谷に突き落とされた阿古姫を救出し、直光を名乗る桜丸を倒すが、家督は家来に譲り、阿古姫と共に自由な旅に出ていく。

多襄丸の女好きのこすっからい性癖の披露は、年よりの初代の多襄丸が一手に引き受け、若い二代目のTAJOMARUは、性に物欲に権勢欲に淡泊で、純愛と正義を貫く美しい男として登場する。『TAJOMARU』が原作の主張を引き継ぐ点は、視点の転換である。阿古姫は、桜丸に邪推を吹き込まれ、欲にかられた長男に操を奪われるが、年配の多襄丸は阿古姫に触れていないことにされる。直光が気絶している間に阿古姫に同情した先代の多襄丸は、直光に汚れた自分を忘れてほしい阿古姫のために芝居をうったのだ、と覗き見していた盗賊の一人は告白する。複数の視点が登場して、最後まで真実はわからないという点は「藪の中」だが、『TAJOMARU』は、多襄丸のヒーロー化に伴うハッピーエンドに持っていくために、原作が含む真実の客観化の困難という主題は希薄にされる。人気のある役者陣を迎え、観客を喜ばせるためにできすぎた物語に作り変えられている。しかし、迫力ある戦いの場、数々の名優の登場、クリアーな美しい映像といった映画ならではの特徴を駆使することによって、観客を飽きさせない、スケールの大きいエンターテイメントに仕上がっている。また因業爺様の将軍足利義正を演じるのが、ショーケンの愛称で親しまれたアイドルの萩原健一だとは信じられない怪演で、その見事な変身は目を奪う。

(5)『暴行』(The Outrage 一九六四年、アメリカ)
『暴行』は、舞台設定をアメリカに置き換えてはいるが、日本版『羅生門』に忠実なリメイクである。『暴行』におけるそれぞれの登場人物の視点の位置づけと役割も、映像がモノクロである点もすべて『羅生門』にならっている。ストーリーにおいても『羅生門』のそれをそのまま踏襲しているので、日本版オリジナルと容易に比較でき、カルチャー・スタディーズの教材としてもうってつけである。

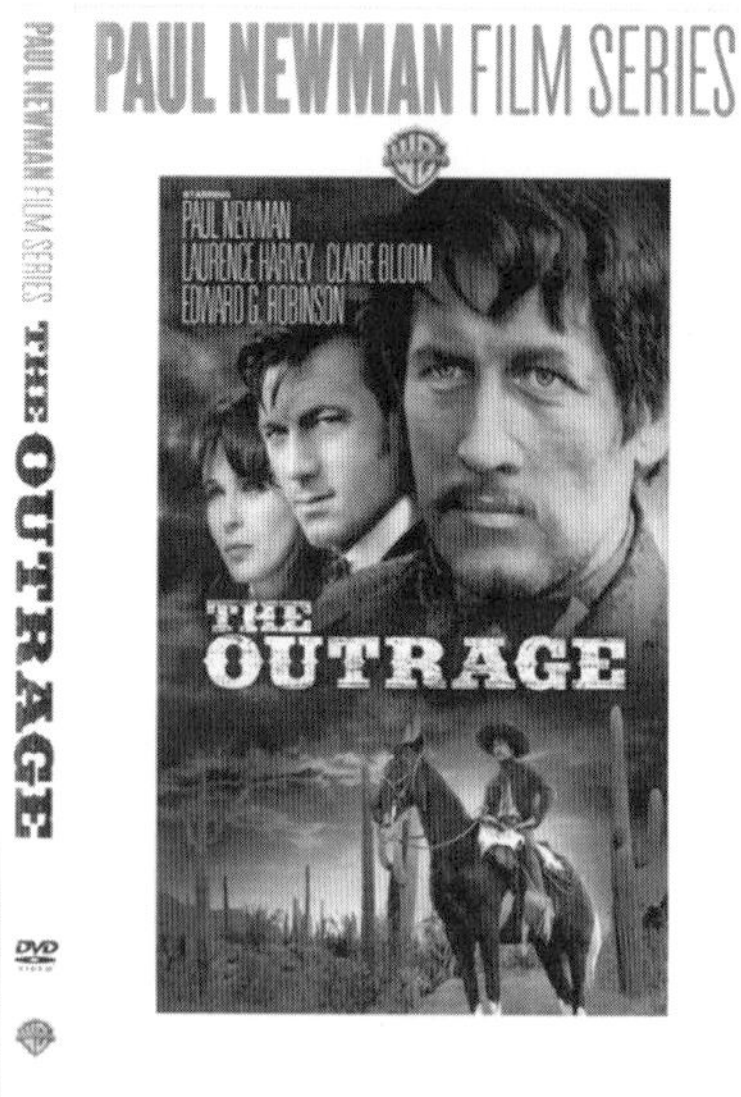

『暴行』(The Outrage) DVD
監督：マーティン・リット、脚本：マイケル・カニン
キャスト：ポール・ニューマン、エドワード・G. ロビンソン、クレア・ブルーム、ローレンス・ハーヴェイ
発売＆販売：ターナーエンタテインメント（アメリカ版）

時代設定は、『羅生門』の平安時代(八世紀後半〜一二世紀)に対して、『暴行』は一九世紀末、場所は『羅生門』が京都の羅生門と山科の駅から下った藪の中であるが、『暴行』は南西部の鉱山町の駅と郊外の森の中である。『羅生門』の男の武士・金沢武弘が『暴行』では名門出身のウェイクフィールド大佐(ローレンス・ハーヴェイ)、『羅生門』の妻・真砂は南部出身のニナ・ウェイクフィールド（クレア・ブルーム）、多襄丸はメキシコ系のファン・カラスコ（ポール・ニューマン）、旅法師は牧師(ウィリアム・シャトナー)、下人はペテン師(エドワード・G・ロビンソン)、杣(そま)売りを炭鉱夫に置き換える。エリートの大佐を特徴づけるために、優雅な身なりと物腰に標準的できれいな英語を話させる。それに対して社会の底辺の盗賊カラスコは野卑な態度をとり、英語は片言のみで主としてスペイン語を話す。粗野だがセックスアピールあふれる魅力的な男カラスコをポール・ニューマンがマーロン・ブランドばりのタフなアグレッシブネスを示して好演する。真砂の市女笠(平安時代の婦人の外出用笠)のむしたれ衣(平安貴族女性の外出姿、むし

の繊維で織った薄い織物を笠の周囲に垂らし、歩行や馬上の時に被り顔を隠す）はニナのレースのヴェールで覆われたおしゃれな帽子に、真砂の被衣姿《かづき》（平安女性の裾をつぼめた外出着）はフリルのついたブラウスとロング・スカートにとって代わる。霊界にいる男の言葉を伝える巫女あるいは霊媒師は呪術を使うネーテイヴ・アメリカンの老人に、下人はペテン師（エドワード・G・ロビンソン）に置き換わる。『羅生門』で使用された武器は剣と小刀であるが、『暴行』は時代設定がもっと後であり、銃に親近性を持つアメリカであるため、武器は銃とナイフの両方である。『羅生門』では真砂が馬に乗り、武弘は馬の手綱を引いて歩いたが、広大な国土のアメリカでは、夫妻ともに馬車に乗って移動する。アメリカ版は、西部劇仕立てであるため、原作が日本であるにもかかわらず観客に違和感を与えない。テーマに普遍性があると、物語を異文化に設定しなおしてもうまくいくことを証明する翻案化である。

（6）『アイアン・メイズ：ピッツバーグの幻想』（Iron Maze 一九九一年　日米合作）
『アイアン・メイズ』は、原作「藪の中」の古典的設定に従わず、現代に舞台を移し変えた初めての映画化である。場所はアメリカのペンシルバニア州ピッツバーグのコリンズ、時代は日本がバブル景気（一九八六～一九九一年）に浮かれた二十世紀後半である。空前の好景気に沸いた日本のジャパン・マネーがアメリカにも流入し、日本の勢いに対する脅威と不安からアメリカ国内でジャパン・バッシングが起きた時代である。日本企業によるアメリカ企業の買収、市場への進出がアメリカ国内で問題視されていた当時、日米経済摩擦をテーマにした映画『ライジング・サン』(*Rising Sun* 一九九三年)に先だって製作されたのが『アイアン・メイズ』である。この映画が封切られた一九九一年を頂点としてそれ以後日本のバブル経済は崩壊し、日本経済は自信をくじかれ、景気後退と低迷に苦しむことになる。

『羅生門』をアメリカ流に置き換えるにとどめて原作に忠実な『暴行』とは異なり、大胆な翻案化を試みる。『アイアン・メイズ』は、製作陣、俳優陣ともに日米合作であり、文字通り、異文化間の対立と抗争、その結果の妥協と部分的理解と和解を描く。現代の日本とアメリカの間の経済と文化摩擦による偏見と敵意が暴力を招き、日本人富豪青年の殺人未遂事件にまで発展する。日本人青年実業家のスギタ・ジュンイチ(村上弘明)は、資産家の父が買い取ったピッツバーグ郊外の鉄鋼場跡の土地に遊園地を建設しようと渡米する。しかし、鉄の町として隆盛をきわめたピッツバーグの現地の人々は、スギタの夢と思惑を理解せず真っ向から対立する。今は廃墟となった鉄鋼所復活を信じてやまない人々、美人白人妻のクリス(ブリジット・フォンダ)と元鉄鋼所白人労働者のバリー(ジェフ・フェイヒー)との不倫に悩まされるスギタは、妻の不倫現場であるさびれた鉄鋼所跡に呼び出され、何者かに襲われる。スギタは鉄棒で殴られ、生死をさまようが、犯人は誰なのかわからない。バリーもクリスも自分がやったと主張するが、スギタが死んでいないことを知ると妻クリスは供述をくつがえす。

芥川の原作に隠された女性不信という視点は、ここでも継承されている。白人の日系富豪夫人のころころと変わる供述、つまり状況に応じて平然と嘘をついては後で「実は嘘でした」という点に女というもののとらえがたさと危うさが表現されている。原作で事実だとされるレイプも、この映画版では眉唾であり、妻の浮気心のなせる技だったのかもしれないと匂わせる。スギタが妻のクリスの不倫を告げる密告電話によって現場におびき出され、バリーと対決する姿が映し出される。二人の男の争いを上階から見ていたクリスは、どちらを殺すともわからずに、二人のいる下界めがけて鉄のバーベルを故意に落とす。怒ったバリーがクリスをたたくと、クリスをかばってスギタが現れ、再び争いになる。その時、バリーを崇拝する少年のマイキーがスギタの脚にしがみついたため、スギタは下界に転落する。瀕死のスギタは、妻クリスと少年をかばって、自分が誤って転落したと証言したため、事故として処理される。警察署長ジャックは、バリーを英雄視している少年マイキーを疑うが、事件の概要は判然としない。結局犯人はわからずじまいで、正当防衛を主張するバリーは釈放され、スギタも退院する。最後の場面では、頭に包帯をまいてギブスをしたスギタが車から降りて、バリーとマイキーと一緒に石を遠くに投げる。この場面は、アメリカ人と日本人の

『アイアン・メイズ：ピッツバーグの幻想』（Iron Maze 1991 年　日米合作）VHS
監督：吉田博昭、脚本：ティム・メットカーフ
キャスト：村上弘明、ブリジット・フォンダ、ジェフ・フェイヒー
発売＆販売：CIC・ビクタービデオ

対立、加害者と被害者の敵意は妥協と一応の理解によって収まったことを示す。
原作「藪の中」の複数の視点による多重な解釈の可能性という点は『アイアン・メイズ』にも織り込まれているが、それ以上に日米の経済文化摩擦という点に焦点が移っている。原作の加害者である多襄丸の役は、この映画ではバリーが担っているが、見方を変えると日本から札束を携えてアメリカの土地に根付く伝統の破壊にやってきたスギタが実は多襄丸なのではないかとも考えられる。白人の美女を経済力によって手中におさめたスギタは、シャワーを浴びているクリスにむりやり関係を迫って拒否される場面がある。人種も階級も同じクリスとバリーは愛情によって性的関係に至るので、外部から金の力によって侵略したスギタが実は多襄丸役ではないかという一八〇度の視点の転換を可能にする。日米という異文化を舞台にした場合、個人の見解の相違のさらなる外枠である「異文化」を意識せざるをえない。おおむら良は、スクリーンの経済摩擦の物語だけでなく、撮影現場でも考え方や言葉の違いからくる行き違いが多々あったという(おおむら『アイアン・メイズ』パンフレット)。

「ちょっとした単語の違いからケンカになることもありました。主張し、他人の話に割り込み、どなり合うのは普通のこと。でも決してなぐり合いにはならなかったですね。誤解や衝突を避けようとしてもうまくいかないでしょう。誤解は理解への第一歩。ケンカをした人と一番仲良くなれると考えています」という吉田監督。(中略)同じ民族同じ考え方をする日本人同士なら、なんとなくわかる、なあなあで済むことも多いが、言葉も国民性も考え方も違う外国人同士となれば、吉田監督のような信念がなければやっていけないだろう。（おおむら）

バリー役のフェイヒーは、バリーとスギタには社会的経済的違いがあるが、二人とも傷害事件という悲劇を乗り越えて、それぞれ鉄鋼所と創立者であった父の重圧から解放されたので、ラストには希望があると言い、スギタ役の村上は、言葉の壁という障害はあるが、いい監督と人間の内面を描く良い仕事をしていればアメリカの人々とも十分やってゆける、と述べる。（おおむら）

文学と映画は文化の合金

映画『アイアン・メイズ』を評して、おおむらは、「『藪の中』は短編で、だからこそ想像が許され、脚色の余地が残されていた。（中略）関係者の証言を通して、事件や物事の本質がだんだん見えてきたり、よりあいまいになっていくという構成は、法廷ドラマに通じるものがあって、海外で受け入れやすい体質を持っている」と述べる。

「藪の中」のグローバル性は、芥川がこの短編執筆にあたってイギリスの詩人ロバート・ブラウニング（Robert Browning、一八一二〜一八八九）の悲劇詩『指輪と本』（*The Ring and the Book*,1868）の構成を模倣したとされる（清水195）ので当然であろう。イタリアの老齢の斜陽貴族ギドゥが結婚による財政の立て直しのために十三歳の美女ポンピリアを娶った後、殺害したため処刑される。その裁判に登場する十人の証人が独白形式でそれぞれ独自の見解を述べることによって、複数の視点の混合による物語を構成する。物語は指輪が合金と金を混ぜ合わせて作られるのに似ていることから『指輪と本』という題名がつけられた（池田3—7）。

原作者の芥川龍之介が、欧米文学に造詣が深く、自作に欧米の文学と文化を取り入れたうえで和風の味付けを施していたのだから、アメリカでの映画化は逆輸入の形態だとすら言える。日本文化の中国や韓国からの古くからの影響は周知の事実だが、西洋文学と文化からの影響も明治以降は顕著である。日本独自のものとされていても、文学と文化は、「指輪と本」のように自国と他国の文化の合金である。『指輪と本』の比喩（池田6）を借りるならば、「指輪」（物語）を作るにあたって、「純金の塊」（一国の文化）は軟らかすぎるので、これに「合金」（他国の文化）を加え、適当な硬度にして彫刻を施し、その後、合金を除くことによって美しい純金の指輪が作られることにたとえられる。結果は純金なのだから、指輪に混ざりものはないことになるが、製作過程にあたって他の物質を必要とする指輪の製作工程は、良質の国産芥川作品執筆の秘密を解き明かしてくれる。

芥川は、日本生粋の「王朝もの」と輸入文学である『指輪と本』を合金のように利用したのち、それらのものをうまく酸処理して、芥川独自の純金文学をうちたてたのである。二十世紀以降の日本とアメリカをまたぐ文学「藪の中」の映像化は、文学の国産性と国際性を再認識させる。

参考文献

相田冬二「男の子は三度脱ぎ捨てる」、パンフレット『TAJOMARU』、「TAJOMARU」製作委員会、二〇〇九年
芥川龍之介「藪の中」『地獄変・偸盗』新潮社、一九六八年
池田祐重「『ポンピリア』解説」ロバート・ブラウニングの『指輪と本：第七巻　ポンピリア』訳注、篠崎書林、一九七六年
おおむら良「日本の経済摩擦を背景に描く　男と女のミステリー」『アイアン・メイズ：ピッツバーグの幻想』パンフレット　東宝、一九九一年
クワーク、トーマス「『藪の中』の独白劇」『芥川文学――海外の評価』早稲田大学出版部、一九七二年
佐伯彰一「隠された母　芥川龍之介Ⅱ」『物語芸術論　谷崎・芥川・三島』中央公論社、一九九三年
サーメリアン、レオン　浅田雅明他訳『小説の技法――視点・物語・文体』旺史社、一九八九年
島内景二「評伝　芥川龍之介」『文豪ナビ　芥川龍之介』新潮社、二〇〇八年
『ミスティ　MISTY』パンフレット、ギャガピクチャーズ、一九九七年
清水康次『藪の中』の語り手たち『芥川文学の方法と世界』和泉書院、一九九四年
吉田精一「解説」『地獄変・偸盗』新潮社、一九六八年
山本又一朗「TAJOMARU　山本又一朗プロデューサーインタビュー『こんな綱渡りの映画製作は生涯初めてだった(笑)』」映画.com. 21 Aug. 2013

第三章　江戸川乱歩『陰獣』　闇に葬られた欲望

窃視者の欲望

映画におけるシーンは、すべてカメラのレンズを通して行動《アクション》を観察する時空の点、つまりカメラの視点によって映像化され、観客に享受される。観客はこのカメラの眼から物語を見て、感覚を刺激され、物語に感情移入するように映画は仕組んでいる。映画が内包する物語の視点、つまり物語の見方は、あらかじめ監督を主とする映画の作り手によって、ある程度決定されていると考えなければならない。

映画『陰獣』は、小説の映画化という間テクスト性《インターテクスチュアリティ》を前提に成り立つアートであるから、映画の背後にはさらに原作者の江戸川乱歩の視点が潜んでいることになる。映画『陰獣』の特徴として、視線を投げかける担い手がすべて男性だという事実が挙げられる。原作者の江戸川乱歩は、男性上位の明治時代末期の日本に生まれ、昭和の半ば過ぎまで活躍した生粋の日本男児である。三本の日本映画と一本のフランス映画は、昭和末期から平成において製作された比較的新しいものだが、それらはすべて、男性の監督によって撮られ、製品化された。つまり『陰獣』は徹頭徹尾、男の視線が支配する作品だといえる。その結果、映画『陰獣』のカメラのファインダー（カメラの構造を決める時に使う覗き窓）は、男の「見たい」という視線の欲望が充満することになった。観客は、乱歩を含めてそれぞれの映画監督が見た覗き窓から、作り手の好みどおりにかたどられたフレームから物語を再度覗き見して、楽しむ構造に作られている。

『陰獣』は、幾通りもの「覗き見」を許す映画だ。第一の覗き見人は、雑多な現実という現象を窃視者の視点で、興味ある素材を切り抜き、編集し、物語に仕立て上げた原作者の江戸川乱歩、第二は、乱歩の小説から、必要な事物を選別して映画化した監督を始めとする映画人である。第三は、小説内の人物としての覗き魔の大江春泥であり、第四番目は、言うまでもなく、すべての物語を観客席から鑑賞する観客である。

映画『陰獣』の覗きのからくりが出色であることが明白になるのは、この作品のモチーフであり、映画内の登場人物である謎の探偵小説家、大江春泥（つまり平田一郎）の視線がナレーター「私」である探偵の寒川光一郎のそれと重なる瞬間である。大江春泥の天井裏の穴からの覗き見に脅えた小山田静子は、全く同じ位置から同じフレームで自分を覗くように寒川を巧妙に仕向ける。「私」が覗き見を実行に移した時、大江春泥の窃視者の欲望は「私」に乗り移り、映画が始まった時点での登場人物のアイデンティティーと役割分担は崩れ、混乱をきたし、現実と虚構が反転する。大江春泥のヴォワイユーリズム（覗き見）の快楽は、寒川である「私」に重なり、「私」の視線は「私」を背後で操作してきたオフ・スクリーン・スペース（スクリーンの外の空間）にいる、監督と原作者の江戸川乱歩の視線の欲望を暗示するに至る。作品の種明かしになるが、大江春泥は、小山田静子の隠れ蓑としての架空の人物であり、存在しない存在である。静子を監視する春泥の視線は虚構であり、現実に静子を覗いていたのは、寒川本人である。覗き見をやめさせる目的のもとに、寒川が覗き見役を代行し、独占したことになる。

覗き見によって性的快楽を満足させる倒錯者の大江春泥は、静子に捨てられた昔の恋人、平田一郎だと静子は言う。しかし春泥は現実には存在しない、ジェンダーを飛び越えた静子の文壇向けの偽装工作としての架空の存在である。探偵小説の大御所である寒川は、その事実を知ることなく、怪奇と幻想を売り物にして、俄かに人気を博した大江春泥の作風をけなしたので、春泥こと静子は、密かに傷つくことになる。だが寒川のライヴァルの大江春泥には、原作者の乱歩の影が投げかけられている。作品中のすべての登場人物は、煎じつめていくと原作者の江戸川乱歩に収斂される。登場人物は、なんらかの形で作者の影法師であり、作者の分身であることは必然だ。しかし、映画『陰獣』を鑑賞する観客は、原作者がスクリーンの中にこっそり潜んでいたうえに、知らないうちに虚構の世界から這いずり出て、自分の隣の座席に身を潜めているような錯覚を覚える。観客は本物の『陰獣』は原作者の江戸川乱歩自身だったのではないか、乱歩は物語を観客に見せると言っておきながら、実は自分の作った物語を見ている観客の背後に潜んで、覗き見る快楽にほくそ笑んでいたのではないかと脅える。ここで見る側に属すと思っていた観客の優越感は崩れる。見られる側のスクリーン内の小山田静子の偽装された恐怖と被害者意識（本当は、静子は見られることを期待し、楽しんでいた）と観客のそれらとが重なり、現実と虚構は逆転し、見る（対）見られる、あるいは観客（対）スクリーン内の人物、の二つの世界の垣根は崩される。

覗かれる被害者を装っていた静子は、自分の美しい肉体を露出して、天井裏の穴から覗き見させることによって相手を幻惑し、くわえ込むことをたくらむ。静子の正体は、露出狂の見世物としての「蜘蛛女」（『陰獣』334）であることを観客は最後に知らされる。しかし、静子は、敬愛し、性愛の対象に選んだ寒川に正体を見破られて、自殺する。つまり、女性作家の静子の存在は、人知れず、寒川に吸収されて消滅する作りになっている。ここでも、乱歩を含めて映画製作に関わる側の観客に仕掛けた罠が効力を発揮する。究極の露出狂は、乱歩自身であり、映画製作者一同であり、窃視の快楽を貪っていたのは、観客自身であることになる。映画というメディアを通じて、製作者も観客も視線に関わる架空の犯罪に加担することになるのだ。

乱歩を含めた男性の映画製作陣は、自分の覗き見への禁じられた欲望をスクリーンに投影して露出させ、その映像を有料で覗き見させることによって、観客も窃視という犯罪行為の共犯に仕立てた。しかし、時代を経て生き延びることができる書物と映像は、新たな観客をその時々獲得することが可能である。昭和初期、あるいは三十年前の観客には見えなかったものが、二十一世紀の観客の網膜を通して伝わることもある。『陰獣』を小説化した当時の枠組み、映像化した男性陣がスクリーンからとりこぼしたかもしれない情報を後の時代の観客は、想像によって再構築することも可能なのだ。実際にスクリーンに映る像とカメラ(特にコンパクトデジタルカメラ)のファインダーに見える像の間には視差《パララックス》が生じるというが、『陰獣』においてもそれはあてはまる。昭和初期の読者あるいは七〇年代の観客にはっきりと見えてこなかったもの、時代という視差によって作品および映像画面の外に追いやられて、認識されなかったものがある。それは、男性側の欲望に覆い隠されて、外側からしか描写されていない「闇に葬られた女の欲望」である。窃視者としての男性の欲望の対象でありながら、作品において十分に明らかにされていない被写体として裸体を披露した女自身がその肉体の内部に抱えていた欲望である。『陰獣』は女の自我の叫び、自立への渇望、性の解放への女側の欲望の存在に触れ、この幻想的探偵小説の中心的謎である秘密という重要な位置づけを与えながら、その中身を検証し、内奥に到達して探るという踏み込み作業をしていないのである。

闇に葬られた女の欲望

江戸川乱歩は、『陰獣』のナレーター「私」であり、探偵小説家である寒川に、しとやかな令夫人を装う悪女、男を肥やしにして小説を密かに描き続ける、一人三役の妖艶な毒婦の小山田静子を以下のように描写させる。

僕は思い当たることがありますよ。いつか或る批評家が春泥の作を評して、女でなければ持っていない不愉快なほどの猜疑心に充ち満ちている。まるで暗闇にうごめく陰獣のようだといったのを思い出しますよ。あの批評家はほんとうのことをいっていたのですね。（中略）だが、あなたがどうしてあんな恐ろしい罪を犯す気になったか、その心持は男の僕にはよくわからないけれど、変態心理学の書物を読むと、ヒステリイ性の婦人は、しばしば自分で自分に当てて脅迫状を書き送るものだそうです。（中略）自分が化けていた有名な男性の小説家から、脅迫状を受け取る、なんとすばらしい着想でしょう。

（「陰獣」390）

乱歩の分身である寒川の言う「闇にうごめく陰獣」の欲望こそが、この作品のテーマであり、筆者が興味を惹かれ、本稿の標的に定めた点である。

「幻想怪奇」を特徴とする乱歩は、日常に潜む非日常の闇の世界の恐怖を耽美的デカダントな言葉の彩をもって、幽玄に、妖しく、危うく描く。光にたとえられる科学的合理的知性が、闇の領域の幻想的妄想と格闘せざるをえない状況、光の下では淑女に見えるが闇の中では悪女、悪が善に敗北したように見せかけて悪の所在への疑念を提示しながら、永遠の闇の中に真実を封印する構造を用いて、読者を煙に巻く。乱歩の世界では、事物も登場人物もすべて見た通りではない――太陽のさす合理的昼間の世界は、その対極にある夜の世界が持つ秘密に触れたことによって、一変する。突然昼の見慣れた世界は、歪み、変質する。主人公が「うつし世は夢　よるの夢こそまこと」（乱歩の好んだ言葉）と認識した瞬間に、読者の視覚までもが歪められ、正常と異常、現実と妄想の境界線は取り払われ、それまで安全に区切られていた二つの世界は、行き来の可能なフリー・ゾーンに変貌する。「陰獣」の「私」である寒川は、淑女の仮面を被った悪女にして才女の小山田静子の奸計による危うい関係を「魅力ある遊戯」(「陰獣」390)とみなし、「同じ猟奇の徒」(「陰獣」390)として怖れ怪しみながら、静子の「あやつり人形」(「陰獣」391)になって楽しんだ。静子の妖しい魅力に惑わされ、情念の虜になって理性の力を鈍らせた寒川は、持ち前の合理的推理力を呼び戻して、静子の素顔を暴き、理性を取り戻して宣言する。

「僕はこのひと月ばかりのあいだ、あなたのお蔭で、まだ経験しなかった情痴の世界を見ることができました。そして、それを思うと、今でも僕はあなたと離れがたい気がするのです。しかし、このままあなたとの関係を続けていくことは、僕の良心が許しません……ではさようなら」私は静子の背中のミミズ脹れの上に、心をこめた接吻を残して、しばらくのあいだ彼女との情痴の舞台であった、私たちの化物屋敷をあとにした。(中略)私はからだじゅう無気味な汗にひたりながら、そのくせ歯をカチカチいわせて、気ちがいのようにフラフラと歩いて行った。(「陰獣」392―393)

乱歩が「陰獣」において発掘した後、また隠蔽した「闇に葬られた欲望」とは何なのか。本論では、「陰獣」の映像化――三本の日本の映像「陰獣」と一本のフランス映画――を比較検討する。

「陰獣」における「闇に葬られた欲望」、とりわけ「闇に葬られた女の欲望」の正体を異文化理解の視点によって明らかにする。

邦画『陰獣』

三本の日本の映像(映画版一本とTV版二本)が共通して画面に表したのは、静子のサディズムとマゾヒズムの嗜好と、「私」を名乗る探偵の寒川が静子に請われて静子を覗くシーンである。この二つの場面を中心に年代順に日本で映像化された「陰獣」について述べ、その意味を考察する。

(1)「陰獣」(香山美子、あおい輝彦主演、一九七七年)

香山美子版は最初の場面から、男性性と女性性のコントラスト、そしてジェンダーの境界線への疑いを暗示する。最初に画面に現れるのは、金色に輝く、ふくよかな女体を思わせる仏像である。しかし、仏像は女性に見えても、性別を特定できない存在であり、視覚のみを信じていいのかという疑いを呼び起こす。仏像の美しさにみとれる着物姿の探偵作家「私」(寒川)役のあおい輝彦の独白が流れる——「先頃現れた大江春泥というような男である。私は軽蔑する。不賛成である。私は本格派探偵小説を目指して世界の作家に挑戦する」と雄々しく告げる。きりりとした美男の寒川は、自分の男性性を強調したうえで、春泥に男同士の競争意識を露わにする。ここで寒川は、春泥の性別に関する先入観を観客に植え付けようとする。美術館を出た直後の寒川がすれ違いざまにその美しさにみとれる対象は、白い和服に日本髪を結った、小山田静子である。女に見える仏像に次いで、人間の静子の女性美に幻惑される寒川という構図が存在する。この二場面は、寒川が女性美の極致だとみなしたものが本物の女性だったのか、特に静子は当時のジェンダー（文化的意味合いにおける性役割）において女性だったのか、というドラマチック・アイロニー（観客が承知していることが登場人物にはわからない皮肉な状況）を提示する。寒川の女性を見る目の不確かさは、列車の中で浮かれ騒ぐ女性写真記者が、寒川に「女が描けないいってことよ。女を知らないいってこと、あんた恋愛経験がないんじゃないの」とからむ場面が裏付ける。後日、寒川は、古本屋の店先で、静子とぶつかって、その白いうなじに刻印されたみみずばれにはっとする。その直前の何気ないシーンでは、日本の幽霊の画集を寒川が悦に入って購入しているが、これは寒川の怪奇幻想嗜好を表わすと同時に、次の場面に表れる静子の不気味な正体を暗示する。

江戸川乱歩の「陰獣」DVD
監督：加藤泰、脚本：加藤泰、仲倉重郎
キャスト：あおい輝彦、香山美子、加賀まりこ、野際陽子、田口久美、花柳幻舟、倍賞美津子、中山仁、尾藤イサオ、菅井きん、仲谷昇、藤岡琢也、川津佑介、若山富三郎他
松竹、1977年、発売＆販売：松竹株式会社映像商品部、1995年、松竹ホームビデオ

静子の傷は、夫の小山田六

郎のサディズムのせいである。実業家の小山田は、出張先のロンドンで、美女ヘレンからサディスティックな性行為を学ぶ。日本に愛人として同行したヘレンは、碁を打つようになるが、碁石を置く時の「パシッ」という音が鞭の響きに似ているので、マゾヒストのヘレンには碁をうつことは、たまらない快楽である。

日本髪を結い、真っ白な背中を鞭うたれる静子の顔が正面から映り、静子の悲鳴と共に画面は変わる。汽船発着所の便所の水面から開かれた目をした死体が浮かび上がり、身元が小山田六郎であることが判明する。はげ頭をさらす死体になった小山田氏と鞭うたれる静子、つまり小山田夫妻の寝室でのSMプレイとの関連性は、推理の進行上明かされず、画面上の暗示にとどまる。

「陰獣」に登場する女性は性的欲望が旺盛な女性が多い。小山田静子はしとやかな外見にもかかわらず、ニンフォマニア(色情狂の女)である。静子は、静子が殺害したかもしれない少女時代の愛人の平田一郎を相手にするのにとどまらず、夫とのサド・マゾ・プレイ、寒川への積極的アプローチに及ぶ。静子が金で買った偽の春泥と平田役を演じる三文役者の無言の青年の市川荒丸との愛欲の場面に静子の性欲の激しさの一端がうかがえる。静子は不細工な大江春泥夫人に変装して、丸眼鏡をかけ、金歯をはめ、頬に膏薬を貼って、汚い着物で、あばら家の藁の上に死体のように横たわり、薄汚いパンツをはいたこの青年に乗っかられての機械的性行為を無表情に享受し、その料金を支払う。静子は純愛だけでなく、変態セックス、疑似レイプの機械的性行為など、あらゆる性的遊戯に参加し、有償でその機会を楽しむ。小山田邸に雇われている平凡な女中の初代も隅に置けない。

この女は、無口で無表情で乱暴者の運転手の青木に密かに惚れて、雇い主の眼を盗んで、逢引きを楽しむ――「あたし、青木さんが好きでした。それで昨夜はどうしても会いたかったんです。会いたかったんです」と刑事に告白する。また、小山田六郎が溺死体となって発見される汽船発着所の便所の第一発見者の老女も、いくら鍵をかけても開いてしまう便所の扉の前で、船賃の支払いを求めて追ってきた男の車掌に向かって「あたしゃ、おしっこ！　なんだい、この人はいやらしい。あたしがおしっこするとこ見ようってのかね。出歯亀！」とわめく。菅井きんの老女は、小気味よく、ユーモラスだが、この老女も窃視へのオブセッションにとりつかれている。性的な意味合いにおいて「見られる」状況でないにもかかわらず、冗談めかしてこのようなことを言うのは、この老女の深層心理における「私はまだ覗かれる価値がある女だ」という隠蔽された露出狂的自己顕示欲を表わす。老女の無意識の欲望に応じたのは、便所の底の水に沈んで溺死体となった焼き魚の目のような小山田六郎の眼球であった。死体になった後も、小山田六郎は窃視者の欲望を露わして、老女の秘部を眺めていたことになる。

小山田の死後、寒川と急接近した静子が用意した「二人だけの世界」は、貸家の二階にある赤い部屋だ。中央に等身大の鏡、その横に白い洋風の椅子が置かれた、静子の倒錯的嗜好を開示するのにふさわしい部屋である。真っ赤な色は、狂気を表わす色であり、犯罪者静子が周りの男に流させた血、そして静子の女の欲望の生産と消費を象徴するメンストレーションの血を暗示する。静子はこの部屋で、寒川に一人三役のトリックを見破られる。静子は、日本髪のかつらをひきはがされて、おぞましい犯罪者、性倒錯者としての正体を暴かれる。気違いじみた笑い声を上げる春泥である静子、正体を知られた静子は、帯を解いて白蛇のような裸身をさらし、白い花束の中に隠した鞭を取り出して「ぶって！」と寒川を誘惑する。寒川に娘時代の恋人の平田殺しを指摘された静子は、サディストになり変わり、寒川を鞭でうつ。「あなたを愛していました」と涙ながらに立ち去る寒川の背後に、裸のままの静子が泣きわめきながらぐったりと横たわる。「原稿用紙の上ではなく、現実に忌まわしい作品を描こうとした」、「満たされぬ欲求の代償として書いた」女は、自分の隠蔽すべき素顔を暴かれ、寒川に棄てられ、死に装束の白い着物を着て、崖から身投げする。

「陰獣」を日本で映像化したものの中では、一九七七年版が一番原作に忠実である。時代考証は確かであり、小道具も当時を思わせるものが使われ、乱歩の生きた時代の雰囲気が伝わる。ストーリーのおもしろさだけでなく、大正時代の日本がレトロな感覚で心地よく、なつかしく甦るお薦め版である。

(2)「陰獣」(古手川祐子、三田村邦彦主演、一九九一年)

このテレビ・ドラマでは、時代は大正十二年の初夏に設定されている。寒川は、ビアズレーの展覧会会場に向かう黒塗りの高級車に乗った、蒼い色の着物姿の静子を窓越しに見る。静子と偶然(あるいは静子の計画通りに)、ビアズレーの「サロメ」のイラストの前で出会った寒川は静子と初めて会話を交わす。

静子：サロメはヨカナーンを愛したのでしょうか。生首、愛する男の血のしたたる生首、その冷たい唇。なぜでしょう、サロメはなぜ愛する男の首を求めたのでしょう？

寒川：たぶん、復讐でしょう。自分の愛に応えようとしなかったヨカナーンに対する憎悪というか……

静子：いいえ、サロメは、ヨカナーンを愛していたのです。サロメは最後の最後までヨカナーンを愛していたのです。その愛はヨカナーンを殺すことによってのみ満たされる深い愛だったのです。それだからこそ、サロメはヨカナーンの冷たい唇に接吻できたのです。

『陰獣』（フジテレビ・ドラマシリーズ）VHS
監督：藤田明二、脚本：安倍徹郎
キャスト：古手川祐子、三田村邦彦、西岡徳間、松本留美、橋爪功他
フジテレビ、共同テレビ、1991年
発売：フジテレビ映像企画部
販売：（株）ポニー・キャニオン

オーブリー・ヴィンセント・ビアズレー（Aubrey Vincent Beardsley, 一八七二〜一八九八）は、ヴィクトリア朝の世紀末美術を代表する、悪魔的な画風を持ったイギリスのイラストレーター、詩人、小説家として知られる鬼才である。静子の「サロメ」への関心と心理分析は、静子自身のサディズムとマゾヒズムへの傾倒を暗示する。

静子は言いたかったのだろう――「私はサロメよ！　あなたが好きだから、あなたの首をちょうだい。キスしてあげるから」と。

静子宛ての脅迫状が春泥らしき陰気な男の声で「私はおまえをいつも見張っている」と小山田邸の日本間で読み上げられている間、黒猫の金色の瞳が、赤く、時として青く画面いっぱいに光る演出法は、不気味な効果を上げる。また寒川が主宰する「探偵猟奇会」で、寒川が自分の推理を講演し、静子を含む関係者が金色の覆面をした聴衆として集う趣向も工夫されている。

静子は、犯罪を暴く寒川に、着物を脱いで傷だらけのやわ肌を見せて言う。――「愛、私が誰を愛しているか。サロメは誰を愛したか。預言者のヨカナーン。嘘、かわいそうに！サロメは誰も愛してなんかいなかった。残るのは飲み残した苦い酒。絶え間のない死の世界への誘惑。愛したかった。誰でもいい。人並みの平凡な愛が欲しかった。でも私の体はもう誰も愛せない。私はそういう女にされてしまった。そういう小山田を私は罪に……それが罪ならば地獄に降ります。天国なんか神様にくれてやる。遊びたいんです。今は何も知らなかった時のように。踊ります」と言って月明かりの下のベランダで踊り出す。静子は出会いの始めに予告したかのように、サロメに成り変わって、白い着物姿で踊る。画面には、皿に盛られた男の首が、幻覚のように次々と浮かぶ――まず、若い男の首、次にはげ頭の小山田六郎の首、そして寒川の皿に盛られた首が浮かぶ。踊る静子を映す上部遠距離からのショットにより、静子はビアズレーの「サロメ」のイラストレーションの上で舞っていたことが観客にわかる。

古手川版「陰獣」では、静子の悪女度は低く描かれ、男に弄ばれて破滅した哀れな、弱い女としての側面が強調されている。経済力のない静子は、夫のサディズムに虐げられ、耐えかねてとっさに夫を殺害してしまった女であり、敬愛し、頼りにしていた寒川に罪を暴かれ、すがるものを失って絶望のあまり入水して果てる。静子はエロスに弄ばれ、タナトスに身を委ねるしかない運命の女だと解釈できる。静子が寒川に身をすりよせてきたのは誘惑しようとする悪女の演技ではなく、静子の本音だということになる。テレビ放映用であるせいか、過激なセックス・シーンもなく、退廃的側面は抑えられた。静子も毒婦には見えず、男のおもちゃにされた幸薄い女として、視聴者の同情を煽るように作られている。テレビ版では大胆な退廃性を演出するのは難しい点がもどかしい。しかし、大正ロマンをモダンに美しく表現している点は楽しめるし、芸術性豊かな秀作ではある。

(3)「闇の脅迫者」(川島なお美、佐野史郎主演、二〇〇一年)

二十一世紀になってテレビ用に製作された川島なお美版は、きわめて現代的設定に作り変えられている。寒川を演じる佐野史郎が、パソコンに向かって作品を打ち込んでいる姿が映し出される。人嫌いの探偵小説家の大江春泥は、メールで作品を出版する生意気な新人である。小山田静子は、寒川の出演する広告の大物スポンサー夫人であり、真っ白なスーツの似合う、てきぱきとした、歯切れのいい言葉で明るく話す現代のビジネス・ウーマンだ。登場する建物は、すべて近代的な明るい構造の都会のオフィスと新築のモダンな家屋である。人物にも背景にも上記の二作に見られるよ

江戸川乱歩の「陰獣」より『闇の脅迫者』DVD
監督：岡本雅広、脚本：尾崎将也
キャスト：佐野史郎、川島なお美、佐藤仁美、中丸新将、山下真司他
テレビ東京、ビー・エス・ジャパン、2001 年、発売：大英株式会社、販売：徳間ジャパンコミュニケーションズ

うな日本特有の湿った、薄暗さのかけらも感じられない。したがって、覗き魔が潜む天井裏という空間は存在しない。「陰獣」という作品が成り立つために必要な空間の欠落を、現代版「陰獣」は、小山田夫妻の寝室に隣接する物置の秘密の通路から侵入できる隠し部屋の覗き穴という構造設定に変更する。寒川の覗き穴だけでなく、盗聴装置と隠しカメラの存在をチェックするという行動も、現代の視聴者を納得させる。夫の死後、未亡人の静子は嬉々として女社長の座と事業を引き継いで手腕を示す。

乱歩のおどろおどろしい怪奇性を期待する観客は、肩すかしを食らわされたと感じるほど、からっとして、クリーンな理知に訴える物語に改変されている。この作品もテレビ版という制約のためか、濃厚なラブシーンはない。乱歩作品に特徴的な何通りにも解釈できる曖昧性を残して、読者の想像力を刺激する要素も残されていない。鑑賞後に残る、もやもやしたおどろおどろしさは微塵もなく、明快で、疑問の余地のない、納得できる形に収められている。静子は自殺することなく、犯罪者として逮捕され、警察に犯行を自供し、その動機も明らかにする。静子は、男に弄ばれた不幸な女でも、蜘蛛女のような毒婦でもない。

静子は、書くという楽しみを自分から奪った夫を殺すという明確な犯行の意志と動機を持った犯罪者である。独房で静子は、作家としての「書く」という切なる欲望を訴える。看守に、「ねえ、何か書くものない？　新しい作品のアイディアが浮かんだの。今度こそ誰にも見破られない完全犯罪の話。今すぐ構想をまとめておきたいの。何か書くもの、お願い、ふふふふ」と不気味な笑みをたたえる。静子の女の業は、物書きであることに集約される。静子は紙に書くにとどめるべき犯罪を現実の上に書くという過ちを犯した女、現実と虚構の区別がつかない狂った女であることが示される。

独房の中でもなお書くことがやめられない作家という種族の性《さが》は、マルキ・ド・サドの生涯を描いた映画『クイルズ』(Quills, 2000)を連想させる。静子も獄中で今後も作品を次々と発表するという含みであろうか。この最後は、挑戦的で興味深い。ただし、時代設定を現代に移し替えたことは、静子の殺人動機の説得力を弱めた点でもある。二十一世紀は才能ある女性作家を歓迎する。「書く」ことが女らしくない行為として排斥される時代ではない。静子の夫が「書く」ことに反対であったとしても、夫を殺すほどの動機にはなりえない。他に解決策はあったはずだ。静子が春泥として書いた作品の内容は明らかにされないが、サドのようにその内容によって投獄されるほどのこともなかっただろう。乱歩の「陰獣」の時代設定を現代に置き換えた試みは評価すべきだが、原作の持つ謎に包まれた淫靡な妖しさの魅惑を削ぎ、説得力を弱めることにもなったのではないだろうか。

しかし、研ぎ澄まされたシャープな感性で、現代の魔女をクールに演じる川島なお美の静子は、一見の価値がある。

女性作家はモンスターだった

元始、女性は実に太陽であった。真正の人であった。
今、女性は月である。他に依って生き、他の光によって輝く、病人のやうな青白い顔の月である。——平塚らいてう「青踏発刊に際して」

この文章は、一九一一(明治四十四)年、近代における女性解放運動ののろしを上げる雑誌『青踏』創刊の辞として、平塚らいてうが寄稿した有名な文章の一部である。明治政府が掲げる「良妻賢母主義の教育」は、明治三十年代に現実に作動しはじめた(堀場17)のだから、平塚らいてうの「元始、女性は太陽であった」宣言は、国家が理想とする社会の基盤を根底から揺るがしかねない、反逆であり、危険な思想の表明だった。『青踏』発刊の前年の一九一〇年は、日韓併合と、社会主義者による明治天皇暗殺未遂に終わった大逆事件によって、日本の天皇制国家としての抑圧性、侵略性を特徴づけた。「富国強兵」を掲げる明治政府は、天皇を頂点とする家制度を重視し、その家父長制を支え、奉仕する存在としての女性を念頭に置いていた。軍国主義で塗りつぶされた明治時代末期の日本において、男性は拒否権なく戦場に駆り出され、心身を損なわれ、命を落とすことも多かったので、女性だけが国家権力の犠牲になったわけではない。しかし、国家が承認する天皇制ピラミッドの再底辺に置かれた女性の自我は、男性のそれ以上に虐げられていた。女には当時のジェンダー規範としての「家を守るもの」という役割が与えられたため、「女性の性は全く封じ込められた存在」(米田85)であり、「女性が性を意識することすら『みだら』として『隠す』ことを強要する『良妻賢母』教育により、女性の性認識をタブー化したのも、国家的要請によるものであった」(米田86)。女性作家は「閨秀作家」と呼ばれることが多かった。女を表わす「閨」という字は、「女の居間、寝室」を意味した。女性は閨に閉じ込めておくものとされたため、閨を出た女は堕落した存在とみなされた(堀場15)。

江戸川乱歩は、一八九四(明治二十七)年に生まれ、「陰獣」は一九二八(昭和三)年に『新青年』に発表された。乱歩は、一八八六年生まれのらいてうよりも八歳年下であるが、『青踏』の創刊時にはすでに青年であり、軍国主義の日本という同じ時代の空気を吸って生きた。したがって乱歩は、らいてうのようなニュー・ウーマン、閨秀作家の存在を知っていた。「陰獣」における魅惑的な悪女、小山田静子のような女性は、乱歩の妄想にも似た創造力によって生み出された人物である。社会の上層部に安閑と暮らすことができるはずの上流婦人が、満たされない欲望のはけ口として密かに創作活動に従事して成功を収め、自己の性欲の充足を図るためにファム・ファタールを演じたあげく犯罪者になって転落していく――ヒロイン静子の造詣には、乱歩のニュー・ウーマンに対する幻想怪奇趣味の変形が投影されていないだろうか。

ニュー・ウーマンは乱歩が生きた時代において、公序良俗を乱す、領域侵犯のモンスターであった。外面は、完璧な上流婦人を演ずる小山田静子は、当時の婦人の道徳に背く存在である。結婚してからの夜行性ＳＭプレイと、連続殺人の件は別にしても、静子は、性的にもともと奔放なたちで、娘時代に平田一郎(大江春泥だと思われていた)と自由恋愛をして、処女を喪失していた。さらに静子は、夫の欧州滞在中に「書く」快楽を覚え、秘密裏に女らしくない小説を書いて、流行作家になり、寒川のライヴァル作家になった。貞淑を装う美貌の裏に潜む静子の秘密は、探偵としての寒川の好奇心を搔き立て、寒川を静子に接近させる。しかし、モンスター・ウーマンとしての静子を見た寒川は、防衛本能から男性としての優位性――自分こそが本格派探偵小説家であるばかりでなく、本物の男性であること――を一方的に宣言して、静子を自滅に追いやる。寒川は陰獣としての静子の抑圧された女の欲望を白日のもとにさらすことに成功したが、静子を太陽としての女性に戻すことなく、再びその心身を闇に葬った。探偵小説の変革派の大江春泥、つまりジェンダーの変革派の小山田静子は、文壇の権威であり、本物の男を名のる寒川に敗北したのだ。

(4)フランス映画版『陰獣』(Inju)、二〇〇八年

バーベット・シュローダー監督によるフランス映画「陰獣」は、時代設定は現代であるが、乱

歩の怪奇幻想の持ち味を存分に生かして、原作と映画の時代落差を感じさせない見事な出来栄えを示す。原作の時代背景と映画製作時の時間的隔たりは、登場人物のキャラクタライゼーションの変更によって巧みに補われる。ヒロインの玉緒(原作は静子)は、富豪夫人ではなく、ヤクザの大物に囲われる京都の芸妓という設定である。原作の「私」である寒川は、フランスの新進探偵小説家、アレクサンドル・ファヤールに変更される。

原作では、寒川が探偵小説の大御所で、謎の大江春泥が後を追う新進作家であるが、シュローダー版では、両者の力関係は転倒する。日本の大江春泥の熱狂的研究者であるフランス人アレックスの最近発表した『黒い瞳』が、世界的ベスト・セラーになり、新米のアレックスが大家の春泥の地位を脅かさんとしている。アレックスは心酔する春泥の国、日本へ自分の著書の宣伝のために来日する。アレックスの追い上げを嫌う春泥が、影のようにアレックスの行く先々で「フランスに帰れ」と脅迫と嫌がらせを繰り返す。映画資本の出所はフランスであり、シュローダー監督はイラン系フランス国籍のスイス人なので、登場人物中、唯一人のフランス人であるアレックスの視点から日本を眺めた物語につくられている。シュローダーの「陰獣」は、

フランス版「陰獣」(Inju：La Béte dans l' Ombre) DVD
監督＆脚本：バーベット・シュローダー
キャスト：ブノワ・マジメル、源利華、石橋凌、西村和彦、藤村志保、菅田俊
発売＆販売：株式会社ハピネット

一人のフランス人男性の東洋の国、日本での妖美で淫靡な、怖ろしい幻想的経験を綴る映画になった。

映画はフランス人にとっての現実の世界であるフランス、幻想の世界としての日本の両国の境線の危うさを描くにあたって、映画というものの構造を巧みに利用する。フランスの大学の教壇で春泥の作風を解説するために見せる、春泥の作品の映像化では、芸妓が夜の京都をあでやかな黄色い着物を着て一人、しゃなりしゃなりと歩く。闇の中にあでやかな羽を広げた蝶々、夜の蝶、つまり美しい蛾が舞うような絵空事の世界が、現実であるかのようにスクリーンに映し出される。芸妓の住む京都の茶屋では、現実とは思えない、不気味な非日常的惨劇が起こる——松本警部が仏壇の前で正座する女性の背に手をかけると、その生首がころっと落ちる、松本はふすまの陰に隠れていた赤い鼻の天狗の仮面の男と日本刀で格闘し、松本の生首は切り落とされ、死体になって横たわっていた恋人と首を並べる、仮面の男は勝ち誇って玄関から京都の町中に逃げおおすという場面である。これらの京都でのシーンは劇中劇であるが、観客は映画の中の現実として見させられる。しかし、この映像について解説するフランスの大学の教壇に立つアレックスの姿が続いて映し出されるので、観客は初めて、この映像が映画の中におけるさらなる虚構であったことを知らされる。この京都での幻覚のような場面は、来日したアレックスが、芸妓の玉緒に恋し、翻弄される下地、つまり日本女性に対する幻想としてのステレオ・タイプがアレックスの心の中に宿っていたことを暗示する。アレックスにとって、日本は西洋の男が快楽を自由に求め、支配できる、幻想を満たすはずの国であり、ゲイシャ・ガールこそがその望みの対象としての彼の先入観だった。

春泥の小説の映画化は、ある意味でアレックスの隠れた心的風景を象徴しているともとれる。アレックスは春泥のモラルのなさ、悪徳の賛美、現実と虚構の混在を批判して、自分の小説のモラルと善の健在性を誇る――「自分が闇の世界を描けるのは、それが作り話だと知っているからだ、しかし春泥は虚構と現実の区別がつかなくなっている」。しかし、春泥の悪徳の世界を嬉々として非難するアレックスの姿は、アレックスの無意識に潜んで、実行の機会を待ち望む欲望の存在を観客に覗き見させている。この時点でアレックスはこの映像が、春泥のイメージであって、自分とは関わりのない、別世界のことだと思いこんでいるが、これはドラマチック・アイロニー（観客は知っているが、演じる登場人物は気づいていない皮肉な状況）である。

来日したアレックスが、祇園の高級茶屋で日本舞踊を舞う芸妓の玉緒に一目惚れするのは、必然的成り行きであった。玉緒の誘惑的視線にいとも簡単にアレックスが陥落するのは、彼の心の中で存在していたゲイシャ・ガールのイメージが肉体化する機会を待ちわびていたからである。シュローダーは、古手川版「陰獣」と同様に、玉緒にサロメのイメージを投影する。アレックスの夢の中に、春泥らしい風貌の男が、地面に置かれた春泥の絵に血しぶきのような赤いペンキをかけている、それをみつめるアレックスの背後の暗闇から、白い着物を着た玉緒が「アレックス、踊りましょうか」と誘う。血しぶきをあげる顔は、皿に乗ったヨカナーンの首を、踊る玉緒はサロメのイメージを連想させる。

『愛のコリーダ』VHS
監督＆脚本：大島渚
キャスト：松田英子、藤竜也、殿山泰司、小山明子、1976年
発売：東宝株式会社

「芸妓の仕事は男性を虚構の世界へ導くことです、芸妓は男性の心を映す鏡なのです。本人も気づかない欲望を引き出す、セックスよりも奥が深いんですよ」と最後の場面で、春泥（玉緒）の著作の編集者は獄中のアレックスに告げる。玉緒はアレックスの意識の底に潜んでいる、危険な欲望の代弁者だったのだ。「大江は快楽と苦痛の関係を知っている。あなたも実際に経験してみなければ」と意味ありげな笑みを浮かべてアレックスを誘う玉緒は、アレックスの隠されたサド・マゾの欲望を見抜いていた。玉緒はアレックスの覗き魔の欲望を知って、春泥が家の内部に潜んでいて恐いという理由で、アレックスに自分ののびやかな肢体を何気なく、しかし意図的に覗き見させる。原作でも小山田静子は、ナレーターの寒川の欲望を写し出して実行してくれる装置だったが、シュローダーは、男の欲望の鏡としての女の存在をどの版よりも強調している。その意味では、原作に忠実な側面も備えている。

しかし、シュローダーは、日本女性のみかけ上の受動性とその下に潜む毒婦性の強調に加えて、どの日本映画よりも、女性の能動性と創作意欲の強烈さを表現する。日本女性の欧米におけるイメージは、耐え忍ぶ蝶々夫人に固定されていると考えるのは間違いである。蝶々夫人の対極にある近代の毒婦、阿部定のイメージは、大島渚監督の映画『愛のコリーダ』(一九七六年公開、日仏合作)を通じて欧米(特にフランス)映画界では有名になった。昭和十一年におきた阿部定事件は、芸妓であった安部定が、愛欲の果てに妻子ある愛人男性、吉蔵の性器を切断するという猟奇性によって、世間を騒がせた。玉緒がSMプレイの時に羽織る紅色の長襦袢は、『愛のコリーダ』での安部定役の松田英子を連想させる。シュローダー監督が、玉緒に貞淑に見える日本女性の裏側を暴く安部定のイメージをかぶせていることは明らかである。

玉緒の欲望としてシュローダーが最終的に強調するのは、作家としての創作意欲であり、この点は、川島なお美版と共通する。川島版が女性作家である事実を隠蔽する必然性への説得力が弱いのに対して、シュローダー版は、玉緒が芸者だという立場によって説得上の強みを発揮する。玉緒は芸者を続けるために人気作家であることを隠し、結婚の後の作家活動引退をしつこく迫るパトロンの茂本を消すという現代女性の立場から見て、無理のない構造に変更して成功した。ヒロインを金持ちの夫人から、芸妓に変えたことには、『愛のコリーダ』の安部定が女中として住み込む前には芸者であったこととの関連性が見られる。日本映画『愛のコリーダ』を知るフランスの観客にとっても、芸者という設定は物語の理解を容易にする仕掛けである。

＊

フランス映画版では、最後に勝つのは東洋の魔女である玉緒であり、敗北するのは西洋の男のアレックスである。玉緒のそそのかしに乗って、茂本を銃殺した罪で牢獄に捕われるアレックスは、川島なお美扮とさかさまの結論になっている。日本の牢屋に入れられ、日本の囚人としての規律を強いられて、ロボットのように看守に敬礼するアレックスの姿は、東洋に屈辱を強いられる西洋をイメージ化している。しかし、弱いと思っていた日本の女に組み敷かれて、彼女の文化的枠組みに囚われ、痛めつけられることこそが、アレックスの抑圧された、密かに待ち望んでいた西洋男のマゾヒスティックな欲望だったと言えないだろうか。東洋に組み伏せられて、凌辱されることを密かに期待する西洋男の屈折したプライド、自虐的願望に玉緒は応えたのだ。フランス版は、女の強さを見せる結末であるが、男の欲望、西洋の欲望が主体であり、女の欲望、東洋の欲望は客体である。主体は西洋男性であり、日本女性はその鏡としての位置づけにある。

アレックスの牢獄で終わる結末は、デヴィッド・ホアン(David Henry Hwang)の『エム・バタフライ』(M. Butterfly)を連想させる。中国系アメリカ人の劇作家ホアンは、西洋の男につくして棄てられた末に自害する、男にとって、西洋にとって都合のいい日本の女としての蝶々夫人のイメージを大胆に逆転させることによって、西洋文明を手厳しく批判した。戯曲『エム・バタフライ』とその映画化は、西洋のエリート、フランス人外交官の独房での自殺と、女装していた京劇役者である蝶々夫人の国外逃亡をもって終わる。シュローダーの『陰獣』も、フランス人アレックスの破滅と玉緒の京都からの安全な逃亡、西洋男の東洋女への幻想を手玉にとって破滅させる逆転劇である点に、ホアンの作品の影響が見られる。

シュローダー版がホアンの戯曲と違うのは、西洋の東洋に対する蹂躙といった攻撃的ニュアンスが見られない点である。シュローダー監督は、政治的メッセージを織り込むことなく、一人の芸術家として日本文化に対するあこがれとオマージュを率直に表現している。映画の撮影地として、京都、金沢、東京を選び、スタッフは日本人九〇人、フランス人一〇人、京都風の作法は引退した芸妓に指導を頼み、着物の着付けからメークまですべて日本人の専門家を動員(DVD『陰獣』の「メイキング映像」)という配慮が成果を上げたのか、日本文化の特徴を的確にとらえて正確に映像化している。『陰獣』を映画化するにあたって、シュローダー監督がこだわったことは、一にも二にも「日本的である」ことだった(DVD『陰獣』の「メイキング映像」)。日本の小説を日本で、日本人のスタッフの手を借りて、フランス人が作りあげるという作業にこだわったシュローダーは、日本人が見ても奇妙ではない日本文化を演出することに成功した。外国人男性アレックスが日本への幻想の罠にかかった末の悲劇を描いたが、この映画は、外国人が扱った日本でありながら、日本に対する誤解と偏見がほとんど見当たらない、稀有な現象を見せる。その理由は、撮影の舞台をまるごと原作の舞台である日本で行ったこと、シュローダー監督を始めとするフランスの製作者の正確な乱歩作品への理解と日本文化に対する造詣のおかげだと推察される。さらに、シュローダー監督の出身も重要な要因かもしれない。バーベット・シュローダーはイランのテヘランで生まれたフランス国籍のスイス人であるから、インターナショナルな視点を持っている。さらにイランは、フランス人から見ても西洋ではなく、西アジアであり、中東イスラム共和国である。シュローダーが西洋文明の外部での経験と他者の視点を持っていたことが、西洋人にとっての異文化である日本理解に勝利した原因であろう。

エドワード・サイードは、著書『オリエンタリズム』で西洋の権威によって押しつけられた幻想としての東洋のイメージに強く反発している。シュローダーの『陰獣』も日本通を誇る西洋人男性の幻想を土台にするが、映画そのものは西洋の権威と幻想としての日本を押しつけず、肯定することなく、的確に江戸川乱歩の意図をくみ取ったうえで、フランスの『陰獣』に仕立てることに成功している。シュローダーの『陰獣』を見た日本の観客は、サイードの言う西洋の東洋蔑視という屈辱感を味わうことはない。

悪徳は自国以外の外国から伝染病のようにやってくる、と考えるのはどの国でも共通の偏見である。香山美子版では、夫の小山田六郎はロンドン滞在中に、SMプレイをイギリス人のヘレンから教わったことになっている。シュローダー版では、フランス人のアレックスの書いた探偵小説はモラルが大切で、最後には善が勝つのに対して、日本の春泥は、悪徳を賛美する倒錯的汚濁の世界を支持する。ただし、『陰獣』の重要なモチーフであるサディズム・マゾヒズムについては、その起源は西洋とも日本とも特定せず、昔からあったものとされる。香山美子版において、SMプレイは狩猟民族である西洋人は鞭を使うが、農耕民族である日本人は縄を用いるようだと言われる。シュローダーは玉緒のSMシーンにおいて鞭で打つだけでなく、縄で四肢を縛らせていることは、香山美子版での言及に照らし合わせれば、特筆すべき研究心である。

シュローダーの「日本的に」という意図は各場面で生かされている。外国人が描く「日本的」な世界こそが、日本人にとって最も興味深いものである。天井裏からの覗き見という、西洋建築ではむずかしい原作の設定から純日本家屋を背景に選び、ヒロインを伝統を重んじる祇園の芸者に変更したことは賢かった。背景や中味はそのまま日本に置き、視点を提供する寒川だけをアレックスに変え、外人男性が見た日本という視点の転換をはかったことにより、異文化理解を無理のないものにしたことがこの映画を成功させた。

西洋において、日本を表現する際には、西洋的視点を添えながら同時に「日本的であること」、つまりエキゾチックであることが、観客の嗜好に応えるこつである。観客の多くは、一定の選べる時間内に、現実を忘れて虚構の世界に遊びたいという願望を持つ。遠く離れた東洋の国、日本独自の伝統的世界の内部で起きた怪奇幻想こそが、西洋の観客が密かに待ち望んでいる、覗き見したい虚構である。純和風建築、神社と仏閣、着物を着て日本髪を結った芸者、日本刀、天狗の仮面、祇園の祭り、日本的儀礼と風習、血のような朱色の漢字で書かれた春泥の脅迫状など、日本特有の事物をふんだんに織り込むことにより、西洋の観客の目を奪う仕掛けは成功した。シュローダー監督の映画『陰獣』は、異文化日本を正しく理解して、その特徴を生かしたうえで、西欧人の視点を付加して、加工に成功した好例である。状況等の設定を変更して、異文化の境界線を越えて受け入れられたということは、原作の価値を高めることである。その原作は、文化を超えて発信と受信が可能な普遍性を持っている、同じ人間であれば共有できる芸術だ、という名作の条件を満たすことを立証するからだ。

参考文献

江戸川乱歩「陰獣」江戸川乱歩怪奇幻想傑作選『鏡地獄』角川ホラー文庫、一九九七年

サイード、エドワード・W『オリエンタリズム』上・下、板垣雄三他訳、平凡社、一九九三年

志村有弘他『江戸川乱歩徹底追跡』勉誠出版、二〇〇九年

平塚らいてう「元始女性は太陽であった——『青踏』発刊に際して」『平塚らいてう評論集』岩波文庫、一九八七年

堀場清子『青踏の時代——平塚らいてうと新しい女たち』岩波新書一五、岩波文庫、一九八八年

米田佐代子『平塚らいてう——近代日本のデモクラシーとジェンダー』吉川弘文館、二〇〇二年

Hwang, David Henry. *M.Butterfly*. London: Penguin Books, 1986.

Marran, Christine L. *Poison Woman: Figuring Female Transgression in Modern Japanese Culture*. Minneapolis: University of Minnesota Press, 2007.

第四章　谷崎潤一郎『卍』　性の境界侵犯か

小説『卍』

谷崎潤一郎の『卍』は、昭和初期に描かれたレズビアン小説とされるが、注意深く読むならば、形のうえでは意外なまでに当時の家族制度内で許容されていた性の境界を乗り越えていないことがわかる。『卍』において谷崎が性の境界を本当には侵犯しなかった理由は、谷崎の文学表現のスタイルという以上に当時の検閲、モラル、世相にあると考えられる。

昭和初期の日本では、同性愛は「変態性欲」というコードによって処理されていた。女性の同性愛は、未熟な女性に現れる病理とみなされた。日本は、近世社会ではジェンダーや性に関する境界領域は厳密でなく、異性愛のみを認めていたわけではないのに、明治近代以降、家制度の重視によって生殖に直接役立たない性は周縁化されておとしめられることになったからである(長116―119)。本稿では、異色の作家として注目を浴び、エキゾチックな変態小説を書き続けたとされる谷崎が、

『卍』において境界内にとどまる体裁をとりながら、いかに当時の検閲と同性愛に対する規制を潜り抜けて、性的マイノリティーであるＬＧＢＴ（Lesbian, Gay, Bisexual,Transgender）の欲望を表現したかを検証する。

『卍』執筆時の昭和初期の世相

『卍』は、雑誌『改造』の連載小説として一九二八（昭和三）年から一九三〇（昭和五）年にかけて発表された。

一九二八年には、第十二回衆議院選挙（第一回普通選挙）が実施され、それまでの納税額による選挙資格の制限がはずされて、二十五歳以上の男子に選挙権が与えられ、有権者総数は四倍に増加した。しかし、女子には選挙権はなく、一九四五年まで待たなければならなかった。男女の服装は、和服が主であったが、ダンスホールやカフェには西洋文化の影響を受けた流行の最先端をきどる「モボ」（「モダン・ボーイ」の略語）や「モガ」（「モダン・ガール」の略語）の洋装の男女があふれた。「大正デモクラシー」（大正年間に起きた政治・社会・文化における民主主義の発展、自由主義的な運動、風潮、思潮）以降、個人の自由や自我の拡大、西洋文化の摂取が進取の気風としてもてはやされていた。日本国内は好景気で、産業の発展が女性の進出を促し、「職業婦人」（職業を持つ女性）が増加した。しかし、一九二九年のアメリカのウォール街の株価大暴落が引き起こした世界大恐慌による不景気に突入して、以後自由で華美な風俗は抑制された。

職業婦人が世に現れ、女性が徐々に自由を獲得し出したのが昭和初期であるが、女性は男性の傘下にあった。娘時代は父あるいは長兄の保護下にあり、結婚後は夫に管理され監視されていたのが当時の婦人だった。『卍』の女主人公の柿内園子も徳光光子も、経済的社会的自立は与えられず、精神的にも自立しているとは言えない。二人が自意識過剰で我欲が強く、わがままなばかりの驕慢で得手勝手な有産階級の女性として描かれたのは、谷崎の趣味の反映とばかりは言えず、時代背景から考えて仕方がない人物設定であった。

『卍』の同性愛の扱い方

『卍』が同性愛を扱っていることは衆目の一致するところである。作者の谷崎潤一郎が、映画『卍』の光子役の映画女優の若尾文子に「ところで演技をしていて、同性愛ということに自然に入っていけましたか?（谷崎「座談会　卍のコンビ女の秘密を語る」213―214）」と聞いている。谷崎は、光子の相手役の柿内園子のモデルはいないし、「ああいう人はいませんし、ああいう事実ももちろんありません。話は私の創作です」（谷崎「座談会」215）と断言する。

『卍』は、昭和初期には異常な性愛関係レズビアンを描いた小説として受けとめられた。千葉俊二は、谷崎は、旧版の「伏字の部分をすべて削除してしまったお蔭で作者の執筆当初にあった光子と綿貫との関係の一側面が、現行のテキストからはよほどの読み巧者でなければ、読み取れないような、非常に曖昧なものとなってしまったといえよう。そのために作品はある分かりにくさを生じ、陰翳の深みのある奥行きをはらぬことになったともいえようが……」（千葉233）と解説する。当時の性的表現への検閲、読者の受容への配慮、その他いろいろな谷崎の配慮があったことは想像に難くない。

しかし二十一世紀の今日では、はたして本当に園子と光子はレズビアンだったのかと疑うほどなまぬるい、ぼかした描写である。同性婚が世界的に認められはじめ、レズビアンを含む同性愛者その他の性的マイノリティーがＬＧＢＴ（レズビアン、ゲイ、バイセクシュアル、性同一性障害やトランス・ジェンダーの人々を意味する頭文字からとられた）と名づけられて、差別撤廃、性的多数派と同等の権利の主張が当然となった現代では、状況が異なる。『卍』は、園子と光子のレズビアン関係を主軸に据えているのに、二人の女の性行為の描写はない。二人の女のふれあいは、園子と光子が一緒にお風呂に入ったり、添い寝したり、互いの顔に見惚れている場面、なまめかしい千代紙の文通、光子を観音様に仕立ててポーズをとらせ絵を描いていた園子が美しい光子の裸身をもっとよく見ようとして体に巻いていたシーツを引き裂いてしまうといった婉曲な表現に徹している。

もっとも『卍』は、光子と夫に心中された後、一人残された柿沼未亡人の園子が、第一人称の「わたし」を用いて、作家である「先生」に語る回想録の形をとっている。『卍』は、すべて園子の視点だけから園子が語る物語なので、良家の子女であり、奥方であった昭和初期の女性が、露骨な言葉で人聞きの悪いレズビアンの情事について詳細に語るとは思えない。したがって園子の言葉による曖昧な愛の表現は、逆に二人の関係にリアリティーを添えているとも考えられる。

だが園子は「『殊《こと》に肉体上の関係なかったのんなら告白し易《やす》い訳《わけ》やから、すべてを打ち明けておしまいなさい』と先生は云うて下さいましたけど」(『卍』8)と告白する。谷崎の女装した分身とみなせる、唯一の生き残りである語り部の園子は、作者同様くせ者であるから、まことしやかなこの言い訳を文字通り信用するわけにはいかないが、嘘とも言い切れない。園子と光子の間に心理的情緒的愛欲の関係が存在していたことは確かだが、セックスを意味する肉体的関係があったかどうかは定かでない。一部の大奥女中が用いたとされる疑似性愛の道具、たとえば張形《はりがた》や女性用バイブレーター使用の記述はないので、園子のプラトニック・ラブだという回想を否定する根拠はない。

園子は、堅物で情熱《パッション》のない夫の柿内孝太郎とは肌が合わず、性的満足を得られなかったために、光子の前には男の恋人がいたと語っているので、光子とも精神的愛情だけでは満足していなかった可能性はある。嫁入り前の娘の光子には、綿貫栄次郎という男がつきまとう。綿貫は、「男女《おとこおんな》」あるいは「女男《おんなおとこ》」と陰口をたたかれるナメクジのような女々しい男で、幼少時に患ったおたふくかぜのために睾丸炎を起こして不能者になっていた。綿貫が性的不能者であるために光子は処女だが、美貌の綿貫は女にもてて或る女から気に入られ、「その女もやっぱり同性愛の習慣あったのんで、一人前の男やのうても女に愛される云うことを綿貫に教《お》せ込んだらしい」(『卍』136)。綿貫は、レズビアンの女から男女の通常のセックス以外の方法で、性的快楽を女に与える方法を学んでいた。「『自分かて何も悲観することない』云う自信ついて、今度はしろとの女捜しているとこい光子さんが網に引っかゝりなさった」(『卍』136)。綿貫からレズビアンの愛し方を学んだ光子は、そのテクニックを応用して、園子をエクスタシーに導いて熱狂させたのかもしれない。しかし、谷崎は、読者の想像にまかせるにとどめて、レズビアンの性的技巧には触れていない。

レズビアンとは、女性同士の恋愛関係にある者を指すのだが、肉体的な性愛関係があるか否か、心的恋愛関係だけの場合も含むのかは一般的に明言されていない。もしも濃厚な肉体的接触があったとしても、女性同士の場合は本当にレズビアンなのか、あるいは女性同士の憧れがきわまった末の最上級の愛情表現なのか、判別がつきにくい。

「レズビアン」というより「S《エス》」なのか

谷崎との座談会で、若尾文子は「なにか仲のよいお友だちが、うんと仲よくなったという感じですから」（若尾「座談会」214）、「昔は女学校なんかでSというのがあったでしょ」（若尾「座談会」216）、と指摘する。すると園子役の岸田今日子が「私、わりあいに女の人でも、きれいな人は好きなんですよ、もともと。それが本当にセックスに結びついたりすることは、まだ私の場合はありませんけれども、そんなに不思議じゃないわ」（岸田「座談会」214）と答える。

『卍』の園子と光子の仲も、昭和初期においては堂々たるレズビアンに該当したかもしれないが、現代から見ると「S」の関係といった方が適切かもしれない。「Sとは、sister または sisterhood の頭文字であり、主に戦前の女学生同士の特別に親密な関係を表す隠語である。語源である sister からもわかるように、下級生が上級生を『お姉さま』と呼んで慕う姉妹的な関係が主流であったが、同級生同士や教師と生徒のエスもあった」(『ニコニコ大百科』sisterhood)。「エス」は、明治期に創設された異性から隔離された旧制の女学校で発現したロマンティックで叙情的な美意識を培う女学生文化の一つであった。

エスの仲にあっては、手紙を交換する、一緒に登下校をする、買い物に出掛ける、勉強を教える、あるいはプレゼントを贈りあう、おそろいの服装や髪型にするなどのコミュニケーションがとられた。これらは「親友」の関係と言っても差し支えないものであるが、その手紙の文面には「愛するお姉さまへ」「可愛い妹へ」といった言葉が並ぶ。思慕、敬愛、崇拝、憧れといった感情を強く押し出し、互いを特別な存在とするその関係は、恋愛に近いものとも言える。

(『ニコニコ大百科』)

当時の文学作品には「S」を描いたものが少なくなく、川端康成と中里恒子の合作少女小説『乙女の港』(一九三八年)が知られている。「S」は、性的関係がない女性同士の深い精神的な愛情の絆と認識されて、「恋愛の予行練習」「異性愛の前段階」「思春期の一過性の感情」などみなされ、心中などにつながらない限りは大目に見られていた。「S」が「異常」「病的」「性倒錯」と判断されるに至るには性的接触があることが暗黙の基準であった。女性の同性愛は異性愛の未熟な前段階的関係に位置づけられ、この見方には当時の男尊女卑的社会の風潮や、同性愛への差別的視点が反映されている(『ニコニコ大百科』)。レズビアンに発展せず「S」の領域にとどまるには、女性の一方が男性化しないで女性の形のままでいることが条件だった。当時は小説における同性愛の描写は内務省図書課の監視下にあり、少女たちの肉体的な接触は検閲されていた(「エス(文化)」Wikipedia)。

谷崎は、「S」の特徴的行動である「手紙を交換する、一緒に登下校をする、買い物に出掛ける、勉強を教える、あるいはプレゼントを贈りあう、おそろいの服装や髪型にするなどのコミュニケーション」(『ニコニコ大百科』)、「憧れによって模倣し鏡像性を示し、同一化を願うこと」(「エス(文化)」Wikipedia)のほぼすべてを園子と光子に行わせている。光子は園子を「姉ちゃん」と呼んでいるし、特に退屈しのぎに絵画教室に通った園子が、同級生の光子を理想化して無意識のうちにモデルにしてデッサンしてしまった点に「S」はよく表れている。

しかし「外にモデルがある」云われましたら、そう云われる迄は自分では意識してえしませなんだのんに、何やしらんはっと胸いこたえるもんありましてん。(中略)たゞ何やしらん頭の中にY子さん以外の或る人の印象刻《きざ》みついてゝ、Y子さんを眼の前に見ながら、知らず識《し》らずその印象の方モデルに使てた、——使うつもりものうて、自然と筆がその人の姿映してた、云うだけやのんです。もう先生にはお分かりになっておられますやろが、その、わたしが無意識のうちにモデルにしてた人云うのんが、——どうせ新聞にも出ましたのんですから、云うてしまいますが、——徳光光子《とくみつみつこ》さんやのんです。

(『卍』12)

レズビアンの噂が広まった後、光子は自分の美しい体を園子に見せつけるために、顔だけでなく、体も正確にデッサンするよう要求する。園子の家の二階で姿見の前に立って自分の美しい裸体にナルシスのように見とれる光子に、園子は後ろから抱きついて、姿見のなかを覗き込む。一人の女の美しさにもう一人が憧れて、デッサンによって模倣した後に、鏡の中で二人の女が同化して一体になって抱き合うこの場面は、Sの完璧な図式化である。谷崎は、「S」と「レズビアン」の当時の境界線を熟知して、完璧な形で「S」に見えるように描いたことがわかる。

上記の昭和初期の検閲状況、現代よりは性に対して厳しい世相の下で、谷崎は『卍』をレズビアンの関係を意図しながら、「S」に見えるように、直接的な性描写を避けて、女性のどちらかを男装させることなく、片方に男性性を付加しない選択をした。谷崎は、検閲を免れて出版に差しさわりのない形、つまり「S」の形態に仮装させて『卍』を世に出したのである。それだから、内容的にはどう見ても二人の女はレズビアンなのだが、小説内の表現のみを追っていくと「S」にとどまり、レズビアンへの境界線をまたがないという奇妙にして絶妙なバランス感覚で『卍』が成り立っている。

谷崎の描く『卍』は、「S」に見せかけた「レズビアン」、あるいは「レズビアン」を疑わせる「S」関係の提示に成功している。この二つの近似しているが、当時のモラルにおいて許容されるものと許されないものの双方に両脚をかけながら、ころぶこともよろけることもなく、巧みにバランスを保って描ききったところに谷崎のすぐれた技巧がうかがえる。

ジェンダー境界侵犯未遂

持って生まれた身体的・生物学的雌雄を示す性別を「セックス」と呼ぶのに対して、性別に基づいて社会的文化的に要求される役割、性のありようを「ジェンター」と呼ぶ。「ジェンダー」とは、社会的に作り出された性役割である。男らしさ、女らしさという概念はジェンダーによって社会が作り出すもので、時代と地域によって異なる場合もある。ジェンダーとは、男性用と女性用に分けて作られた社会的文化的体形補正下着《コルセット》のようなものである。

(1)女性性

昭和初期の日本女性に課されたジェンダーは、「良妻賢母」である。「良妻賢母」は、第二次世界大戦前の日本の女子教育の根本理念である。「男は仕事、女は家事と育児」という性別役割分業に基づき、女性の任務は、家を守り、子供を産んで育てることにあるとされた。婦人の理想像は、良い妻であり、賢い母であった。

『卍』の園子と光子の昭和初期日本女性のジェンダーの境界侵犯未遂について、それぞれにあたって考えてみる。

A　園子／タフな告白者

二十四歳の柿内園子は結婚しているが、素封家の娘なので、わがままに勝手気ままに暮らしている。夫は秀才の弁護士の柿内孝太郎だが、園子の実家の援助に頼っている。知的で優しいが、性的にパッションのない夫に、園子は飽き足らず、恋愛事件を起こした過去があるが、今回は光子という美女の恋人を得ている。絵画教室で知り合った光子を夫には親友だということにしていたが、夫は徐々に「普通の意味の友達」ではない、「健全な交際とは認められん」、「不健全」、「疚《やま》しい」(『卍』55)と言い出し、「変態性慾」、「正気の沙汰やあれへん」、「立派な不良少女」(57)とののしり、二人の女の特殊な関係に感づいている。

園子は、大阪の裕福な生まれで、財力にものを言わせて夫を生家の傘下に置き、大勢の使用人を顎で使う身分なので、昭和初期の庶民の女性とは感覚が違う。園子は、形の上では夫をたてて判断に困るとお伺いをたてるが、家庭では夫を上回る実力者である。園子は子供がないため、「賢い母である」という義務は免れている。園子が良妻か？　というと庶民感覚では言うまでもなく悪妻である。子供を産まない、家事は使用人任せ、財務の切り盛りをすることもなし、趣味に時間とお金を費やして、異性と同性両方との不倫にあけくれている。夫を立てて支える必要はなく、精神的には夫に依存して甘え、妻という世間体だけは大切にしている。その証拠に光子との逢引きのために夕食に間に合わない時は家に連絡するし、光子との仲を怪しまれないように口実を設けて小細工はする、不思議なことに度重なる不倫にもかかわらず、園子の両親は口を出さない。見かけ上の夫婦円満の体裁さえ保っていれば、園子の家は「良妻賢母」のモラルが入り込めない無法地帯である。光子との愛を「変態性慾」と形容した夫に対して、園子は「うちあんたのようにコンヴェンションに囚《とら》われてえへんよってなあ」「あんたこそ頭古いねん」「あんたこそ人間の化石や」「ふん、何べんでも云うたげるわ！　あんたは男らしいもない、お金が欲しいてうちと結婚してんやろ！　卑怯もん」「うちの体にカスリ傷でもさしたらお父さんに云うたげるさかい、それ承知やったら叩くなと殺すなと勝手にしなさい！　さあ殺して欲《ほ》し！　殺して云うたら！」（『卍』56—58）。

しかし園子と夫の孝太郎は肌が合わないと言いながら、離婚はしない。園子も夫も、園子の不倫によって離婚に発展することをむしろ怖れている。「密会者検挙」（『卍』74）される時代で、特に人妻の不貞に対して世間の目は光っていたが、柿内夫妻はスキャンダルになって家庭が破壊され、公になるのが困るだけである。贅沢も逢引も資産があってのことなので、資金源の家制度が傷つくことは、自分たちの存在する場所が危うくなること、有産階級としての地盤が崩れることを意味するので回避しなければならない。この考え方や行動パターンは、ヨーロッパの王侯貴族と共通である。コデルロス・ド・ラクロ作『危険な関係』（*Les Liaisons dangereuses* 一七八二年）は、十八世紀後半のフランス貴族社会の道徳的退廃を往復書簡の形で記した書簡体小説だが、『卍』同様、現代から見れば奇妙な前近代的上流社会のモラルと流儀を描いている。谷崎の『卍』も『危険な関係』同様、不労所得によって生きる上層階級の人々ならではの贅沢の上に築かれた退廃である。『危険な関係』では、悪事の仕掛人メルトィユ侯爵夫人には、美貌の喪失、社交界引退という究極の懲罰が下る。それに対して、『卍』の被害者である園子には、夫と光子の心中によって取り残された寂しさはあるが、「柿内未亡人はその異常なる経験の後にも割に窶《やつ》れた痕《あと》がなく、服装も態度も一年前と同様に派手できらびやかに、未亡人と云うよりは令嬢の如《ごと》くに見える典型的な関西式の若奥様である」(『卍』12)と書かれるように、意外なまでにあっけらかんとしている。園子は、不倫を繰り返すフラッパーだが、よろめきながらも家制度を守るという当時の女性の役目の枠組み内に踏みとどまった。

園子は、夫が光子との関係に巻きこまれて三角関係になったが、園子だけ心中が未遂に終わって甦った。園子は、物語を雄弁に語る話し手として生き残る義務を負わされたからである。先生に自分たちに起こったことの一部始終を告白し終えた園子は、レズビアンの罪を清められて、光子の思い出を大切にしながら、きっとまた次の情事を求めるのであろう。

B　光子／エロスとタナトスに引き裂かれた女

神々しいまでに美しい光子は、驕慢で、支配欲が強く、サディスティックで、デカダンな谷崎文学に不可欠のプロトタイプ(典型、原型)となる女性である。光子も園子同様、大阪の素封家の子女である。顔ばかり女のように美しいが、卑劣で女のくさったようなずる賢い綿貫栄次郎に、光子は結婚を迫られている。二十三歳の光子に有力者の息子との縁談が持ち上がる。光子は、綿貫と結婚したいわけではないが、その縁談は気がすすまなかったために、破談になるよう計略を練る。光子は、絵画教室で自分をみつめる園子の視線に何かを感じてこの女を利用しようとする。誹謗の手紙を匿名で校長に出したところ、もくろみは的中して縁談は壊れる。光子自身が発信したレズビアンの噂は噂に終わらず、園子が本気で光子を愛するようになる。光子を観音様のように崇拝する園子に光子は虚栄心をくすぐられ、ますます高慢になっていく――「異性の人に崇拝しられるより同性の人に崇拝しられる時が、自分は一番誇り感じる。何でや云うたら、男の人が女の姿見て綺麗思うのん当り前や、女で女を迷わすこと出来る思うと、自分がそないまで綺麗のんかいなあ云う気イして、嬉《うれ》してたまらん」(『卍』106)。光子は、男にせよ女にせよ、人を愛することには興味がなく、自分の美貌を武器にして人の心をもてあそび、破滅させることによって虚栄心を太らせることが生きがいである。光子はさしずめ悪辣な罠を仕掛けて人を陥れる『危険な関係』のメルトイユ侯爵夫人の役どころであろうか。

　しかし園子も夫の孝太郎も光子の魔力にかどわかされて、光子を慈悲の観音様にたとえて「光子観音」(『卍』210)と呼ぶ。光子は、当時の庶民の理想の女性像である「良妻賢母」からはほど遠い性格づけであるが、富と暇を持て余す有閑人あるいは遊び人の目には、現世では得られないような快楽を与えてくれる観音様に見える。光子は、その名前も後光(仏・菩薩の体から発する光)を連想させるが、観音さまにたとえられるということは、この世の人ではないという意味があろう。光子の肉体はたしかにこの世に存在しているが、光子にはどこかこの世的でない雰囲気がある。美人で裕福な育ちで、頭もよく勝気、誰もが振り返るようないい女なのだが、綿貫に付きまとわれる自分を「暗い運命」(152)と厭世的に語り、死に魅入られている――「殺して、殺して、――うちあんたに殺されたい――」(38)、「姉ちゃんあてが死ぬ云うたら一緒に死んでくれるなあ?」(60)、「あて姉ちゃんと此処で死にたい」(101)、「殺すのんやったら殺したらえゝ、あてはとうから死ぬ覚悟きめてる」(142)、「いや、いや、あて等いつ何どき不意に死なんならんか分れへんさかい、書き置きの代りに此の記録遺《のこ》しとこ」(210)と光子の頭からは「死ぬ」ことが離れない。光子は、幾度も死を口にした挙句《あげく》、最後に実行する。光子は、園子との同性愛関係が女中のお梅と綿貫の共謀によって新聞に載った後、孝太郎を道連れに心中を果たし、死の欲望を遂げる。

光子は、エロス(生の本能)とタナトス(死の本能)の相反する二つの欲望のはざまにあって、その葛藤に引き裂かれた女である。生命体は、すべて死ぬ運命にある。エロスは、生命体が必然的に持つタナトスと闘い、逆らうことによって生命の維持を図る装置であると説いたのは、オーストリアの精神科医ジークムント・フロイト(Sigmund Freud 一八五六〜一九三九)である。生命体が内的に抱えるタナトスを抑えてその命を全うさせる「死に至る迂回路」、つまり生への欲望であり、自己保存の力が「エロス」なのだとフロイト博士は説く。エロスは、解体と自己破壊の衝動であるタナトスと闘い、打ち勝っていくために存在する(小此木『精神分析事典』「エロス」の項目)。それに対してタナトスは、「本質的には沈黙のうちに働き」、「外に向かって作用する」「破壊欲動」である(小此木『精神分析事典』「死の本能(欲動)」の項目)。「生み出し、つくり上げ、組織づけるものが大きく、高いものになればなるほど、それが内に秘める潜在的な自己破壊力も大きいものになる」(小此木『精神分析事典』「エロス」の項目)。逆に、生命を維持するためには、死の欲望が大きければ大きいほど、自己破壊を抑えるための生の欲望はより大きくならざるをえない、ということになる。光子は、内部に秘めた死への潜在的自己破壊の欲望が大きくなりすぎて抱えきれなくなり、外に向かって作用させる手段として心中を選んだ。光子の死の欲動発散のための餌食になったのは、園子とその夫の孝太郎である。光子は、園子と孝太郎を疑心暗鬼の状態に陥れ、二人に毎晩睡眠薬を与えて衰弱させていく。

何せあの頃の生理状態云いましたら、今考えても無事でいられたのん不思議なぐらいで、胃イ衰弱してるとこい毎日飲まされる薬の分量多いのんで、一時に吸収出来《でけ》へんせえか、お晝になってもしょッちゅう意識ぼんやりして丶、生きてるのんか死んでるのんか分らんみたいに、顔色ます〜青うなる、体は痩《や》せて来る、それより困るのんは感覚鈍うなって来る。ところが光子さんの方は、そないに二人苦しめて御飯の制限までしときながら、自分云うたら何ぼでもおいしいもん喰べて、つやつやしい血色してなさる。つまり私たちは光子さん一人が太陽みたいに輝いて見えて、どんなに頭疲れてる時でも光子さんの顔さい見たら生き返ったようになりますのんで、たゞそれ一つ楽しみに命つないでる。(中略)結局二人藻《も》抜《ぬ》けの殼《から》みたいにさして、此の世の中に何の望みも興味も持たんと、たゞ光子さん云う太陽の光だけで生きてるように、それ以外に何の幸福も求めんようにさしたい云うことになるのんで、薬飲むのん厭《いや》がったりしたら泣いて怒《おこ》んなさるのんです。そら、まあ、自分がどのくらい崇拝しられてるか試してみてそれ愉快がるような心理、前から光子さんにあったことはありましたもんの、そない極端に、ヒステリーみたいなこと云い出しなさったのんは、何ぞ別に理由あるのんに違いないのんで、多分綿貫の感化やないか思いますねん。（『卍』204―205）

エゴイストの光子は、自分の内部に巣くう死の欲望を抑えきれなくなり、生存が危うくなったために、自分の外の存在である他者に発散して乗り切ろうとした。光子が他人の生き血を吸って生命力豊かに輝くさまはヴァンパイアのよう、あるいはカルト宗教の教祖のようである。光子は「良妻賢母」像からかけ離れた有産階級の中でしか生きられない生命力の希薄な幻影である。自力で存在できないから、光子は他人の賞賛を過度にあてにして、よりかかって生命をつなごうとする。――「自分は絶世の美人やよって、いつも高う止まって、、誰ぞに崇拝さゝんと淋しい」（『卍』118）、「同性の人から観音様の絵にまで畫かれて崇拝しられるのんとはえらい違いですよって、私と云うもん出来てから持ち前の優越な感じ――自尊心戻って来て、始めて世の中が明《あこ》なったような気イした云いなさいますねん」（『卍』143―144）。光子は神の位置にまで押し上げてもらって、信者の上に載らなければ存在できないのである。だがもし光子を神と表現するとしても、観音さまではなく、死神に脅される邪教の女神でしかない。

光子に心中を決断させたのは、新聞の三面記事である。九月二十日の新聞に赤インキで光子と柿内夫妻のスキャンダルが「連日に瓦《わた》って此の醜怪なる有閑階級の罪状を摘発すべし」（『卍』207）と暴かれて、その後次々とどの新聞もこの醜聞を大っぴらに詳しく取り上げた。退路をたたれた光子は、園子に愛の記録を託して、園子だけ助かるような仕掛けにして三人で心中を図った。光子は、威張っているがもともと依存心が強くて一人ではいられない、一人では行動できないタイプである。「『死の』云い出しなさって最後の手筈きめなさったのんは光子さんでしてん」(『卍』210)とあるように、死路に向かう決断をしたのは光子だが、光子は自分一人では旅立てなかった。

光子が死への旅路の道連れにしたのは園子ではなく、自分の処女を奪った園子の夫の孝太郎であった。光子は、心中の相手に異性である孝太郎を選んだことによって、レズビアンであることを否定したのである。男性として性的に欠陥のある綿貫ではなく、どんなに愛してくれても光子を女にすることはできない園子でもなく、初体験をさせてくれた孝太郎を永遠の伴侶にした。光子は、いざとなると「自然に背《そむ》いて」(『卍』119)いない、「不自然」(119)でない、世間が納得する異性を死の連れ合いにしたことになる。光子は、結婚を「そやけど、結婚してしもたらどんな寝室に住んでも、綺麗な籠《かご》の中に入れられた鳥のようなもんと違うかしらん?」(『卍』34)と結婚制度には懐疑的であった。しかし、肉体関係を持った男性を死の女神の光子にふさわしく心中の相手に選ぶ。心中が反社会的行動だとしても、死の願望を持つ光子にとって自然の成り行きである。光子は、当時の良識に逆らった同性愛の心中を回避したので、性の境界侵犯は未遂である。孝太郎との心中は、光子によるレズビアニズム否定宣言である。

光子は「女は子供を産むもの」という常識に反して、堕胎未遂をして騒がすが、綿貫が不能であるため妊娠は不可能であり、光子はその時処女であった。光子の出血騒動は、園子とよりをもどすための狂言である。光子は、母性という点でも女性に課せられた性の境界を侵犯していない。破天荒に見える光子だが、親や世間の目は気にするし、自分の名誉が傷ついたと知ったら、生きていない。光子もみかけによらず、当時の女性が閉じ込められていた性の境界内に保守的にとどまったことになる。

谷崎の創造した二人の女性、園子と光子は、その意識はコンヴェンション(因習)に囚われていないが、行動は当時世間が許した性の領域を大幅に踏み越えることはしないままに終わる。

(2)男性性

伊藤公雄は、「男らしさ」は三つの志向――「優越志向」、「所有志向」、「権力志向」によって作り出されていると述べる。これらの志向において男は女性に優越していなければ「男として失格」の烙印を押されかねず、「一人前の男」とみなされない(伊藤公雄『男性学入門』104―105)。こうした「〈男らしさ〉の鎧が《男のメンツ》となって男たちを縛ってきた」(伊藤108)。

『卍』が書かれた昭和初期は、ジェンダー・フリー(gender free 社会的・文化的に作られた性《ジェンダー》にとらわれずに、個性を発揮して自分らしい生き方をすること)の思想が存在しなかったため、女性のみならず、男性も「男らしさ」の概念に現代よりはきつく縛られていた。日本は、欧州の列強諸国同様、帝国主義の時代であり、満州事変直前のきな臭い雰囲気に包まれていた。軍部が幅をきかし、男性優位の風潮は顕著であり、男性の強さが鼓舞された。この時代の男は、「強くて泣かない、我慢強い、無口、感情を表に出さない、指導力がある、国を守る、女を守る」などの特性が美徳とされた。ただし、今以上に格差社会であったために、『卍』の男性たちが属す有産階級と庶民の暮らしぶりと意識の間には大きな隔たりがあった。

A　綿貫栄次郎／光子人形の人形師

綿貫は、男らしくないものを象徴する。綿貫は、お多福風邪にかかって睾丸炎を患い、生殖能力を喪失した。外観は女のように美しい整った顔立ちの美男子だが、男でないという劣等感が災いしたのか、陰険な策士になっている。光子の愛人の綿貫は、園子に対する悪だくみの共犯者なので、ラクロ著『危険な関係』の悪辣なメルトイユ侯爵夫人の片棒をかつぐヴァルモン子爵の役どころである。綿貫は、態度はねちねちして、未練がましく、涙っぽく、人の顔色をうかがうのが得意で、嫉妬深く、蛇のような目つきのひねこびた男である。自分の性的欠陥を秘密にしているが、「無能力者」、「中性の人間」（『卍』132）、「ステッキ・ボーイ」（134）、「男女《おとこおんな》」「女男《おんなおとこ》」（136）と陰口をたたかれ、綿貫は世間を恨み、ひがんでいる。当時の基準では「男性性」という点で箸にも棒にも引っかからない綿貫だが、お茶屋通いを続けているうちに、セックスによらずに女を喜ばすテクニックをレズビアンの女から伝授される。綿貫は、その秘伝をもって光子をひっかけ、光子の縁談を破談にするために光子にもそれを教えて園子を計略に巻き込む。綿貫は、弁の立つ、こざかしい男であり、自分の欠陥を知ってそれなりのディフェンスをして光子に取り入っている。

自分の体の秘密知れたら、どない愛してくれてる人でもきっと自分を捨てるやろ思て隠してた、自分に缺陥ある云うこと承知して愛してくれるのんやったら、自分かて何で隠すもんか、自分はこんな体になったのん不仕合せやとは思うけど、そない重大な缺点やとは思てえへん、それで男子の資格ない云うたら、男子云うもんのほんまの価値何処にあるのんや、男子ちゅうたら外に現れた恰好《かっこ》ばっかりできめるのんか、そんなんやったら男子でのうてもちょっともかめへん、深草の元政上人は男子の男子たる印《しるし》あったら邪魔になるのんで、灸《やいと》すえた云うやないか、男子の中で一番えらい精神的な仕事した人は、お釈迦《しゃか》さんでもキリストでも中性に近かった人やないか、そやさかい自分みたいなんは理想的人間や、そない云うたらギリシャの彫刻かて男性でも女性でもない中性の美現わしてあるのんやし、観音さんや勢至《せいし》菩薩の姿かてそうやし、それ考えても人間の中で一番気高いのん中性や云うこと分ってる、自分はたゞ愛する人に逃げられるのん心配して隠してたんや、ほんま云うたら、恋愛にしたかて子供生んだりするのん動物の愛で、精神的恋愛楽しむ人にはそないなことやかい問題やあれへん……（『卍』137―138）

綿貫の理屈は、昭和初期当時には不能の男の屁理屈と受け止められたかもしれないが、ＬＧＢＴの権利と主張が通る二十一世紀では誰もが納得する正論である。さらに綿貫は理屈と自分の本心のギャップも正直に明かす。

それに口で云うのんとお腹の中とはまるきり反対で、出来るもんなら一人前の男と同じに奥様《おくさん》持って暮らして行きたい、世間欺すばっかりやのうて、自分の心まで欺して、ちょっとも外《ほか》の男と違《ちご》たとこないように思《おも》てたい云う気イあるばっかりか、光子さんみたいな人一倍綺麗な奥様持って、世間の奴等アッと云わしてやりたい云う虚栄心まであるのんで、せえだい焦《あせ》って、

（『卍』140）

綿貫の理屈を超えた率直な感情は、現代の性的マイノリティーの人々の共感を得るかもしれない。現代であったならば、綿貫のような人を「不具者」と言って差別する者は逆に良識を問われる。綿貫が男性機能の喪失によって、男性性を奪われ、社会的・文化的変質者として描かれること自体が、昭和初期の社会的・文化的風土を表している。

しかし、それでも綿貫はジェンダーの枠を飛び越えて、バイセクシャルやトランス・ジェンダーに転じようとはしない。綿貫は、工夫をこらして男として自分を通用させようと男のジェンダーに踏みとどまる。光子よりも知恵のある綿貫は、光子を使ってレズビアンの技を利用させているので、光子はある時点までは、綿貫の操り人形だったといえる。作者の谷崎は、男として一人前でないという設定にした綿貫にも、光子への指導力という点で男性性を保持させている。光子は綿貫の人形、綿貫は光子をあやつる人形師という役柄だからである。綿貫は、性的能力を奪われても、社会的に

は男であり続けた。それゆえに綿貫は、男性性の境界侵犯はしていないことになる。

B　柿内孝太郎

園子の夫である柿内孝太郎は、光子と関係をもった後、光子をあやつる綿貫を反故《ほご》にして、代わりに光子の男として居座る。孝太郎は肉体的に光子の最初の男になるが、光子を征服するのではなく、光子に征服されたように見える――「僕は始めて恋するもんの心を知った。お前があないに夢中になったのん無理ない云うこと今分かった。お前は僕のことパッションない～云うたけど、僕にかてパッションあったんや」（『卍』194）、「あの健全な、非常識なとこ微塵《みじん》もなかった夫までが、いつや知らん間に魂入れ替ったように、女みたいなイヤ味云うたり邪推したりして、青オイ顔ににたにた笑い浮かべながら光子さんの御機嫌取ったりしますのんで、そんな時の物の云い方や表情のしかたや、陰険らしい卑屈な態度じっと見てましたら、声音《こわね》から眼つきまでとんと綿貫生き写しになってるやあれしませんか。ほんまに人間の顔云うもん心の持ちようでその通りに変って来るもんやと、つく〴〵思いましてんけど、それにしたかて怨霊《おんりょう》の祟り云うようなこと、先生どない思やはりますやろ？」（『卍』205―206）。

孝太郎は、光子を肉体的に女にしたお返しに、光子によって愛を知る男に生まれ変わった。光子は、幇間《ほうかん》でもない、女でもない、パッションを持った本物の男を得て心中に踏み切れた。光子の愛する者と共に死にたいという欲望は、孝太郎によって達成された。

妻ある者を道連れにしての死は許せることではないが、光子と孝太郎の心中によって、光子と園子の同性愛の汚名はそそがれた。それだから、未亡人となって一人残された園子が「その異常なる経験の後にも割に窶《やつ》れた痕《あと》がなく……」（『卍』12）ということになる。孝太郎は、光子の死の欲望を満足させることによって、「女」と「家」を守った。孝太郎も綿貫同様、化け物のように高慢な光子の支配に屈したマゾヒストに変貌したように見えて、最後のところで、実は手綱を握った男として死んだ。孝太郎も男性性というジェンダーから逸脱しているように見えて、実はジェンダーの境界線を越えることはなかったのである。

『卍』は奔放なのか保守的なのか

『卍』は、異色の小説である。特に発表された時期が昭和初期だったことを考えると、二十一世紀の日本人の印象とは異なり、この小説の持つ毒気に当てられた読者が当時は多かったのは想像に難くない。

伊藤整は、人間は欲求する快楽を求めすぎると社会的秩序と対立して、結局破滅せざるをえない、それでも人間は色情を捨てられないという性質を持つ（伊藤整259）と考え、以下のように批評する。

その問題は、これまで繰り返し述べたように、セックスがいかに強く人間を支配しているか、ということであり、また美はいかに危険な働きで人間生活を崩壊させるか、ということである。

そしてまた昭和初年代の日本の知識人たちは、ある意味では、このような危険が、いつ自分の生活に起るか、いつ自分は美やセックスのために破滅するか分らないという意識を絶えず持っていた。というのは、古い女性の生き方、古い家族制度、夫婦の道徳などは信じられなくなって来ていた。そうして、なお気になるものは、少しばかりの世間体である。世間体は人間行為の枠にはなっても、その核となって人間を左右するものでないから、それは表面の辻褄が合っていさえすれば、あとは気にならない。世間体のゆるす範囲内で、人間は、その好むところに従って、セックス、エゴ、美への執着を動機として生きる外ない。そういう生活の結末が、どのようなものになるか、という問題がこの小説には、一つの時代的な問題として描かれている。

（伊藤整134）

伊藤整は、谷崎がなぜインモラルな性の世界を描いたか、斬新な性のあり方を示しながら最後には実践した登場人物たちを破滅させていくか、という問いに対する答を与えてくれる。

桐野夏生は、「谷崎は一貫して貞女を書かなかった。むしろ、女の欲望を肯定し、女の欲望によって男が変貌する様を書いた。そのことによって、男としての谷崎は、より大きく深い存在となっていくのである。しかし、谷崎の書く物語の外枠は意外に健全だった。常に、一対の男と女、それも夫婦間に起きる出来事を多く描いたことによる」（桐野111）。

谷崎が性の境界侵犯をめざす主人公を登場させながら、彼らに既成の道徳の枠を大きく踏み外させない理由は、社会の枠組み、あるいは社会的秩序を常に念頭に置いていたからにほかならない。谷崎があやしいエロチックな小説を描いて読者を挑発しておきながら、最後には性の境界侵犯を未遂に終わらせるのは、谷崎が意外にバランスのとれた感覚をもっていて、個人と社会の葛藤を見据えていた証である。

では、谷崎の描いたエロチシズムは、すべて不発弾に終わったのかというと、そうではない。表題の「卍(svastika)」は、その字の形から四人の男女——綿貫、孝太郎、光子、園子——が互いに複雑に、奇怪に、関係し合い、錯綜する図を表すと考えられる。「卍」は、インドでは吉祥のある人や物の象徴であり、めでたい趣意を表し、仏教においては平和のシンボルを表すという。谷崎は、作品の構成上は、性の本能のおもむくまま、欲望に身を任せた四人の男女を罰しているが、表題の含む意味を考えると、谷崎は四名の男女のデカダンな嗜好をむしろ賛美していると考えられる。死の欲望を抱え持つ光子は、心中を全うできて成仏したし、光子にもて遊ばれたように見える綿貫、孝太郎、園子も各自が幸福の味を知った。一人取り残された園子の言葉——「今でも光子さんのこと考えたら『憎い』『口惜しい』思うより恋しいて／〃／」(『卍』211)が、卍関係を形作った者たちのエクスタシーの叫びであり、作者谷崎の声でもある。

谷崎は、性の境界侵犯に関して二重底に『卍』を作っている。谷崎は、侵犯を行うように見せておきながら、未遂に終わらせているが、それは社会的側面においてであり、心理的には実は性の境界侵犯を秘かに実行していたのである。したがって『卍』は形式において性の境界侵犯未遂だが、心情においては性の境界侵犯の文学である。

映画版『卍』

一九六四年版『卍』

増村保造監督の『卍』は、傑作である。新藤兼人の脚本は、原作の意図を無駄なく余すことなく伝えている。芸達者な役者陣もすばらしい。特に柿内園子を演じる岸田今日子の妖艶で耽美、毒のある美しさ、含みと奥行きのある演技の見事さはたとえようもない。岸田今日子は、やや厚めのぼってりした唇が印象的で、正統派美女ではないと思っていたが、この映画では実に魅力的である。華奢でほっそりしているが、適度に肉付きがよく、和服をしとやかに色っぽく優美に着こなす。

『卍』（1964年）
監督：増村保造、脚本：新藤兼人、音楽：山内正、原作：谷崎潤一郎
配給：大映、上映時間：90分
キャスト：若尾文子、岸田今日子、川津祐介、船越英二、山茶花究、三津田健
販売：徳間ジャパンコミュニケーションズ／角川エンタテインメント／角川書店

映画の出だしは、着物姿の岸田の美しい襟足を背後からとらえる。岸田扮する園子は、原作同様、光子にも夫にも死なれて一人取り残され、柿内未亡人になった後、日ごろ相談相手にしている初老の作家先生に今回の事件について打ちあけ話を始める。園子は、夫も巻き込んだ光子との同性愛事件の顛

末を物語として書き残したいのだが、筆の力が及ばないので、信頼する老作家に肩代わりしてもらいたい意向である。

映画の最初から最後まで聞き役で、姿だけ見せてセリフが一つもない先生は、顔の表情だけで共感、憐憫、驚きを示して存在する。本物の役者とはこういうものかと納得させる――「(先生は初老の人である。しかし眼は、若々しく好奇心にあふれ、底知れない人間の深みを感じさせる。和服で、ゆったりとソファに無防備な姿勢でかけている。傲岸ではないが、貫禄十分、ほとんど口をきかないがすべてを理解している)」(新藤118)とシナリオに書かれた通りの演技である。貫禄と人情あふれるこの先生は、原作者の谷崎潤一郎を彷彿《ほうふつ》させる。岸田の園子は、品としとやかさの奥底に暗い情熱を押し込めて持て余しているが、意志とつつしみで抑えた隠れたパッションを時々ちらちらのぞかせながら、先生に自分の思いを訴える。園子の暗い瞳は、悶えて、甘えて、すねて、助けを求めて先生にまとわりつく。園子の美しく狂おしい表情の前に、先生は簡単には園子の頼みを退けられないと思わせる。シナリオには「柿内未亡人の魅力を正確に伝えるコトバがない。我侭で、ぜいたくで、小悪魔的で、童心の持ち主で、あくなき美の追求者で、時に天衣無縫で、容姿は肉づきよく、眼は潤いに富んで、等々……」(新藤118)と書かれているが、岸田はシナリオの言葉をそのまま演技に移し替えてなおかつ余りある魅力である。これが究極の女優だと圧倒する。シナリオに描かれた岸田の園子は、ある人物に生き写しではないか？　それは原作者の谷崎潤一郎その人を女装させた姿にほかならない。実は聞き役の先生はもちろん、話し手の園子も、ジェンダーの違いはあっても、共に谷崎の分身であることをこの映画は暗示する。

シックな和服姿で通す園子に対して、若尾文子の光子は、洋装である。光子は黒と赤の色の派手なけばけばしい、目立つ洋服を着ている。良家の若奥様風の園子がシックで落ち着いた着物なのに対して、光子はあまり品がいいとは言えない水商売風の洋服を着ている。

悪女の性質を強調するために、光子には目尻をつりあげたきつい目に見えるメイクを施している。光子のやや悪趣味な洋服は、二人が文通する手紙のエキゾチックで色彩鮮やかだが奇抜な便箋と呼応する。光子の服装と手紙の柄が主題の毒々しさを引き立てて、効果的に表現しえている。

園子の夫の柿内孝太郎役の船越英二も芸達者である。妻の実家に世話になるまじめ一転張りの変哲もない男が、光子の感化によって堕落し、食い殺されるように情死する難しい役どころを上手にこなす。光子との仲を疑う孝太郎が、妻の園子を問い詰めた末に喧嘩に至る漫才のようなやりとりは、見事である。

川津祐介が演じる綿貫栄次郎は、いやらしさはほどほどであり、原作ほどのねちっこさはない。言葉や動作は、「おんなおとこ」あるいは「おとこおんな」様式だが、嫉妬深くて、計算高く、狡猾で「蛇みたいな眼工で人の顔ジロジロ睨《にら》む」(『卍』119)「人騙したり陥《おとしい》れたりする計略」(『卍』157)をめぐらす嫌味な青年には見えない。川津のさっぱりした理知的な素地が浮上してしまった。原作では「色の白い男」のはずだが、川津の日焼けして痩せた裸は、有閑階級のふやけた「百%安全なるステッキ・ボーイ」(『卍』132)の雰囲気ではない。川津の演技は達者だが、役者としての変装は完璧ではなく、原作の変態的な綿貫の容体は現れてこない。

最後に、一人生き延びた園子が、「光子と夫の二人にあの世で邪魔にされるという怖れさえなければ、今までおめおめと生きてはいない、それでも光子さんが恋しい」と号泣する場面は、岸田の迫真の演技によって説得力を増す。『卍』の物語の外枠を支える話し手の園子と物言わぬ聞き手の先生こそがこの作品の操り手、つまり人形つかいだったのではないか、威張っていた光子も綿貫をはじめとする他の登場人物も一様に二人の操り人形にすぎなかったのではないか、と思わせる。

日本家屋のうす暗い雰囲気を巧みに生かして雰囲気を盛り立てた増村映画版は、日本の美は陰翳《いんえい》の中でこそ映えるという谷崎の「陰翳礼賛《いんえいらいさん》」の芸術的信念に添っている。

一九八三年版『卍』

光子を演じる樋口可南子の若い、初々しい美しさに驚かされる。今とは違って長髪のためか、樋口だとは気づかない。この映画のけだるげで、ものうく、ノンシャランな光子の雰囲気は、きびきびとしゃきしゃきした現在の樋口と同一人物だとは思いもよらない。光子役の樋口は、若い頃のテレサ・テンをさらに美形にした顔立ち、ジーンズがよく似合うしなやかで長身のハイカラな現代娘の雰囲気である。

原作ほどきわだった光子崇拝はなく、光子にまとわりつく綿貫も存在しない。映画は、光子と園子、それに園子の夫の孝太郎の完全な三角関係を描く。原作は、園子も光子も素封家の娘という設定だが、横山監督版は、園子は刑事の妻で官舎に住み、光子もアルバイトをしながら小さなアパートに住む庶民階級に描く。二人のなれそめは、万引き現場を光子に見られた園子が、口外しない約束をとりつけるために光子のアパートに押しかけたことによる。下着姿で応対した光子の美しさに魅了された園子が光子に迫り、光子はサディスティックな特性を発揮して、床にこぼれた牛乳を園子になめさせて掃除させる。妻の挙動に不審を抱いた夫の孝太郎は、刑事の特性を発揮して園子を尾行する。居直る園子は、光子を自宅に引き入れ、園子を真ん中に両側に夫と光子はせんべい布団を敷いて寝る毎日を送る。そのうちに孝太郎が油絵に描いた少女の自殺現場で、孝太郎と園子は結ばれることになる。さらにこの朽ち果てた下高井戸のアパートが光子と園子の逢引の場所になる。光子と夫の関係に気がついた園子は、「刑事ごっこ」の名のもとに加虐的に夫をひっぱたいて光子との関係を白状させ、自分も光子との真実を自白するはめになる。

『卍』（1983年）
監督：横山博人、脚本：馬場当、音楽：林光
キャスト：樋口可南子、高瀬春奈、鹿内孝、高月忠、中島ゆたか、原田芳雄、小山明子、梅宮辰夫
配給：東映、上映時間：98分
DVD&Blu-ray販売元：TOEIOMPANY,LTD.(TOE)(D)/ 東映ビデオ

原作とは違って、二人の女は金持ちではないために、きわめて日常的で質素な場面の連続である。豪華で色も彩な着物も洋服も着用されず、

一般庶民の平均的収入によって生活をたてる者にふさわしい暮らしぶりが展開する。結婚十年の夫婦に子供がいない理由は園子の出産拒否であり、夫がゴム製品を伸ばして弄《もてあそ》んでいるところなど卑近なリアリティが感じられる。園子役の高瀬春奈は、その頃活躍していた有名女優であるが、骨太で肌も白いとは言えず、胸が日本人離れして大きく垂れ気味で、ヴィジュアル面において好き好きがある。夫の原田芳雄は、毛深さが目立ち、乱暴な感じがする。

やはりもう少し予算をかけて背景を作らないと、役者が本来の実力を発揮できなかったのではないかと気の毒である。もっとも光子の母は、次々と男を変える水商売経営者で、年甲斐もなく妊娠して相談のために上京するなど、光子の行動の背景を説明する配慮はされている。

原作の世間的あるいは社会的規制という枷《かせ》は、園子の夫が刑事という正義を守る公職にある点に集約される。園子は富裕な出の令嬢ではなく、しがない刑事の妻であるために、口うるさい夫に所有されている。原作の開放感と夫の寛大さの上にあぐらをかくわがままな妻というイメージはない。

また原作では、三人揃って情死の末、園子一人が蘇るが、この映画でははじき出された園子が自殺して、夫と光子が残る。最後の場面では、裸の孝太郎と光子が重なって横たわり愛撫にふける。三人の関係が世間に知れて、プライドを守るために死を選ぶという時代背景でもないし、彼らはそこまでの名誉ある階層ではない小市民である。

『卍』の映画化第二作目となると、原作に忠実にしたのでは能がないので、いろいろ工夫を凝らして設定を変えたり、ひっくり返したりしたのかもしれない。映画は原作の小説の翻案化《アダプテーション》でしかないので割り切りも必要だが、横山版は原作者の谷崎の豪奢な加虐性と被虐性が感じられない。谷崎からヒントを得て、原作を脱構築して現代の庶民生活にあてはめた映画化であると割り切って鑑賞した方がよい。

一九八五年　『卍／ベルリン・アフェア』（原題 The Berlin Affair）

リリアーナ・カヴァーニ版『卍』は、舞台を一九三八年ベルリンに置く。その頃のドイツは、ヒトラー総統の指揮のもとに独裁的軍事政権下にあり、近隣の諸国に力による領土要求を行っていた。一九三八年には、ヒトラーが自分の母国オーストリア併合を軍事侵攻によって達成した。一九三三年ベルリンの焚書事件では「退廃とモラルの低下」の名目のもとに反ナチス的思想を持つ作家や知識人の本が焼かれた。ルイーズ（原作では園子役）の聞き手の大学教授が性愛の解

『卍／ベルリン・アフェア』（原題 The Berlin Affair）1985 年、日本劇場未公開
監督：リリアーナ・カヴァーニ、脚本：リリアーナ・カヴァーニ、ロベルタ・マッツォーニ
製作：メナハム・ゴーラン、ヨーラン・グローバス、音楽：ピノ・ドナッジオ、撮影：ダンテ・スピノッティ
キャスト：グドルン・ランドグレーベ、高樹澪、ケビン・マクナリー、ハンス・ツィッシュラー、マッシモ・ジロッティ、辻村ジュサブロー
製作会社：キャノン・フィルムズ、上映時間：97 分、製作国：イタリア、西ドイツ、言語：英語、VHS：キング・ビデオ発売、DVD：輸入盤 MCP、言語：ドイツ語

放を綴った小説を発表したことによって、ナチス軍部からマークされ、ルイーズの話を聞き終わると逮捕されていく姿にモラルに対する厳しい検閲状況が表れている。

ヒトラーは、人種による差別を行っただけでなく、同性愛を倒錯者であり国家の敵として弾圧した。子孫を増やさない同性愛は、アーリア人増殖を掲げるナチスの政策の妨げになるため、同性愛は犯罪とされた。SS（ナチス親衛隊）の指揮によって警察が作成した「ピンクリスト」によって、同性愛の男性は、精神病院に送られ、去勢され、強制収容所に送られた。特にゲイの男性は、「ピンク・トライアングル」をつけさせられてゲイ・ホロコーストによって強制収容所で処分された者もいた（"The Gay Holocaust" "Together Our Voices are Louder!）&（"Persecution of Homosexuals in the Third Reich." Holocaust Encyclopedia.）。映画にもゲイ疑惑によって逮捕された高官や芸術家が登場する。ナチスはレズビアンは政策の脅威にならないと考え、迫害の対象に定めてなかったが、社交界では大スキャンダルになった。

カヴァーニ監督は、同性愛差別が激しかったナチス政権を時代背景にして、ルイーズの夫ハインツの職業をナチのエリート外交官に設定する。ミツコは日独外交の鍵を握る有力なベルリン駐在の日本人大使の娘である。一部で風紀の乱れとモラルの低下が囁かれたデカダンな当時のベルリンにあって、モラル粛清を唱えるナチス政権の外枠をはめ込むことによって、女性の同性愛が社会的タブーとして危険な香りを放つことを認識させる。

日本原作のドイツ・イタリア文化へのアダプテーション（翻案／脚色）にあたって、ミツコ、ミツコのお手伝い女性、運転手、日本大使公邸の見張りが日本人のまま据え置かれるが、その他園子役のルイーズ、夫、校長と綿貫、聞き手の作家は、すべてヨーロッパ系俳優が占める。校長と綿貫を同一人物にして、ミツコの他の男性ライヴァル蹴落とし作戦の辻褄を合わせる。

ミツコは、辻村ジュサブロー・デザインの映像映えのする艶やかな和服をまとう。この映画では、ベルリンにおける異文化の表象は、東洋人であるミツコその人であり、またミツコの着用する着物である。ミツコは、時と場所によって着物と帯を変え、和装用手持ちバッグ、かんざしなどによって日本文化を披露する。

ミツコは、ルイーズを脅す時には、髪からかんざしを引き抜いて自分の喉に突きつけ、「もしあなたが私を捨てるのだったら、こうやって死んでやる」と愛をアピールする。鮮やかな帯も二人の女の愛欲の場で活躍する。愛撫の進展によってほどかれ、相手によって引っ張られ、その下の襦袢を表すことになる帯は、「帯を解く」ということが日本文化においてどのような意味を持つのかを表現する。ルイーズは、ミツコにプレゼントされた着物を二人並んで姉妹のように着るようになるが、ミツコと深い関係になるにつれてミツコの国の文化へ傾倒していく様を示す。それに対してミツコは、一度も洋装をすることはない。夫ハインツを含む三角関係になってから三人で駆け落ちする際に、ハインツは目立たないようにとミツコに黒い服を着てサングラスをかけることを提案するが、ミツコは一言「嫌だわ」と断る。異国で日本人のアイデンティティを守る盾がミツコにとって和装であることがわかる。

日本文化は、ミツコの住む障子、ふすま、畳の日本家屋によってもまた表される。畳の上で着物を脱いで横たわりルイーズに裸を見せるミツコの太ももには、真っ赤な大輪の花の刺青《いれずみ》が彫られている。

刺青は、大戦以前の西洋人にとっては東洋の表象であった。ミツコは「自分で彫った」と言い抜けるが、愛人のドイツ人絵画教師が彫ったことが後に判明する。ミツコは、終始髪を結わずに、黒い髪を長くたらしている。欧米人にとっては、源氏物語の絵巻きに見られるような黒い長い髪が日本女性の象徴であり、魅力と魔力に映るのであろう。

カヴァーニ監督は、原作のストーリーに忠実であり、舞台背景をベルリンに移しているが、原作の陰翳礼賛の美的感覚も西洋風に翻案《アダプテーション》している。ルイーズ役のグドルン・ランドグレーベも非常に美人で、ブルーグリーンの射るようなキツネ目は、『愛の嵐』のシャーロット・ランプリングに似ている。豪華なドレスもアンサンブルのセーター、着物までエレガントに着こなし、申し分ない。ミツコの高樹澪も、長い黒髪、黒目がちの大きな瞳が美しく、ニヒルでクールな表情、感情を表に出さない抑制のきいた演技で健闘する。

時代設定、大道具と小道具の使いかたはすべて適切で効果的、映像はセンスがよくて美しい、女優陣も美しく演技力がある、監督も一流、それなのに期待ほどは盛り上がらない。その理由は第一には、演出が抑え気味だったからではないか。二人の女のラブ・シーンは、もつれあうだけで、肌の露出が少ない。日本文化はつつましく控えめなので暗示的に撮ったのかもしれないが、西洋文化の枠組みにあるベッドを使ってのシーンは、もう少し煽情的に大胆にしないと映えないのではないか。二人の女の愛欲のシーンも、どちらかといえば冷ややかな感触である。ランドグレーベも高木も二人ともクールな雰囲気なので、観客にまで情熱が伝わりにくく、組み合わせの問題なのかもしれない。どちらかが燃えた感じを出さないと、フェティシズムの域にとどまってしまう。要するに「パッションがない」のである。

第二は、カヴァーニ版はユーモア感覚が不足している。原作の谷崎は、愛の駆け引きを『危険な関係』のゲーム感覚で描いているところがあるのに、カヴァーニ版には遊び心が足りない。増村版では睡眠薬を飲まされ「光子観音」の毒気にたたられた園子と夫が自嘲して不気味に笑う場面があるが、そういうブラック・ユーモアがカヴァーニ版では表現しえていない。増村版の光子は、おしゃれだが毒々しい洋装であまり趣味がよくないのだが、これもブラック・ユーモアのひねった表現形式である。カヴァーニ版もミツコという得体の知れない魔女に翻弄されて哀れに堕落していく夫婦を、シニカルにコミカルに描くと、もっと盛り上がりとメリハリがあったのではないか。カヴァーニは、原作に込められた毒を消化しきれずに、真正面からまじめに作りすぎた。もう少し、肩の力を抜いて黒い笑いをふんだんに盛り込んだら傑作になったのではないだろうか。

『卍』はカヴァーニ監督作品の中では、さほど人気がないようで、VHS、DVD共に日本でも海外でも絶版である。中古を手に入れる方法もあるが、法外な価格を設定されているのが残念である。日本の研究者にとっては、谷崎作品のアダプテーションとして貴重な映画なので、もっと気軽に利用できるようになることを願う。なお、日本版ＶＨＳは言語は英語で収録されている。製作は、イタリアとドイツなので、ＤＶＤ版の言語はイタリア語とドイツ語のものは当然あるが、ＭＧＭがＤＶＤを発売していたので英語版もあったはずである。しかし、現在は中古でも英語版ＤＶＤは入手しにくい。

一九八五年版『卍』

服部版は『卍』の映画化されたものの中では、最もラブシーンが多い。美少女の評判が高かった坂上香織が園子に扮し、元アイドルの真弓倫子が光子を演じる。主役二人が美少女であるため、この映画の売りは必然的に裸のレズビアン・シーンになる。心中を決意した二人は、ふすまで仕切られた和室の赤い毛氈《もうせん》の上、読経《どきょう》が流れる中で戯れる。黒髪を毛氈いっぱいに広げて折り重なり合う二人は、一人がもう一人の美しい乳房を吸い、共にあえぐ。どちらが光子でどちらが園子なのか容易には識別しがたいが、桃色の美しい二つの肉体が知恵の輪のように複雑に交差して組み合う様は、芸術《アート》である。ラブシーンは、ふつうは男女で演じられるが、美女同志の方が視覚的には美しいことに気づかされる。満足の後、枕を並べて布団の上に横たわる二人の美女の枕元には睡眠薬の殻がちらばり、壁には二人が着ていた豪華な白地と黒字の着物があでやかなコントラストをなして掛けられている。

原作とは違って、情死には女二人が参加するのみで、園子の夫ははじめから排除されている。光子は、園子の夫の孝太郎が園子のものだというだけの理由で関係を持つが、そこまでである。孝太郎役の男優は、重厚な雰囲気は持つが、外観といい、年齢といい、美女二人からは遠く隔たっているために情死に加わらない方が絵になる。孝太郎は弁護士なので、園子の夫としては社会的に釣り合いがとれているが、外見は父と娘のように見えて釣り合わない。園子の夫が心中から除外されるのは、映画の美的効果上は正解であるし、この夫は美女二人にかしずかれる柄ではない。物語の背景は古都鎌倉であり、由緒あるお寺やお墓があり、景色も美しい。二人の美女は、日常的な洋服と豪華な着物の両方を着て観客の目を楽しませる。

『卍』(1998 年)
監督：服部光則、脚本：みやもとじゅん
キャスト：坂上香織、真弓倫子、嶋大輔、原知佐子、平泉成
上映時間 80 分、製作国：日本、配給：ギャガ・コミュニケーションズ、VHS 販売元：徳間ジャパンコミュニケーションズ

服部版の園子も特に裕福な出だとはされず、夫に養われる身なので、原作ほどわがままで奔放ではない。手広く商売をする家の一人娘の光子は、勝手気ままで、嘘をつく性格に描かれるが、原作ほど神々しく君臨していない。綿貫は、光子に寄生するフリー・カメラマンだが、原作ほど悪辣ではなく、うだつのあがらない紐《ひも》の現代青年でしかない。

男女三人の三角関係をけん制する社会的規制は、園子の夫の弁護士という信用を重んじる職業にかけられている。

服部版は、増村版ほどの深みと文学性はないが、美女二人の美しさと鎌倉の和風の魅力にあふれる観光だけでも目の保養になる。

二〇〇六年版『卍』

原作に忠実であることにおいて増村版に次ぐ映画化である。住居や着物などの背景は整っている。しかし一番の問題は、光子と園子の女優陣にオーラがない点である。光子も園子もすらりとした体形ではあるが、裸になると肌がどことなく茶系統で、乳首も茶褐色で映像映えがしない。不二子の光子は、一般女性だったら十分きれいなのだろうが、女神のような尊大な美貌で君臨する原作の「光子観音」のイメージにはそぐわない。秋桜子の園子は、怒った時もエクスタシーの時も白目をむくだけの表情が奇怪である。

この映画も二人の女の濡れ場が多く長い。特に女同志の口唇にこだわるのがこの映画のラブ・シーンの特徴である——キスしたり、吸ったりの行為が多く、口を通した愛情表現にこだわりを見せる。絵画教室で光子が歯科医でもあるかのように園子の口を大きく開けさせて、口の奥をスケッチしていると、同級生が二人の関係に気づいて噂する。園子と綿貫の兄弟の契約も、互いの腕にナイフで傷をつけて生々しい赤い血を吸い合う。

しかし口唇を通した愛情関係あるいは血の契約にこだわるが、人間関係の描き方は淡泊である。

『卍』（2006 年）
監督・脚本：井口昇、音楽：清水真理
配給：アートポート
キャスト：不二子、秋桜子、荒川良々、野村宏伸
上映時間：80 分、製作国：日本

いっそのこと、光子の人を支配して滅ぼすサディスティックな性癖を利用した吸血鬼物語にすればそれなりの奥行が出たかもしれない。

原作のせりふを上手にまとめてあるのだが、台詞を言う女優陣の力量が今一つで、セリフが一本調子のまま宙を舞って惜しい。綿貫は原作では女のように整った顔立ちで女々しい卑怯者という設定だが、演ずる男優は、コミカルだがジャンクフードを主食にのんきに暮らしている若者にしか見えない。比較的見られる、聞けるのは、夫役の野村宏伸と聞き役の作家先生である。脚本は原作を読み込んでしっかりとまとまっているし、舞台背景の趣味も悪くないのに残念である。映画においては、役者が勝敗の鍵を握ることを知らしめている。

時代と文化の制約を受けて超越する文学と映画

性に関する表現の規制は時代によって大きく異なる。時代が下るほど規制は緩やかになる傾向があるように見えるが、カヴァーニ版が描くように、政治権力の動向によって時代に逆行して厳格になることもある。谷崎潤一郎が『卍』を執筆した一九二八年昭和初期の第二次世界大戦前の軍国主義下の日本で、女性の同性愛がどのように描かれ扱われたかは、当時の人々が感じたセンセーションとは別の好奇心、つまり時代による性描写の変遷への興味を二十一世紀の読者は持つであろう。谷崎が伏字をした個所や、あからさまな表現を抑えた個所を現代の読者が読んだとしたら、たいしたことはないのになぜだめだったのかと驚くことであろう。

活字によって残される文学は、言葉の綾によって表現の規制を乗り越えようとする。それに対して、映画はより視覚的なので、もっと単純に短絡的に、見せるか見せないかによって表現の規制をかけられることが多い。映画にはレイティング・システムがあって、映画鑑賞に際してその映画を見ることが許可される年齢制限の枠と規定が定められている。性の規制については、映画は活字よりもより明白に示している。

最初の映画化である増村版と三番目のカヴァーニ版は、女優の肉体の露出の度合いはさほど違わないが、増村版は原作の隠された意味やブラック・ユーモア、エロチシズムを鋭敏にとらえて映画化しているため、カヴァーニ版よりも奥行きがあって楽しめる。女優も増村版の方が力量がある。しかし、一番の違いは、脚本家の原作の読み込み方と咀嚼の仕方であろう。増村版は、脚本担当の新藤兼人の腕がいいので別格なのかもしれない。カヴァーニは、もっと原作の複雑怪奇な味と暗示を読み取って映画において表現できればさらに興味深いものに仕上がっていただろう。西洋の人々にとって東洋の日本は遠い国であり、異文化中の異文化で、小説も理解しにくかったのだろうか。

しかし、同じ谷崎潤一郎の『鍵』をイタリアのティント・ブラス監督が見事に翻案化したのを考えると、異文化だからともいえない。谷崎の描くエロスの世界は、園子という女性の視点に立って物語る形式をとっているが、男性から見た物語なのである。異文化ではなく、ジェンダーの垣根の方が高いのだろうか。筆者は、ジェンダーというより、あくまで個人の個性によると考えるが、いまだに映画界では女性の監督が数少ないために何とも言えない。

また、映画のジャンルにもよるが、おおむねよい映画製作には十分な資金が必要である。いかに脚本がよく書けていて、監督がやり手であっても、良いセットや背景を確保できなければ効果は半減するし、ギャラによって出演女優の格や質が決まってしまう場合が多いのが現実である。つまり資金力の有無は、映画の成否を決める大きな要素である。

それでも確実に言えることは、文学も映画も制作時には必ず時代と文化の制約を受けるが、すぐれたものは、時代も文化も超越して生き延びるということである。年代順に並べてみても製作年代が新しい映画だからといって良い評価が得られるわけではないことが、その証拠である。

参考文献

伊藤公雄『男性学入門』作品社、一九九六年
伊藤整『谷崎潤一郎の文学』中央公論社、一九七〇年
桐野夏生「婚姻を描く谷崎」『文豪ナビ　谷崎潤一郎――妖しい心を呼び覚ますアブない愛の魔術師』新潮社、二〇〇五年
小此木啓吾『精神分析事典』岩崎学術出版社、二〇〇二年(「エロス」の項目&「死の本能(欲動)」の項目)
岸田今日子「座談会　卍のコンビ女の秘密を語る」『卍』中央公論新社、一九八五年

新藤兼人「『卍』シナリオ」『シナリオ六月号』シナリオ作家協会、一九四四年六月一日
谷崎潤一郎「座談会　卍のコンビ女の秘密を語る」『卍』中央公論新社、一九八五年
――『卍』中央公論新社、一九八五年
千葉俊二「解説　楽園の甘き木の実」『卍』中央公論新社、一九八五年
長志珠絵「Column 1 セクシュアリティ射程と歴史研究」『同性愛をめぐる歴史と法――尊厳としてのセクシュアリティ』三成三保編著、明石書店、二〇一五年
ラクロ、ピエール・ショデルロ・ド『危険な関係』竹村猛訳、角川書店、二〇〇四年
若尾文子「座談会　卍のコンビ女の秘密を語る」『卍』中央公論新社、一九八五年

Wikipedia「エス（文化）」二〇一六年八月十六日
https://ja.wikipedia.org/wiki/%E3%82%A8%E3%82%B9_(%E6%96%87%E5%8C%96)
"The Gay Holocaust" *Together Our Voices are Louder!* 5 Sept 2016 http://www.stop-homophobia.com/thegayholocaust.htm
『ニコニコ大百科』(sisterhood) 二〇一六年八月十六日 http://dic.nicovideo.jp/a/%E3%82%A8%E3%82%B9(sisterhood)
"Persecution of Homosexuals in the Third Reich." Holocaust Encyclopedia.5 Sept 2016 https://www.ushmm.org/wlc/en/article.php?ModuleId=10005261

第五章　谷崎潤一郎『鍵』　ファム・ファタール夢幻(1)　殺しの女装

一九五六年に七十歳を迎えた谷崎潤一郎は、『鍵』を中央公論に掲載する。初老の大学教授とその妻の閨房(寝室)生活を日記形式で綴ったこの書簡体小説は、芸術か猥褻かで話題を呼ぶ。『鍵』は、週刊誌に煽情的に取り上げられ、国会の法務委員会で論議される(『新潮日本文学アルバム　谷崎潤一郎』86―87)物騒がせな作品であった。

谷崎の小説は、マゾヒストである男の視点に立った悪夢のようなエロスを礼賛するゆえに賛否両論であり続けた。『鍵』の発表によって谷崎は、老年に至っても生涯追い続けた「ファム・ファタール夢幻」――究極の美とは、性の勝利者である悪女が悪徳の美によって、敗者である男を恍惚に導き、男は体液を吸われ、身もだえしながら背徳の快楽のうちに果てる悪夢にある――の信念を堅持していることを華麗に世に知らしめた。

ファム・ファタール夢幻

「ファム・ファタール」(femme fatale)は「宿命の女」、「危険なほど魅惑的な女」を指す。十九世紀末の世紀末芸術では、男を魅力によって惑わし、破滅に導く妖婦型の美女として流行したモチーフである。ファム・ファタールとして有名なのは、傾国の美女として知られる中国唐代の楊貴妃、オスカー・ワイルドの戯曲『サロメ』のサロメ、ウラジミール・ナボコフの小説『ロリータ』のロリータ嬢、そして谷崎潤一郎の『痴人の愛』(一九二四年)のナオミである。『痴人の愛』の中年男の譲治は、ハーフに見まがうエキゾチックで肉感的な十五歳の少女の奈緒美に魅せられ、理想の女性に養育しようとする。譲治の人形であるナオミは、肉体のみ譲治の望む西洋的理想に近づくが、知性の発達を得ず、娼婦性を発揮して淫行に走り、譲治の嫉妬心を煽る。ナオミのふしだらさに業を煮やした譲治は、別れようとするが、ナオミの小悪魔的魅力から逃れられず、自己の破滅を予感しながら関係を続ける。ナオミを背中に乗せて馬になり、ナオミの背中をシャボンで洗ってかしずく譲治、育ての親である譲治を召使いのようにこき使って君臨する女王ナオミのたけだけしい姿は、谷崎文学における男女の基本的構図、つまり痴人であるマゾヒストとしての男の視点からファム・ファタール夢幻をコミカルに風刺的に示している。初期の傑作「刺青」(一九一〇年)でも谷崎の悪女嗜好とその育成は顕著である。刺青師の清吉は美しいばかりでなく「やがて男の生血に肥え太り、男のむくろを踏《ふ》みつける足」(「刺青」11)を持つ「永年《ながねん》たずねあぐんだ、女の中の女」(「刺青」11)である無垢な少女を見出す。清吉は麻酔剤を嗅がせて娘の意識を奪い、その背中に女郎蜘蛛の刺青を彫り上げる。目覚めた女は「足下に累々《るいるい》と斃《たお》れて居る多くの男たちの屍骸《むくろ》を見つめて居る」絵「肥料」(「刺青」14)のファム・ファタールの本姓を表して悪の美しさに輝く。傲慢で残酷な「剣《つるぎ》のような瞳」(「刺青」19)を輝かす女に清吉は満ち足りたマゾヒストの歓喜の視線を返す。

谷崎は数多い作品の中で、ファム・ファタールを追い求め、崇拝するマゾヒストの心情を甘美に、凄惨に、時として哀れなまでに突き放した滑稽さをもって表現する。興味深いことに谷崎のファム・ファタール夢幻は、作品の中だけで終わらず、私生活でも実験的にそしてほぼゲーム感覚で実行される。谷崎は、高貴な女性を追い求め、自分の理想にかなう女性をみつけると徹底的に偶像崇拝したうえで、彼女に組み敷かれることに夢幻の喜びを感じる『春琴抄』の奉公人の佐助を演じたい欲望を隠そうとしなかった。谷崎は最終的には松子という谷崎文学のミューズたる女性を妻に迎えて、幸福で豊饒な作家人生が可能になるが、それまでの経緯を簡単に述べる。谷崎は正式には三回結婚している。最初はなじみの向島芸者の妹の石川千代と結婚して一女に恵まれるが、ハーフのような美貌を持つ千代の妹(義妹)せい子と同棲するに至り、千代と破局する。結局谷崎は千代を親友の佐藤春夫に譲ることになり、「細君譲渡事件」として大スキャンダルになる。二番目は『文藝春秋』の女性編集者の古川丁未子との結婚である。しかし、この頃から谷崎は根津(旧姓・森田)松子夫人にあこがれていたので「崇拝する高貴の女性」(『谷崎潤一郎の恋文』68)でない丁未子は間に合わせの妻でしかなかった。高嶺の花とあきらめていた豪商根津の妻であったが、松子夫人の婚家先の根津家が没落したため、松子は谷崎の求愛を受け入れる。谷崎が根津夫人松子に宛てた恋文には谷崎の実生活におけるファム・ファタール夢幻が表現されている。

> 自分を主人の娘と思へとの御言葉でございましたがその仰せがなくともとくより私はさうおもって居りました一生あなた様に御仕へ申すことが出来ましたらたとひそのために身を亡ぼしてもそれか私には無上の幸福でございます、はじめて御目にかゝりました日からぼんやりさう感じてをりましたが殊に此の四五年来はあな《マ》様《マ》の御蔭にて自分の藝術の行きつまりが開けて来たやうに思ひます、私には崇拝する高貴の女性かなければ思ふうに創作か出来ないのでございますがそれがやう〳〵今日になつて初めてさう云ふ御方様にめぐり合ふことか出来たのでございます（中略）たとひ離れてをりましてもあなた様のことさへ思ってをりましたらそれで私には無限の創作力が湧いて参ります
>
> しかし誤解を遊ばしては困ります　私に取りましては藝術のためのあなた様ではなく、あなた様のための藝術でございます、もし幸ひに私の藝術が後世まで残るものならばそれはあな様といふものを伝へるためと思召して下さいまし勿論そんな事を今直ぐ世間に悟られては困りますがいつかはそれも分る時期か来るとおもひます、さればあな様なしには私の今後の藝術は成り立ちませぬ、もしあなた様と藝術とが両立しなくなれば私は喜んで藝術の方を捨てゝしまひます
>
> （『谷崎潤一郎の恋文』68―69）

谷崎の松子夫人への真摯な愛情が伝わる手紙であり、その時はこういう気分であったかもしれないが、言葉通りには受けとめられない。特に「あな様なしには私の今後の藝術は成り立ちませぬ、もしあなた様と藝術とが両立しなくなれば私は喜んで藝術の方を捨てて、しまひます」(『谷崎潤一郎の恋文』69)とまで書いた潤一郎だが、結婚後「最愛の松子夫人ですら、谷崎の子を身ごもったときに、中絶させられている。唯一《ゆいいつ》絶対の『女神様』に子どもはいらないからである」(『文豪ナビ谷崎潤一郎』138)。松子夫人へのこの手紙はラブレターである以上に、谷崎芸術の協力者、生涯を通して共犯者になってほしいという懇願と読める。芸術至上の人生を理想としていた谷崎にとって、自分の芸術の女神になってほしいという願い以上に切実で重要なものはない。潤一郎好みの豪奢な女主人と下僕のマゾヒスト潤一郎の役割を演じ続けられるよう松子に請い願う、色恋沙汰を超えた文豪潤一郎の命がけの文でもある。谷崎芸術の生成には、実生活で主従関係にある女主人と下男という関係の演技が生むインスピレーションの刺激が不可欠だった。

谷崎人形である毒婦たち

谷崎文学の典型的な構図は、この松子夫人宛の手紙に表れている、つまり女王タイプのサディスティックな美女に踏みつけられ、痛みと快楽の悲鳴を押し殺して献身的に仕えるマゾヒスティックな男の快楽を谷崎は好んで描く。谷崎文学では、女は常に強者であり、弱者である男を組み伏せてその上に君臨する。谷崎にとって理想の女性とは、大勢のオスの働き蜂にかしずかれる女王蜂のように豪勢で傲慢で威嚇するパワーを持つ強者である。

しかし特筆すべきことは、谷崎の描く女性は初めから傲慢なサディストだったのではなく、彼女を崇拝する男の望みと努力によって毒婦に仕立てられたことである。マゾヒストの人形師が自分の理想と幻想を人の形にかたどった生き物として誕生させたのが、谷崎文学の悪女たちである。男の生血を吸って肥え太る吸血鬼のような女は、谷崎文学のマゾヒストである男たちのファム・ファタール夢幻の創造物であり、具現化である。したがって谷崎の人形である悪女たちは主体性を持たず、作者谷崎の好みに従って「サド・マゾ・ゲーム」のヴァリエーションを繰り返す。谷崎人形である悪女たちが肉体の美しさと性的魅力のみにあふれていて、必ずしも知性にすぐれていない印象を与えるのは、彼女らが谷崎ブランドの名のもとに市場に売り出された人形だからである。人形師と人形つかいの双方をかねる谷崎の男たちの手にあまるような高邁な知性を備えた女は、操りにくいし、使い勝手が悪いので不要なのである。

谷崎文学の悪女たちが、当時の常識を大きく破って大胆で奔放な行動をとるにもかかわらず、作品自体の印象が意外にも枠組みにとらわれた閉塞感が存在するのは、人形たちが自分が人形であることを知っていて、「人形の家」から抜け出さないようにあらかじめ躾けられているからである。谷崎人形を演じる悪女たちは、不義密通を犯しても自堕落な娼婦性を表してもすべてそれらは、マゾヒストである人形師にして人形遣いであるマゾ男の目の届く範囲で、その男の目を楽しませ、性的快楽を与える形で実行される。サディストにみえる谷崎人形たちは、マゾヒストの客の好みに応じて性の技を披露する高級娼婦にたとえられる。谷崎の悪女たちは、自分の意志で暴虐を繰り返すのではなく、創造主である男の被虐的快楽を満たすために演技をさせられているわけである。谷崎のファム・ファタールたちは、谷崎の欲望を鏡に映し出す存在であり、肉体こそ女の形をしているが、実は谷崎自身の欲望の反映にほかならない。谷崎の悪女たちは、谷崎のファム・ファタール夢幻の結実した姿であり、谷崎自身の分身である。言葉を変えれば谷崎の悪女は、すべて谷崎が女装して鏡に映し出した姿だともいえる。

女装した谷崎の自我

谷崎は作家だからジェンダーと年齢を超えて様々な人物を造形し、その心理を書き込まねばならない。したがって谷崎好みのファム・ファタールに谷崎の自意識と自我が多大に投影され、書き込まれているのは当然である。逆にいえば作家には変装する能力が必要なのである。谷崎はその点も抜かりなく、男が女装した時どのように周りから見られ、どのような気分になるかを観念的に実験した短編「秘密」(一九一一年)を書いている。世俗の交際から逃れて気まぐれな妄想に身をゆだねたくなった「私」は、浅草の寺に仮住まいして夜な夜な女装して街へ繰り出した。古道具屋で女物の着物を見つけた「私」は、その手触りや色の美しさに快感を覚え、これらのもので身を飾ることのできる女を妬ましく思い、女の姿で街を歩きたい欲望に駆られたからである。「私」は女に変装する快楽を以下のように表現する。

みぞおちから肋骨《あばら》の辺を堅く緊め附けている丸帯と、骨盤の上を括《くゝ》っている扱帯《しごき》の加減で、私の体の血管には、自然と女のような血が流れ始め、男らしい気分や姿勢はだん〳〵となくなって行くようであった。友禅の袖の蔭から、お白粉を塗った手をつき出して見ると、強い頑丈な線が闇の中に消えて、白くふっくらと柔らかに浮き出ている。私は自分で自分の手の美しさに惚れ〴〵とした。比のような美しい手を、実際に持っている女と云う者が、羨ましく感じられた。芝居の弁天小僧のように、こう云う姿をして、さま〴〵の罪を犯したならば、どんなに面白いであろう。

（「秘密」192）

「飃風《ひょうふう》」では、谷崎の両性具有の欲望を垣間うかがい知ることができる。性欲に苦しめられ、禁欲の果てのセックスで興奮のあまり脳卒中を起こして死ぬ若者の直彦の話だが、「秘密」同様、男主人公の直彦は自分の肉体が女体に変貌したかのような幻覚に駆られる。

時々彼は、人気のない、がらんとした浴室に、腰から下を槽の中へ浸したまゝ、透き徹った湯の底で、さながら月光を浴びたように青白く光っている太股のあたりを、恍惚と眺めることがあった。彼は自分の容貌や体格が、女のような柔かい曲線にふッくらと包まれている事をよく知って居た。餅肌と云うのは、自分のような毛の少い、粘り気のある肌を云うのであろうと思った。（「飇風」157）

谷崎は、ユダヤ系オーストリア人のオットー・ヴァイニンガーの著書『性と性格』（一九〇三年）によって、性の完全な分化に疑問を持ったという（千葉「解説　転換する性」307―309）。完全な男性や完全な女性はもともと存在せず、男性にも女性的傾向は存在し、女性も男性的傾向を持ちうるという説に興味を持った谷崎は、男である自分も女性的な要素を多く持つことに気がついた（千葉308）。

二十一世紀の現代では、カール・グスタフ・ユング（Carl Gustav Jung 一八七五～一九六一）の心理学で提唱されるアニマ（Anima 男性の中の女性像）とアニムス（Animus 女性の中の男性像）の概念によって、男女の性の心理的区別は完璧なものでないことが広く知られるようになった。さらにすすんでトランスジェンダー（Transgender）の擁護、つまり「生まれた時からもっている、伝統的に社会的に認知された性別による役割と規範に収まらない傾向や行動」を持つ人々への差別撤廃と理解が叫ばれだした。また一般の人々の間でもジェンダーフリー（社会的通念による固定的な性役割から自由になり、男女が等しく自分の能力を生かして自由な行動と生活を営むこと）に賛同する人々も増加の一途をたどっている。

谷崎が青年期を過ごした明治末期と大正期には、ジェンダーフリーは物笑いの種であり、トランスジェンダーにいたっては「変態」の一言で片づけられてしまう時代であっただろうから谷崎がいかに進取の気性に富んでいたかがわかる。男である自分に潜む女性的なものの存在を時代に先駆けて自覚していた谷崎は、「秘密」の「私」のようにわかりやすい形ではなくファム・ファタールの姿に女装して自作内に忍び込み、ヒロインとして君臨したのである。悪女に虐げられるマゾヒストの下僕がいうまでもなく谷崎のオルター・エゴ（第二の自我）であり、その男をいたぶる淫婦も谷崎の分身であるとしたら、谷崎の変装した自我が作品のここかしこに棲みつき、作品を見張り支配していることになるのか？　実はその通りである。女装をはじめとする変装が得意な谷崎は、様々な人物の姿と声を借りて、作品に潜み、読者を魅了し、その心を占拠することによって谷崎文学の領土拡大をたくらむ。

島田雅彦は「性転換する語り手」の中で、谷崎文学に登場する女の語り手は女装した谷崎であるが、「ある種の奥ゆかしさというか、独特の女との距離を保っているあたりが、また趣味がいいわけです。つまり、女装したからといって、いきなり女の気持ちがわかったふりをして、女の口調で物事を語るというような、ああいう太宰治的なあられのなさは、谷崎にはあまり見られないわけです」と評価する（島田92）。

要するに、女の声音を使って話すことも一つの手法ではあるけれども、しかしそれだけじゃなくて、随時、この語り手というのは男になった女になったり、女になりたい男になったり、男になりたい女になったり、女の傍らにいて奴隷でいたいものであったり、目が見えるのだけれども、あえて目をつぶして盲目になってみたい語り手であったりという具合に、微妙な間を随時たどっていくんですね。そういう意味において、彼の語り手は、性転換する語り手であるというふうに言いたかったわけです。（島田92）

島田雅彦の指摘を言葉を変えて表現するならば、谷崎自身が自分の作品の中で、ジェンダーフリーの語り手としてそこかしこに存在し、男女の区別を超えた形で谷崎の視点を投影しているということになる。

三島由紀夫は、谷崎文学の「美しい肉体の内に一種の暗い意地悪な魔性を宿した、谷崎文学独特の女」（三島「谷崎潤一郎」『作家論』46）は、男である谷崎の欲望の投影にすぎないと見破る。

しかし、仔細に見ると、これらの女性の悪は、女性が本来持っている悪というよりは、男によって要請され賦与された悪であり、ともすると、その悪とは「男性の肉慾の投影」に過ぎないのではないかと思われるのである。これを更につきつめると、（おそらく考え過ぎの感を免れまいが）、谷崎文学は見かけほど官能性の全的是認と解放の文学ではなく、谷崎氏の無意識の深所では、なお古いストイックな心情が生きのびていて、それがすべての肉慾を悪と見なし、その悪を、肉慾の対象である女の性格に投影させ、それによって女をして、不必要に意地悪、不必要に残酷たらしめ、以て主体たる男の肉慾の自罰の欲求を果さしめるというメカニズムが働いているようにさえ思われる。すべてはこのメカニズムを円滑に運用し、所期の目的たる自罰を成功させるために、仕組まれたドラマではないのか？　女は単なるこのドラマの道具ではないのか？
（三島「谷崎潤一郎」46）

さすが谷崎文学を敬愛してやまなかった三島由紀夫だけあって、谷崎文学の構造を見事に表現するだけで終わらず、谷崎が「仕組んだドラマ」に潜む谷崎の潜在意識にもぐり、谷崎を無意識に縛っているその文化的背景まで考慮に入れて分析する。三島の慧眼は谷崎文学の女性像を、すべて谷崎自身の欲望と自我が女に化けていることを見破る。

谷崎の文学における潜在的女装への欲望を投射させたのが谷崎文学独特のファム・ファタールだとしたら、谷崎は自己のリビドー（性衝動のエネルギーであるエロスと破壊的死の本能が結びついたもの）を、自分が作り上げた小説内の女たちに付着させたと考えてよい。リビドーは充足されたり昇華されれば消えるが、欲求が阻止されると鬱積し、自我と葛藤の末に抑圧された形で保たれる。抑圧されたリビドーは、対象を撤回して空想の中で満たされようとして内向して妄想を生む。この妄想がエネルギーを蓄えると充足の道を探して空想を生み出した源泉である自我に戻ってゆく。リビドーが対象ではなく自我に付着した状態をナルシシズムであると精神分析は説明する。（『精神分析事典』「リビドー」の項目）。

谷崎は、現実の世界では充足と昇華が不可能なまでに備蓄され、ゆえに抑圧せざるをえない自己のリビドーをファム・ファタールの創出によって結果的に自我へ還帰するのを防いだことになる。

フロイトは「人間の心がそもそも、ナルシシズムの境界を乗り越え、リビドーを対象に割り当てるようになる必然性は、どこから生まれるかという問い」に対して「我々の思考の道筋からは、自我へのリビドーの備給が一定の水準を上回った場合、にこうした必然性が生じるという答えが出てくる。強いエゴイズムが存在すれば、発病を防ぐことができる。しかし、いずれにせよ、病気にならないためには、『他者を』愛することを始めなければならない。欲求不満のために『他者を』愛することができなければ、病気になるのである」(フロイト250)。したがって、うつ病者の自責感や自殺企図は、性的対象を失ったリビドーが自我に投影された結果、対象に向けられるはずの攻撃が自己に向けられた結果だとされる(『精神分析事典』「リビドー」の項目)。谷崎はリビドーを自己に向けた「自我リビドー」に留まらせず、自己以外の対象に向けた「対象リビドー」に転嫁させることによって抑圧されたリビドーを作品に向けて発散させた。自我に付着すればナルシシズムのみに終わる谷崎のリビドーは、谷崎文学におけるファム・ファタールという対象愛の形成によって充足と昇華を得た。それゆえに谷崎の女たちは、谷崎自身の充満してはけ口を求めたリビドーの表象であり、谷崎の空想の産物であり、「根源的なナルシシズムの反復」としての「性的対象」(『精神分析事典』「リビドー」の項目)なのだから、必然的に谷崎の自我と欲望を如実に映し出している。谷崎の分身であり、性的対象であるファム・ファタールは、谷崎の備蓄されたナルシシズムから生まれたゆえに、谷崎の「蘇生したナルシシズム」(フロイト259)だといえる。

谷崎のファム・ファタールに対する「性的な過大評価」は、「対象選択におけるナルシシズム的な痕跡」（フロイト258）であり、「対象を理想化することなのである」（263）。松子夫人という理想化された対象を手中におさめ、松子夫人のイメージに触発されて様々なファム・ファタール像を創造できた谷崎の自我は、要求を満たす方策を提供されることによってその抑圧を昇華しえたのである。したがって谷崎のファム・ファタールには、谷崎自身の欲望を形にした谷崎の分身を演じる女性への夢想が投射されて描きこまれている。換言するならば、谷崎文学のファム・ファタールたちは、女装した谷崎の自我の表出なのである。フロイトは、恋愛による理想化と自我の関係を以下のように説明する。

恋愛それ自体は、憧れることであり、自己を失うことなので、自尊心を低下させる。しかし相思相愛の仲になるか、愛する対象を所有することで、自尊心を再び高められる。（中略）自我は外部の対象にリビドーの対象補給を行っている。自我はこうした対象備給と自我理想のために貧困化しているが、これは自我理想を満たすか、対象リビドーを満足させることで再び豊かなものにすることができる。（中略）恋愛とは、自我リビドーが対象に過剰に流れ込むことである。これは、抑圧を廃棄し、性目標倒錯を再び作り出す力をそなえている。恋愛においては、性目標は性的な理想にまで高められる。これは、対象型ナルシシズムにおいても、依託型ナルシシズムにおいても、幼児的な愛の条件を実現しながら生じるのであり、この恋愛の条件を満たす者が理想化されるのである。（フロイト270―271）

死《タナトス》の欲望と性《エロス》の欲望の完全な融合

谷崎の「幼児的な愛の条件」を満たす理想化された者とは、見かけは残酷で勝ち誇ったサディストの女主人に見えて、実は谷崎の好み通りに演技し、谷崎の芸術上のミューズを演じきることのできる貞女である。「崇拝する高貴の女性かなければ思ふやうに創作か出来ない」(『谷崎潤一郎の恋文』68―69)谷崎は、松子夫人をはじめとする恋愛対象者の巧みなファム・ファタール偽装によって作品に望みの毒婦像を書き込むことが容易になる。妖艶な美女に残酷にいたぶられることに快楽を覚える谷崎文学の男たちは、ファム・ファタール役を巧みに演じることができる女性によってしか快楽を得られない。作者である谷崎自身が真のマゾヒストの名に値するかどうかは議論の余地があるが、マゾヒスト的様態を示す谷崎文学の男たちには、「情けなき美女」(“la belle dame sans merci”)の存在が不可欠である。なぜならばサディスト風の女主人とマゾヒストらしき下男を創作する作業が、谷崎の欲望を満足させ、現実と空想の両方の恋愛の成就によって谷崎の自我を再び豊かにするからである。

谷崎文学に特徴的な女主人(サディスト)と下男(マゾヒスト)の果し合いは、作者谷崎が高齢化するにつれて、ますますエスカレートしていく。本稿で論じる晩年の『鍵』(一九五六年、谷崎七十歳)と『瘋癲老人日記』(一九六三年、谷崎七十七歳)においては、命がけの死に至る男女のエロチックな果し合いに発展する。生殖能力の限界に行き着いた『鍵』や生殖能力を喪失してもエロスにしがみつく『瘋癲老人日記』の「わがままで意地悪なマゾヒスト」(三島「谷崎潤一郎論」284)である男性主人公たちは、恋愛対象である女性には妖艶で残酷なファム・ファタール役を降りることを許さない。谷崎文学では、どんなに男性が年老いても、憧れの女性は甘美な毒を隠し持つ貞女でなければならない。谷崎のヒロインは、常に男の欲望を刺激して男たちのエキスを吸い出す女郎蜘蛛である。男はいくつになっても、女の毒にあてられ、もがく。初期の谷崎文学の男たちとは違って、老齢化した『鍵』や『瘋癲老人日記』の男たちにとって、女のエロスに触れることは、生命の危機を意味するが、それでも彼らは自己保身よりも女の毒杯を仰ぎながら快楽のうちに昇天することを渇望する。性的能力において男性性の揺らぎを感じ始めた谷崎の男主人公は、男であることの証明としてますます魅惑的な悪女との性的交渉を切に求める。彼女らの性的魅力にそそられて命を落しても構わない、セックスの最中にこと切れることはエロスを全うして至福のうちに昇天することを意味するからである。谷崎の高齢の男たちにとってエロスはタナトスに変幻したのである。谷崎文学の後期にはタナトス(死の欲望)とエロス(性の欲望)が完全な融合を果たす。

谷崎のファリック・ナルシシズム

谷崎は、年老いてもエロスとの関わりを断絶させることなく、エロスの誘惑を死の快楽と結びつけることができた。谷崎文学のエロスの永遠性の秘密を三島由紀夫は以下のように読み解く。

谷崎氏のかかるエロス構造においては、老いはそれほど怖るべき問題ではなかった。そのマゾヒズムには、ナルシシズムとの親近性がはじめから欠けていて、氏は生涯を通じてノーマン・メイラーのいわゆる「ファリック・ナルシシズム」を持たなかった。ファリック・ナルシシズムは必然的に行動と戦いを要請し、そこにおける自滅の栄光とつながりがあるが、氏にはそんなものは邪魔っけなだけだった。「春琴抄」における佐助が自らの目を刺す行為は、微妙に「去勢」を暗示しているが、はじめから性の三昧境は、そのような絶対的不能の愛の拝跪の裡に夢みられていた傾きがある。それなら老いは、それほど悲劇的な事態ではなく、むしろ老い＝死＝ニルヴァナにこそ、性の三昧境への接近の道程があったと考えられる。小説家としての谷崎氏の長寿は、まことに芸術家的必然性のある長寿であった。この神童ははじめから、知的極北における夭折への道と、反対の道を歩きだしていたからである。

（三島「谷崎潤一郎」47）

ファリック・ナルシシズム（男根崇拝のナルシシズム）は、男性としての自己像に過度に気をつかう傾向があり、そのこだわりようは時として社会病質的といえる。仰々しい社会的業績を大切にして性的には征服した相手の数によって絶倫を誇示し、肉体を使ったスキルや精神的勇敢さを誇る。完全主義をめざし、現実の困難と格闘することを男らしさの表れとする見栄とプライドを持つために社会的に成功する場合が多いとされる（参考 “Phallic-Narcissistic Personality.”）。三島は、谷崎がファリック・ナルシシズムと無縁であったゆえに、老いてもエロスと関われたと指摘したのである。谷崎は、抽象化されたファム・ファタールの概念が導く肉慾と悪徳の賛美に傾いたエロスを掲げていたために、男性としての肉体が衰えてもエロスの陶酔を失うことはなかった。谷崎は、性愛の真髄を抽象化された女性美に求めたために、肉体が無になっても、いや肉体的接触を解脱すればするほど観念的性愛の美と豊かさは増していったのである。ここに谷崎文学の特殊性と強みが存在する。谷崎にとって老いは、エロスとタナトスの婚礼を取り仕切る仲人である。

書簡体小説(日記文学)の罠

『鍵』(一九五六年)は、谷崎七十歳の円熟期に「中央公論」に連載された。棟方志功の素朴でおおらかな黒と白のコントラストによる女体の版画を収録したことでも有名な「書簡体小説」である。「書簡体小説」とは、登場人物が書簡(手紙)の体裁をとって語ることによって物語を展開させていく小説の形式であり、主として十八世紀にフランスやイギリスで流行した。書簡の形をとるために、ストーリーは三人称ではなく、常に一人称で語られる。書簡体形式は、「複数の書き手を導入できるため、同じ出来事を違った視点から、まったく異なった解釈を添えて語ることができる」(ロッジ「5　書簡体小説」40—41)。

谷崎の『鍵』は、書簡体小説の中の「日記形式」を採用している。日記は、一人称で書かれる手記であり、書き手にとっての真実を偽りなく書き記した心的事実だとみなされる。心的事実は、書き手の視点から見た事実なので、第三者から見た事実である客観的事実とは異なる場合もある。日記は本来他人に見せるためのものではなく、書き手のまわりで起こった出来事の事実やそれにまつわる感想を書き留めて鮮明に記憶したり、自分の気持ちを整理したりする目的であるため、書き手にとっての真実を記載しなければ意味がないとされる。手記の一種である日記には、「真実の物語である」という強調が暗黙のうちに織り込まれている。ところが谷崎は『鍵』において、日記が書き手にとっての真実の記録であることを逆手にとって作中人物同士ばかりではなく、読者を欺く巧妙な罠を仕掛ける。谷崎は『鍵』において読者の前に夫と妻の二種類の日記を交互に並列し、複数の視点の展開が可能な書簡体形式の利点を十分に利用する。異なる二つの視点が一つの出来事あるいは事実の対立する解釈を示す。谷崎は、夫と妻の視点の違いを際立たせるために、夫の日記は片仮名と漢字によって、妻・郁子の日記は平常の日本語つまり平仮名、漢字、片仮名によって表す。

ケン・K・イトウ(Ken K. Ito)は『鍵』を「小説的日記」(“fictional diary”)あるいは「日記体小説」(“diary fiction”)と呼び、谷崎の日記体小説への傾倒を以下のように語る。

谷崎は戦争中に熱心に日記をつけ続けていたために、戦後の最も野心的な作品に日記による語りの形式を導入しようと考えていた。谷崎はさまざまな語りの形態を模索することに余念がなく、特に第一人称の語りに魅力を感じていたため、日記の小説的可能性を探り出すのは時間の問題だったかもしれない。これこそが谷崎がその作家人生を通してずっと取り組んだ語りのあ

らたな形態であった。（筆者訳）
(Tanizaki was an avid diarist during the war years, and this no doubt influenced him as he planned the narrative strategies for his most ambitious postwar projects. But perhaps it was only a matter of time until a writer fascinated with the varieties of narration, especially first-person narration, would begin to explore the fictional possibilities of the diary. Here was a form that afforded a fresh approach to the problems of narrative that had preoccupied him throughout his career. Ito, 212-13).

（1）日記の盗み読みなしの欺瞞

日記に記された欺瞞の第一は、夫の日記を妻の郁子が見ていないと日記内で主張している点に関してである。

夫：妻ハコノ日記帳ガ書斎ノドコノ抽出《ひきだし》ニハイッテイルカヲ知ッテイルニ違イナイ。（中略）マサカ夫ノ日記帳ヲ盗ミ読ムヨウナヿハシソウモナイケレドモ、シカシ必ズシモソウトハ限ラナイ理由モアル。今後従来ノ例ヲ破ッテ夫婦生活ニ関スル記載ガ頻繁《ひんぱん》ニ現ワレルヨウニナレバ、果シテ彼女ハ夫ノ秘密ヲ探ロウトスル誘惑ニ打チ勝チ得ルデアロウカ。彼女ハ生レツキ陰性デ、秘密ヲ好ム癖ガアルノダ。彼女ハ知ッテイルヿデモ知ラナイ風ヲ装イ、心ニアルヿヲ容易ニ口ニ出サナイノガ常デアルガ、悪イコトニハソレヲ女ノ嗜《たしな》ミデアルトモ思ッテイル。僕ハ、日記帳ヲ入レテアル抽出ノ鍵《かぎ》ハイツモ某所ニ隠シテアルノダガ、ソシテ時々ソノ隠シ場所ヲ変エテイルノダガ、詮索《せんさく》好キノ彼女ハ事ニヨルト過去ノアラユル隠シ場所ヲシッテシマッテイルカモ知レナイ。モットモソンナ面倒ヲシナイデモ、アンナ鍵ハイクラデモ合イ鍵ヲ求メルヿガデキヨウ。……僕ハ今「今年カラハ読マレルヿヲ恐レヌヿニシタ」ト云《い》ッタガ、考エテミルト、実ハ前カラソンナニ恐レテハイナカッタノカモ知レナイ。ムシロ内々読マレルヿヲ覚悟シ、期待シテイタノカモ知レナイ。ソレナラバナゼ抽出ニ鍵ヲ懸《か》ケタリマタソノ鍵ヲアチラコチラヘ隠シタリシタノカ。ソレハアルイハ彼女ノ捜索癖ヲ満足サセルタメデアッタカモ知レナイ。（中略）……郁子《いくこ》ヨ、ワガ愛スルイトシノ妻ヨ、僕ハオ前ガ果シテコノ日記ヲ盗ミ読ミシツツアルカドウカヲ知ラナイ。僕ガオ前ニソンナヿヲ聞イテモ、オ前ハ「人ノ書イタモノヲ盗ミ読ミナドイタシマセン」ト答エルニキマッテイルカラ、聞イタトコロデ仕方ガナイ。ダガモシ読ンデイルノデアッタラ、決シテコレハ偽リノ日記デナイヿヲ、コノ記載ハスベテ真実デアルヿヲ信ジテホシイ。イヤ、疑イ深イ人ニ向ッテコウイウヿヲ云ウトカエッテ疑イヲ深クサセル結果ニナルカラ、モウ云ウマイ。ソレヨリコノ日記ヲ読ンデサエクレレバ、ソノ内容ニ虚偽ガアルカ否カハ自然明ラカニナルデアロウ。

（『鍵』5—7、傍点筆者）

大学教授の夫「僕」の文章は、この日記の目的は日記本来のものとは違うことを明らかにする。『鍵』の新年の第一日目に始まるこの日記において、夫は日記をつける目的を妻・郁子に、そして読者に向かって宣言していることになる。この日記の第一の目的は、読まれることにある。この日記は、書き手にとっての真実を記すというよりは、秘かにしかし確実に読まれることを期待して書かれたものであることを示している。「古風ナ京都ノ舊家ニ生レ封建的ナ空気ノ中ニ育」ち、「今日モナオ時代オクレナ舊道徳ヲ重ンズル一面ガア」る（『鍵』5）妻郁子が実は「腺病質《せんびょうしつ》デシカモ心臓ガ弱イニモカカワラズ、アノ方ハ病的ニ強イ」（『鍵』9）のであり、「彼女ニハ彼女自身全ク気ガ付イテイナイトコロノ或ル独得ナ長所」（『鍵』10）としての「多クノ女性ノ中デモ極メテ稀《まれ》ニシカナイ器具ノ所有者デアルヿヲ知ッテイル」（『鍵』10）夫が、「彼女ガコレヲ実際ニ盗ミ読ミシテイルト否トニカカワラズ、シテイルモノト考エテ、間接ニ彼女ニ話シカケル気持デコノ日記ヲツケル」（『鍵』8―9）と記すからである。

日記の第二の目的、語られていない本当の目的は、読み手に何らかの影響を与えることであり、日記が最終的に秘密裡に読み手を洗脳し、操縦する機能を持つことを書き手が秘かに期待していることが暗示される。夫の蛇のように曲がりくねった思考と文体は、何重にも折りたたまれて芯の部分に包まれている物の中味が容易に外からはわからないのと同じ書き方をされている。したがって、秘密の読み手である妻郁子と読者は、夫が日記に本当のことを書いているかどうかわからないため用心して読む必要を感じさせる。この日記は、しとやかな仮面の下に隠された妻郁子の旺盛で奔放な性的欲望を見抜いた夫が、妻の本来の姿を暴き、旧弊な婦徳を破って獣性をよみがえらせるための道具として使用するのである。「足ノ fetishist デアル」（『鍵』12）夫の欲求を「オーソドックヲ好ム」（『鍵』13）妻郁子は拒絶し、「不自然ナ遊戯」（『鍵』12）にまったく応じないため、夫は妻の改造計画実践の手立てとして日記を用いることを思いたったのである。日記は、妻と夫の知的遊戯としてのゲームであり、新年に始まる日記において夫は妻に秘かにゲーム開始を宣言したのである。名器の持ち主である妻郁子がその利点を生かした男殺しの妖婦、ファム・ファタールの本性に目覚め、その力を発揮して男を悩殺し続けることが夫の望みである。四十五歳の女盛りの妻に対して、五十六歳になって男としての衰えを隠せない――「僕ハ性交ノ後デ実ニ非常ナ疲労を覚エル。ソノ日一日グッタリトシテモノヲ考エル気力モナイクライニ」（『鍵』10）。だが、それでも妻とのセックスにしがみつく。

このような夫に対して、秘かに日記をつけ始めた妻の郁子は以下のように書く。

郁子：でも夫が何の理由もなしに、ただ不用意にあの鍵をあんな風に落しておいたとは考えられない。夫は実に用心深い人なのだから。（中略）私はもちろん夫が日記をつけていることも、その日記帳をあの子机の抽出に入れて鍵をかけていることも、そしてその鍵を時としては書棚のいろいろな書物の間に、時としては床の絨毯《じゅうたん》の下に隠していることも、とうの昔から知っている、しかし私は知ってよいことと知ってはならないこととの区別は知っている。私が知っているのはあの日記帳の所在と、鍵の隠し場所だけである。決して私は日記帳の中を開けて見たりなんかしたことはない。だのに、心外なことには、生来疑い深い夫はわざわざあれに鍵をかけたりその鍵を隠したりしなければ、安心がならなかったのであるらしい。……その夫が今日その鍵をあんな所に落して行ったのはなぜであろうか。何か心境の変化が起って、私に日記を読ませる必要を生じたのであろうか。そして、正面から私に読めと云っても読もうとしないであろうことを察して、「読みたければ内証で読め、ここに鍵がある」と云っているのではなかろうか。そうだとすれば、夫は私がとうの昔から鍵の所在を知っていたことを、知らずにいたということになるのだろうか？　いや、そうではなく、「お前が内証で読むことを僕も今日から内証で認める、認めて認めないふりをしていてやる」というのだろうか？　まあそんなことはどうでもよい。かりにそうであったとしても、私は決して読みはしない。私は自分でここまでときめている限界を越えて、夫の心理の中にまではいり込んで行きたくない。私は自分の心の中を人に知らせることを好まないように、人の心の奥底を根掘り葉掘りすることを好まない。ましてあの日記帳を私に読ませたがっているとすれば、その内容には虚偽があるかもしれないし、どうせ私に愉快なことばかり書いてあるはずはないのだから。（『鍵』13―15、傍点筆者）

妻の郁子は、半信半疑ながら夫の意図をかなり正確に見抜き、冷静な観察と反応を記す。夫は妻を「陰性デ、秘密ヲ好ム癖」（『鍵』6）があると言い、妻は夫を「用心深い」、「生来疑い深い」（『鍵』13―14）と見るが、夫と妻は同じ空間に生きる相対称する相似形を形作っている。夫と妻は好みが正反対に見えても実は似たもの同士であり、同じ領域に住まう男女の二卵性双生児のような気性を有するから、日記を媒介にしたゲームが成り立つのであり、お互いに共鳴し、共振しあえる。夫の妻に対する影響を一方通行に追わらせないために妻郁子は、夫の日記に応えるかのように一月四日から日記をつけ始める。

郁子：実は私も、今年から日記をつけ始めている。私のように心を他人に語らない者は、せめて自分自身に向って語って聞かせる必要がある。ただし私は自分が日記をつけていることを夫に感づかれるようなヘマはやらない。私はこの日記を、夫の留守の時を窺《うかが》って書き、絶対に夫が思いつかない或る場所に隠しておくことにする。私がこれを書く気になった第一の理由は、私には夫の日記帳の所在が分っているのに、夫は私が日記をつけていることさえも知らずにいる、その優越感がこの上もなく楽しいからである。

（『鍵』15、傍点筆者）

郁子が夫と外観は正反対なのに実は同類であり、夫唱婦随する協力的な存在であることは明らかだが、「優越感が楽しい」というところに谷崎の男たちの好む傲慢で残酷なファム・ファタールの典型的性質が表れている。足フェチストでマゾヒストの夫は、妻を自分好みの優越する女王に変身させるために日記を通じて焚き付ける。

郁子のしとやかさと美徳が見せかけであることは、夫が郁子との分不相応なセックスが引き金となって死亡した後の日記に記される。夫の死後、郁子は夫と自分の日記を照らし合わせて「二人がどんな風にして愛し合い、溺《おぼ》れ合い、欺《あざむ》きあい、陥れ合い、そうして遂に一方が一方に滅ぼされるに至ったかのいきさつ」(『鍵』209―211)をあけすけに日記に記す。

郁子:「私は(夫の日記帳を)決して読みはしない。私は自分でここまでときめている限界を越えて、夫の心理の中にまではいり込んで行きたくない。私は自分の心の中を人に知らせることを好まないように、人の心の奥底を根掘り葉掘りすることを好まない」と云っているが、ほんとうを云えばそれは虚言である。「私は自分の心の中を人に知らせることを好まない」けれども、「人の心の奥を根ほり葉掘りすること」は好きなのである。私は、彼と結婚したその翌日あたりから、ときどき彼の日記帳を盗み読む習慣を持ち始めていた。私は彼が「その日記帳をあの小机の抽出に入れて鍵をかけていることも、そしてその鍵を時としては書棚のいろいろな書物の間に、時としては床の絨毯《じゅうたん》の下に隠していることも、とうの昔から知ってい」たのでり、決して「日記帳の中を開けて見たりなんかしたことはない」どころではない。ただ今までは、われわれ夫婦の性生活につながりのある問題はあまり扱われていたことがなく、私には無味乾燥な学問的な事柄が多かったところから、めったに身を入れて見たことはなかった。時折ぱらぱらとページをめくってみる程度で、わずかに「夫のものを盗み読んでいる」ということだけに、或る満足を覚えていたに過ぎなかったのであるが、彼がそのことを記すことを「恐レヌヿニシタ」今年の正月一日の記から、私は当然の結果として彼の記述に惹き付けられた。(中略)

盗み読んでは貰いたいのだが、読んでも読まない風をしていてくれるようにというのが、恐らくは夫の注文であるらしいことをも、察していたからである。 （『鍵』211―213、傍点筆者）

郁子は、夫の屈折した要求方法をよくのみこみ、夫が暗に望む完璧な演技をしてみせたことになる。郁子は二十年以上連れ添ったからばかりではなく、夫と基本的には同類であったため夫の気に入るようゲームを続けることができたのである。

(2)郁子の貞節に関する欺瞞

第二の欺瞞は、郁子の夫に対する肉体上の貞節である。夫は郁子が他の男に抱かれてることを想像しただけで、激しい嫉妬を感じ、性欲が高まる傾向がある。夫は、大学の弟子であり娘の敏子の婚約者である木村を郁子の不倫相手に設定する。郁子は夫の策略通りに、あるいは郁子自身のお芝居によってなのかどちらかわからないが、飲酒後、風呂場で意識不明になる。夫は郁子の裸体を木村に見せつけるために、郁子を寝室に運ぶ手伝いを木村にわざと手伝わせる。夫は郁子がブランデーのクルボアジェのために意識を失っている間に、妻の裸体を仔細に観察して思いのままに眺め、愉悦を感じていた。夫婦の寝室で起きていることを想像した娘の郁子から聞いたのかどうかわからないが、木村が突然ポラロイドカメラを持ってくる。夫は木村のアイデアを受け入れて睡眠中の郁子のあられもない写真を幾枚もとり、郁子と木村を近づけるために、郁子の裸の写真の現像を木村郁子に命じる。こんな状況にあって、郁子と木村の間に何も起こらなかったとは考えられないが、夫が郁子に命じる。存命中の日記で郁子は、木村に惹かれていることを告白しながら性的関係をきっぱり否定している。夫が

夫：ダガ中年以後、妻ノ度ハズレテ旺盛ナ請求ニ応ズル必要ガアッタタメニ、早期ニ精力ヲ消《しょう》耗《もう》シ尽シ、今日デハアノ方面ノ慾望ガハナハダ微弱ニナッテシマッタ。イヤ、慾望ハ大イニアルノダガ、ソレヲ裏付ケル体力ガ欠ケテシマッタトイッタ方ガヨイ。（中略）今年ニナッテニワカニ木村トイウ刺戟剤ヲ利用スルヿヲ覚エ、ブランデートイウ妙薬ヲ見ツケ出シタオ蔭デ、目下ノトコロ、僕ハ自分ニモ不思議ナクライ旺盛ナ慾望ニ駈《か》ラレテイル。（中略）嫉妬ガ醸《かも》ス激シイ情熱、妻ノ全裸体ヲ思ウ存分見ルヿニヨッテ加速度的ニ促進サレル性ノ衝動、ソウイウモノガトドマルトコロヲ知ラヌマデ僕ヲ狂気ニ導イテイルノデアル。（中略）コンナ幸福ガイツマデツヅクハズハナイ、イツカハ報復ガ来ルノデアル、自分ハ刻々ニ命ヲ削《けず》リツツアルノデアル、トイウ豫感モシテイル。

（『鍵』84―85）

イヤソウデハナクテコウナノカト、サマザマナ場合ヲ想像シテ嫉妬ヤ憤《ふん》怒《ぬ》ニ駆ラレテイルト、際限モナク旺盛ナ淫慾ガ発酵シテ来ル。事実ヲハッキリ突キ止メテシマウトカエッテソウイウ快感ガ消エル。妻ハ明ケ方カラ例ノ譫言ヲ始めた。「木村サン」トイウ語ガ今暁ハ頻繁ニ、或ル時ハ強ク、或ル時ハ弱ク、トギレトギレニ繰リ返サレタ。（中略）妻ガ昏睡シテイルカ、眼覚

メテイルカ、眠ッタフリヲシテイルカモ問題デナクナリ、僕ガ僕デアルカ木村デアルカサエモ分ラナクナッタ。……ソノ時僕ハ第四次元ノ世界ニ突入シタトイウ気ガシタ。タチマチ高イ高イ所、忉利天《とうりてん》ノ頂辺《てっぺん》ニ登ッタノカモ知レナイト思ッタ。過去ハスベテ幻影デココニ真実ノ存在ガアリ、僕ト妻トガタダ二人ココニ立ッテ相擁シテイル。……自分ハ今死ヌカモ知レナイガ刹那《せつな》ガ永遠デアルノヲ感ジタ……

（『鍵』99―100）

郁子：私は意識を失ってから後のことはよく分からない。しかしどんなに酔っていたとしても最後の最後の一線だけは昨夜も強固に守り通したと思っている。自分にはいまだにそれを蹈み越える勇気はないし、木村さんだって同様であると信じる。木村さんはそう云った――ポーラロイドという写真器を、先生に貸して上げたのは僕です。それは先生が、奥さんを酔わして裸になさりたがる癖があることを知ったからです。しかるに先生はポーラロイドでは満足できないで、イコンを使って写すようになりました。それは奥さんの肉体を細部に瓦って見極めたいという目的からでもあったでしょうが、それよりも、真の狙《ねら》いは、僕を苦しめることにあったのだと思います。（中略）僕をできるだけ興奮させ、誘惑に堪えられるだけ堪えさせて、そこに快感を見出しているのだと思います。のみならず僕の気持が奥さんに反映し、奥さんも僕と同様に苦しむ事を知って、そこにも愉悦《ゆえつ》を感じつつあるのです。僕は奥さんや僕をこんなにまで苦しめる先生を、憎いとは思いますけれども、それでも先生を裏切る気にはなりません。

（『鍵』112―113、傍点筆者）

……ここまで来てもまだ私は最後の一線を越えずにいる、――と云ったら、夫はそれを信じるであろうか。が、信じようと信じまいとそれが事実なのである。もっとも「最後の一線」というのは、非常に狭義に解釈しての、ほんとうの最後の線であって、それを犯さない限りにおいてなさざるところなしと云ってよいかも知れない。

（『鍵』128―129、傍点筆者）

郁子は「最後の一線は超えていない」と幾度も明言するが、郁子も夫同様、相手に読ませるために日記を書いているのだから貞淑な妻を偽装していたにすぎない。夫の死後、郁子は貞淑な妻の仮面を脱ぎ捨てて本当のことを日記に書きこむ。

郁子：三月中、私はたびたび、自分がいまだに「最後の一線」を固守している旨を日記に書き、夫に私の貞節を信じさせるように努めたのであったが、「紙一重のところまで」接着していた私と木村の最後の壁がほんとうに除かれたのは、正直に云うと三月二十五日であった。（中略）私はきっぱりと、自分の愛が木村の上にあって夫の上にはないことを、自ら認めるようになった。

（『鍵』229）

郁子は、日記はフィクションではなく事実の記録であるという暗黙の了解を利用して、虚偽の告白を夫に信じさせようとしたことになる。郁子は日記の読み手である夫の反応を予想して儒教的道徳に縛られて欲望にもだえながら実行できない貞淑な妻の仮面を被り続けるために虚偽を語り、合わせて読者をも騙していたのである。

(3)「信用できない語り手」としての郁子

郁子は「信用できない語り手」という点で夫より上手《うわて》である。なぜ郁子が夫の上を行く嘘を日記にまでしたためなければならなかったというと、それは郁子が妻であり、女であるからである。貞操は、古今東西を問わず、女性に多く求められ、時として女性の品性と人格を格付けする時の最大の基準にすらなりうる。男性の性的な奔放さは、社会においても家庭においても女性よりははるかに容認され、非難されることはより少なかった。とりわけ谷崎の『鍵』の書かれた二十世紀中庸において、さらに『鍵』の時代背景であろう男尊女卑の傾向が際立っていた十九世紀末から二十世紀初頭においてはなおさら女性にのみ性的道徳律が厳しく課されていた。郁子が書くように「女というものはどんな場合にも受け身であるべきもの、男に対して自分の方から能動的に働きかけてはならないもの、という風に、昔気質《むかしかたぎ》の親たちからしつけられて来たのである」(『鍵』17)から、女性は性的にも男性以上に抑圧されていたが、それは自然なこととされる風潮があった。それに対して朴念仁の大学教授の夫は、郁子が名器であることを裏付ける証拠として「若カリシ頃ニ遊ビヲシタヿノアル僕ハ、彼女ガ多クノ女性ノ中デモ極メテ稀《まれ》ニシカナイ器具ノ所有者デアルヿヲ知ッテイル」(『鍵』10)と自分の女性遍歴を隠さない。妻が読むかもしれないと予想してあるいはそれ以上に期待して書く日記なのに、男性の女性経験は非難されないという前提があるので虚偽を語る必要がないのである。

> 「信用できない語り手」とはつねに、みずからが語るストーリーの一部を成す登場人物である。(中略)物語が我々の関心をそそるためには、現実の世界と同様、小説世界内部での真実と虚偽を見分ける道が与えられていなくてはならない。信用できない語り手を用いることの意義もまさに、見かけと現実のずれを興味深い形で明らかにできるという点である。人間がいかに現実を歪めたり隠したりする存在であるかを、そのような語り手は実演してみせるのだ。(中略)その語りは一種の告白だが、そこには、欺瞞に彩られた自己正当化や言い逃れがあふれている。最後の最後になって、自分についてある種の理解に到達するものの、その時にはもう、そこから何かを得るには手遅れだ。　(ロッジ211)

郁子が「信用できない語り手」であったことは、夫の死後に書かれた郁子の日記によってはじめて読者に知らされる。郁子という「信用できない語り手」は、小説でふつうに用いられる手法なのだが、「日記形式」の「書簡体小説」という形をとっているために、読者は最後の最後まで郁子の

「欺瞞に彩られた自己正当化や言い逃れがあふれている」(ロッジ211)ことに気づかない。郁子は、「最後の最後になって、自分についてある種の理解」(ロッジ211)に読者を導くが、その時にはもう物語の大半は終わってしまっている。谷崎は、書簡体小説の疑似ドキュメンタリー的リアリズムという特性を利用して、その信頼性に呪縛されている無垢な読者の裏をかくことをもくろんでいる。

（4）ジェンダーバイアスの生贄としての郁子

しかし、郁子＝谷崎の「信用できない語り手」の罠に落ちた読者は、彼らの欺瞞を非難することはなく、むしろ納得する。なぜならば郁子は、ジェンダーバイアス(社会的・文化的性差別あるいは偏見)にさらされたか弱き女の立場にあったからである。夫の社会的、経済的庇護のもとに生きる女として、夫の嗜好に従って悪女を演じ、若い男と浮気をするようけしかけられ、それに従うことが郁子の唯一の生きる道であった――「父母の命ずるままに漫然とこの家に嫁《とつ》ぎ、夫婦とはこういうものと思」わされて来た(『鍵』214)、「亡くなった父母に厳しい儒教的躾《しつけ》を受けた私が、仮にも夫の悪口を筆にするような心境に引き入れられたのは、二十年来古い道徳観念に縛りつけられて、夫に対する不満の情を無理に抑壓していたせいもあるけれども、何よりも、夫を嫉妬せしめるように仕向けることが結局彼を喜ばせる所以《ゆえん》であり、それが『貞女』の道に通ずるのであることを、おぼろげながら理解しかかっていたからである」(『鍵』217)。郁子は、世間と夫が求める性役割(ジェンダーロール、その性別に、社会的に期待されている役割)を演じ切ったのである。郁子は本当は木村と不倫関係に陥るが、仕掛け人は夫なのだから郁子に責任はないといえる。それでも郁子は、妻としての立場を守って家から追い出されないために、夫に真実を告げてはならなかった。郁子は、無軌道な行動をとったように見えて実は自分のジェンダーロールをわきまえ、社会的には女の道を踏み外さず、夫の自尊心をくじかないように最後まで偽装し続けた。

郁子が賢く、したたかな点は、ジェンダーバイアスの生贄として夫の変態的要求に忠実に生きたうえで、結果的に夫では処理しきれなかった旺盛な性欲を木村によって処理し、心も体も一体となった真の恋愛感情を経験しえたところである。郁子は夫の死後、旧弊な道徳の縛りから自由になって、男を誘惑し、悩殺するファム・ファタールに生まれ変わる。

(5)郁子のファム・ファタール変身

郁子は、寝室で夫を刺激し続けることが夫の願いであったために従ったのだが、郁子は過度の性行為は夫にとって命とりであることも十分承知していた――「私は大体豫期していたことが豫期した時に起こったと思い、あまり意外な感は抱《いだ》かなかったのであった」(『鍵』208)。本物の貞女であったならば夫にせがまれても嫌われても、夫の体に障ることは極力避けるものである。郁子が夫に節制を強いらなかったのは、第一に夫が見抜いていた通り、「生まれつき体質的に淫蕩であった」(『鍵』214)ため、男なしにはすまされなかったからである。第二の理由は、夫を生理的に嫌っていたからである――「『遠い昔の新婚旅行の晩、……彼が顔から近眼の眼鏡《めがね》を外《はず》したのを見ると、とたんにゾウッと身慄《みぶる》いがしたこと』も事実であり、『今から考えると、私は自分に最も性の合わない人を選んだらしい』ことも、時々彼に向ってみて、『何という理由もなしに胸がムカムカ』したことも事実であるに相違ないが、そうだからといって、私が彼を愛していなかったことにはならない」(『鍵』213―214)。第三の理由は、おそらくこれが一番大きな現実的理由だと思われるが、真の性愛に目覚めた郁子は、木村との逢引をおおっぴらに続けるのに夫の存在が疎ましくなったからであろう。郁子は以下のように告白する。

それにしても、私の体質に淫蕩の血が流れていたことは否み得ないとして、夫の死をさえたくらむような心が潜《ひそ》んでいたとは、どうしたわけであろう。いったいそんな心が、いつ、どんな隙に食い込んだのであろう。亡くなった夫のような、ひねくれた、変質的な、邪悪な精神で、執拗《しつよう》にジリジリと捻《ね》じ曲げられたら、どんな素直な心でもしまいには曲ってくるのであろうか。そうではなくて、私の場合は、昔気質《むかしかたぎ》な、封建的な女と見えたのは環境や父母の躾のせいで、本来は恐ろしい心の持ち主だったのであろうか。このことはもっとよく考えてみなければどちらとも云えない。と同時に、終局においてやはり私は亡くなった夫に忠実を尽したことになるのである、夫は彼の希望通りの幸福な生涯を送ったのであると、云えるような気がしないでもない。

(『鍵』231―232)

『鍵』のしたたかな仕組みは、書簡体小説は事実と真実の記録だという形式を逆手にとって、疑心暗鬼で始まって終わる点にみられる。夫は妻が日記を読んでいるのかいないのか疑う。妻は夫が夫の日記を自分に読ませようとしているのか否かを疑い、妻が日記をつけていることを知っているのか知らないのか、もし知っているとしたら日記を読んだのか読まないのか疑う。次に夫は、妻と木村との関係はどの程度まで進んでいるのか疑い、妻は木村とのことを夫がどこまで信じているのか疑う。日記の書き手でない（語り手でない）娘の敏子に対する疑心暗鬼も存在する。「陰険ナ娘デアル」（『鍵』117）敏子は、「イヤゴー的な性格」（『鍵』113）であり、何を思って木村と母の仲を取り持つような行動に出たのか、敏子は両親のことをどこまで知っているのだろうか、自分の婚約者が母を好いているのを知ってどうして平気でいられるのか？　木村はどういうつもりで自分が貸したポラロイドカメラで撮影した郁子の裸の写真の現像を引き受け、郁子と付き合うのか、婚約者の娘の敏子をどう思っているのか、など不可思議な点ばかりである。夫のよこしまな欲望によって本来の淫蕩な血をたぎらせた郁子が毒婦に変身後もどうしてこんなことになったのか要領を得ない。『鍵』の最大の謎は、木村のその後の計画である。

木村の計画では、今後適当な時期を見て彼が敏子と結婚した形式を取って、私と三人でこの家に住む、敏子は世間体を繕うために、甘んじて母のために犠牲になる、と、いうことになっているのであるが。……

（『鍵』232―233）

木村の意図は、木村を軸にした母と娘との三角関係の構築である。それまで郁子を中心に木村と夫の三角形が築かれていたが、以後は木村を中心にした相似の三角関係に書き換える手はずである。母の郁子がファム・ファタールぶりを発揮して君臨するのか、あるいは黒一点の木村の天下か、それとも策略家の敏子が采配を振るうのか？　オープン・エンディングの構造を持つ『鍵』は、最後まで読者の疑心暗鬼を掻き立て、想像力を刺激する。

(6)殺しの女装／夫の分身郁子

谷崎の他の作品のヒロインと同様に郁子も「谷崎人形である毒婦」の一人である。夫も、「情けなき美女」に痛めつけられることを究極の快楽とする谷崎の男たちに属することはいうまでもない。他の作品と違うところは、『鍵』の夫は、高齢のために女性に対する興味は旺盛だが、肉体がその欲望を表現できなくなりつつあり悩んでいる点である。逆に言うならば、肉体が思うように機能しなくなっているために情念だけますます淫蕩に燃え盛る。外観はしとやかに見える美女の妻郁子が隠し持つ天性の淫乱を見抜いた夫は、郁子の文化的社会的女の徳の仮面をはがして、淫婦の姿を浮き上がらせようと企む。郁子の調教の道具として選ばれたのが日記帳だった。郁子は、見込んだ通りのすぐれた生徒であり、日ごとに夫好みの妖婦に変身していく。夫の人形である郁子は、人形遣いの夫の意に添って夫の魂を吸収するかのように夫の意図にあやつられて行動する。ここまでは谷崎の他の女たちに見られる一連の行動パターンであるが、郁子は、夫殺しによって見事に「悪の華」を咲き誇らせる。人形が創造主である人形師を滅ぼしたのである。

郁子：すべて根も葉もない虚構で、それは夫を一日も早く死の谷へ落し込む誘いの手として書いたのであった。私も死を賭《と》しているのであるから、あなたもその気におなりなさいと、私は夫にそう云って聞かせる目的であった。あれから以後の私の日記は、もっぱらその目的に添って書かれているのであるが、書くだけでなく、場合によっては喀血の真似事をさえ演じてみせる用意をしていた。私は彼を息う暇《いこ》なく興奮させ、その血壓を絶えず上衝させることに手段を悉《つく》した。（第一回目の発作以降も、私は少しも手を緩《ゆる》めずに、彼を嫉妬させるべく小細工を弄《ろう》しつづけた。）

（『鍵』230―231）

郁子の夫に対する殺意は上の告白文から明らかである。郁子の夫殺しを郁子の勝利とみるべきか、それとも夫の暗黙の了解のもとに夫の意図通りに実行された結果なのかはあいまいである。夫の欲情を煽って死期を早めた郁子は、犯罪の首尾よい成功と勝利を喜ぶというよりは、「夫に忠実を尽したことになる」、「夫は彼の希望通りの幸福な生涯を送った」（『鍵』232）と夫の意図の成就を認めている。マゾヒストの夫は、崇拝する妻の郁子とのセックスの最中に脳梗塞を起し、昏睡状態の後に亡くなる。しかしそれも夫の望みであったと考えられる――「自分ノ頭脳ガ日ニ日ニ駄目《だめ》ニナリッツアルヿガ自分ニモ分ル。（中略）イツノマニカ淫慾以外ノスベテノヿニ興味ヲ感ジナイヨウニナッタ。(中略)文字ガ二重ニ見エルノデ同ジ行ヲ何度モ読ム。今ヤ自分ハ夜ダケ生キテイル動物、妻ト抱擁スル以外ニハ能ノナイ動物と化シ終ッタ」(『鍵』147—148)。夫は医師の忠告を無視して妻とのセックスに執着し、精力増強のために高齢の肉体には毒であるビフテキを食し続け、自分の意図通りにめでたく終焉を迎えたと解釈できる。

夫は、妻郁子を自分の完璧な好みに合う女、つまり自分の欲望の化身に育て上げることによって自身に潜むエロスとタナトス(死の欲望)を成就させた。その意味で郁子も谷崎の他の作品の女たち同様、男の欲望を具現化した人形であったといえる。『鍵』においては、作者谷崎の高齢化に伴って、三島の言う「ファリック・ナルシシズム」の欠落の顕著な例がマゾヒストである夫の美女に殺されたい欲求に表れたのである。主人公の「女装した自我」である郁子は、「殺しの女装」でもある。人形師である夫の欲望通りに動く人形である郁子は、夫の死後も「人形の家」を出ていこうとしない。それどころか娘の敏子と結婚した木村を加えて、夫の家に住みつづけ、亡き夫のファム・ファタール夢幻を実演し続ける。

『鍵』の映画化

(1)『鍵』一九五九年

小説『鍵』の勇気ある最初の映画化は、一九五九年の市川崑監督と和田夏十脚本コンビによる。制作年度は、五〇年代最後の年五九年だが、まだモノクロ映画が多かった時代に、「総天然色」つまりカラー作品であることが、制作会社大映の作品に対する意気込みを語っている。大映の当時の看板女優、京マチ子を妻郁子役にあてたのは大成功である。京マチ子は、顔立ちが美しいばかりでなく、姿もよい。肌もきめ細やかできれいで、郁子が失神したふりをして風呂場で一糸まとわない素肌を披露する場面は、はっとするほど妖艶である。色白でふっくらと丸みを帯びたボディのカーブが美しく、ほどよく肉がついているのに、しなやかでほっそりしている肢体は、理想的日本の女性美を代表している。京マチ子の和服姿は板についていて、純日本調のしとやかな絢爛たる美しさを誇るが、彼女はもともと洋装も似合うタイプである。小説には、郁子が慣れない洋服を着て外出する場面があるのに、映画では京マチ子の洋服姿が見られず残念である。彼女は、和風であると同時に、欧米風のエキゾチックなものをよしとする谷崎文学のヒロインにうってつけである。京マチ子演じる郁子は、外面はしとやかで従順に見えるが、凛とした威厳があり、どことなく険があるのも谷崎の描く郁子に相応しい。「僕」こと「剣持」役の中村鴈治郎が、木製のふくよかな仏像を郁子に見立てて横に倒して満悦の表情を浮かべる場面があるが、京マチ子の郁子ならば観客も納得する。谷崎も京マチ子を以下のように絶賛している。

『鍵』（1959年）
監督：市川崑、脚本：和田夏十
製作：大映（京都撮影所）107分
キャスト：京マチ子、中村鴈治郎、仲代達也、叶順子、北村谷栄
発売：大映、東芝デジタルフロンティア

次いで彼女は下鴨の私の家へ遊びに来てくれた。恐らくあの頃の京マチ子は、彼女の美貌が絶頂にあった時だつたであらう。彼女が辭して歸る時、表門まで送って出た私と妻とは、その美しさにうつとりして、知らず識らずあとを追ふ氣になり、糺《たゞす》の森の玉垣に沿うて歩いて行く後影をいつまでも〳〵見送ってゐた。そして夫婦は顔を見合はせて果てしもなく溜め息をついた。

映畫女優の顔などと云ふものは、必ずしも天成の美女であることを要しない、どんな女でもメーキアップで美人にも不美人にもすることが出來る、と云ふ人もあるが、私はさうは思はない。京マチ子の名が「羅生門」以來一時に歐米に喧傳され、アフリカの奥地にまでも知れ渡るやうになつたのは、その演技に負ふところも少くないが、あの美貌がなかつたならば、あゝまでは行かなかったであらう。此の間も或る週刊誌に書いたことであるが、京マチ子の顔は、現代、徳川時代、平安町時代、天平時代、いづれにも向く。源氏物語、平家物語、太平記、太閤記、近松物、西鶴物、いづれの世界の女性に扮しても似合ふ。そして又「痴人の愛」や「鍵」の女主人公にもなれる。かやうに扮装の範圍のひろい容貌はざらにあるものではない。映畫女優にしてあゝ云ふ顔を持つてゐるのは、そのことだけで比類のない強みである。

(「女優さんと私」466―467)

谷崎が主演女優の京マチ子に満足していたことは、上の文章からよくわかるが、作品の映画化については、めったに満足しないとても気難しい原作者であった。その理由についてドナルド・リチーは、第一に谷崎が映画に精通していたことを挙げている。谷崎は、自分の作品の映画の台本を四本書き、そのうちの一本については撮影監督に加わっている。第二には、谷崎が映画を新しい芸術と考えていたためである。谷崎は、当時未成熟であった日本映画に関しては期待していなかったが、西洋のフィルムへの傾倒にはなみならぬものがある。一九二一年随筆『映画のテクニック』では、西欧映画のすばらしさについて述べ(リチー103)、「『カリガリ博士』を見る」を書いている。谷崎は、日本映画についても一九一七年「活動写真の現在と将来」、一九二〇年「其の歓びを感謝せざるを得ない」、一九二一年に「映畫雑感」「日本の活動写真」「出張撮影に就いての感想」を発表している。谷崎と映画の関わりは深く、千葉伸夫の『映画と谷崎』(青蛙房、一九八九年)が詳しい。リチーは「谷崎が映画の可能性について知りすぎていたことが、初期の日本映画の大半に批判的になった原因だった」、「谷崎が自作の映画化の多くに見たのは、彼が求めたものではなかった。(中略)またどれもおしなべて映画として不出来だった。原作を裏切り、その代りに新しいなにものも提供していなかった」(105)とする。特に『鍵』の映画化に関する谷崎の大映への不満は著しかった。

大映社長だった永田雅一は、「谷崎は誰より厄介だった。わたしたちがすることはすべて気にいらず、完成した映画を見るやすぐさまあちこちに電話をかけまくっていた。実に執念深かった」と回想している。それも当然だった。一九五九年の『鍵』の映画化では大映は決定的に足を踏みはずしたのだから。ストーリーを完全に変えたばかりか（登場人物たちが最後に、しかも女中が彼らを殺すことになっている）、前宣伝があまりに品位に欠けていて、怒りに燃えた著者が映画会社に謝罪を迫るという顛末に至った。（リチー105―106）

リチーは、伊丹万作の「文芸作品の完全に忠実な映画化など根本的に不可能」（リチー105）という言葉に反して、「一人の真摯な映画研究者が自作の大半を映画によって中傷された、という皮肉をよく考えてみることはでき、（中略）商業映画の彼の作品にたいする行為について彼の抱いた落胆と不快感を共感とともに共有することもできる」（リチー107）と結び、谷崎の不満に同意する。

結末の違い

最後に年老いた女中（北林谷栄）が旦那様の剣持（中村鴈治郎）に対する同情心から、農薬を入れたサラダを郁子、敏子（叶順子）、木村（仲代達也）にふるまい、三人が「味が変だ」と言った直後に次々と倒れる、新聞は経済的不安による名門一家の心中事件として発表する、という結末は、原作の趣旨を損なう。婆やの女中が、自分が真犯人だと自首しても警察は信じず、とりあわない。女中だけでなく、郁子と敏子にも毒を入れるきっかけがあったうえに、夫の死後、郁子が初めて書いた日記に「天国で再会しましょう」という一文があったので、自殺とみなされた。映画では、娘の敏子も、紅茶に農薬を入れて毒殺を図るが、効果が表れず、女中のサラダまで待たねばならない。原作では、夫亡きあとも、一族は連綿と生き続け、夫の生前の計画通りに郁子は娘婿と関係し続け、娘夫婦の上に女王蜂として君臨する。観客のモラルによる批判を恐れたのかもしれないが、映画の結末は谷崎文学の持つ毒を毒で消して凡庸に骨抜きにしたことは否めない。

鍵の意味

さらに原作では、夫と妻がそれぞれ秘密につけていた日記の存在とその内容の盗み読みがサスペンスの中心であり、日記を閉じ込めた「鍵」が題名であるにもかかわらず、日記は自殺予告の証拠物件としてしか出てこない。映画における「鍵」の役割は、夫の不調が明らかにされた後、妻郁子が木村を公然と家に引き入れるための屋敷の裏口の「鍵」として現れる。原作では、夫と妻の日記をめぐる騙し合いゲームの道具が「鍵」であったのに、通俗的不倫の象徴としての「鍵」に意味合いが変えられている。

日記の不在

また「日記」の不在は、映画では妻と夫の互いの「覗き」の行為によって代替される。妻の就寝中および入浴場面の夫の覗き見、妻と木村が二人きりの場面の夫の覗き見、そしてすべて夫の視線を感じた妻の見て見ぬふりをしたお返しの覗き見である。印象的なのは、出かける妻と道端であった夫が妻に小遣いをやり、妻は夫の姿が見えなくなるとハンドバッグから真珠のイヤリングをつける、夫は妻のイヤリング姿を物陰から覗いて逢引を想像して興奮する、しかし妻が夫を意識してわざとやっていることは、コンパクトの鏡に映した夫の姿を確認して満足げににんまりする場面でわかる。日記をわざわざ映画の中心からどかす必要があったのか？　という疑問は感じるものの、原作の持つ味わいは夫と妻の覗き合いごっこによって補われている。

女優のメーキャップ

映画ならではの工夫は、女優のメーキャップに施される。美形の妻の郁子の眉は、つり上がった形に描かれる。この眉は郁子の隠し持つ剣呑《けんのん》な性質を表して効果的である。外見はしとやかな純和風女性のはずの郁子が、夫の息が絶えたことを確認した瞬間、含み笑いを隠し切れない。郁子の女の魔性をつり上がった眉のメーキャップがよく表している。それに対して、母に嫉妬して怒りを抑えながら、父の欲望の手助けをする娘・敏子の眉は、山型に描かれる。山型の眉は、敏子の抑圧された怒りを表すと同時に、敏子の不器量を強調する。美形の母に似ず、父に似て器量がよくないためにその若さにもかかわらず、婚約者の木村を母に寝取られる女心の怒りと葛藤を巧妙に暗示する。

人一倍やかましい原作者・谷崎の生前になされた映画化第一弾については、賛否両論であるが、当時としては疑いもなく力作である。その後の『鍵』の映画化数本のお手本になっていることは間違いない。海外の映画関係者もこの一九五九年版を参考にしているはずである。特に日本の伝統的木造建築様式（ふすま、障子、畳、畳の上に置かれたベッド、布団、勝手口）、京都の古い街並み、家屋に隣接する竹藪、日常を着物で過ごす年配の夫婦と婆や、それに対して洋服を着た娘世代の対照など、伝統的日本文化を映し出した貴重な映像でもある。映画の部分的改作が妥当であったのかどうかは、作る側としての映画会社の事情や意見だけでなく、当時の観客の反応（主として道徳観）を計算しなければならない。原作者谷崎の不満はもっともだが、今となっては、大映の映画化の際の原作改案の判断が誤りであったのか否かはわからない。一九五九年のこの映画がその古さにもかかわらず、二十一世紀になってもＤＶＤとして販売され、観客を失っていないという事実が、映画化成功を物語っている。

（2）『鍵』一九七四年

谷崎潤一郎の没後に作られた映画であるが、前述の谷崎の「映畫女優の顔などと云ふものは、必ずしも天成の美女であることを要しない、どんな女でもメーキアップで美人にも不美人にもすることが出来る、と云ふ人もあるが、私はさうは思はない。」（「女優さんと私」466）という眼力の正しさをこの作品は証明している。一九五九年の映画化が小説の設定の肝心な部分を改変したために、谷崎の大いなる不満を招いたとしても、成功したのは、ひとえに京マチ子の演技力と美貌に負っていることは七四年のこの映画化と比較すれば明らかである。七四年版は、日記を夫と郁子の秘密の中心に据え、郁子の洋装も披露しているし、最後に結末も原作に忠実である。この映画は、娘の敏子が殺しの引き金を引いたことにして、敏子が新生活の主導権を握るように描く点が原作とは異なるが、概ね原作の意図に背いていない。脚本も悪くないし、郁子の脇を固める夫役の観世栄夫、敏子の渡辺督子、木村の河原崎建三もそれぞれ健闘している。

それなのに一九五九年版とは出来栄えにおいて、はなはだ異なった印象を与える。その理由は、郁子役の荒砂ゆきがミス・キャストだからである。郁子は、良家の奥方であり、慎み深く、夫に従順に見えるが、実は淫蕩な血を引いた妖婦である。しかし、荒砂ゆきの郁子は、どうみても良家の表向きは貞淑な美貌の夫人には見えない。気絶したふりをして入浴する見せ場では、浅黒い肌に、

『鍵』（1974年）
監督＆脚本：神代辰巳
キャスト：荒砂ゆき、観世栄夫、渡辺督子、河原崎建三、江沢萌子
VHS発売元：日活

干したレーズンのような黒ずんだ乳首が湯から見え隠れしていただけない。一人で満足げに入浴する時も、高貴さや上品さが感じられず、覗きの欲望が湧かない。フェチストの夫がベッドで郁子の足をなめる時、「そんな汚いものをなめるのはおやめください」というせりふがあるが、郁子の言うとおりだと妙に納得してしまう。さらにベッドシーンでやたら張り上げる声が、ポル

ノ女優の技を思わせ、谷崎文学の雰囲気ではない。郁子が意味不明の不思議なにたにた笑いを絶やさないのも、「招き猫」のようなやり手女を連想させる。せりふも上品ぶった作り声に聞こえ、商業主義に走るガイド嬢の説明のように響く。もっとも荒砂ゆきという女優は、長髪の洋服になったら、着物姿よりもモダンな感じで、ずっと見栄えがしたので、単に着物が似合わないというだけなのかもしれない。キャスティングする側は、もう少し考えないと、その役者の本来持つ味も力も生かせない。映画は舞台以上にビジュアルな媒体なので、役者の個性と役柄のマッチングにごまかしはきかない。

ただし「木村はジョン・レノンに似ている、妻はジョン・レノンが好きだ」というところは、きわめてビジュアルでおもしろい。木村役の河原崎建三は、鼻のあたりや輪郭がなんとなくジョン・レノンに似ているからである。谷崎の時代にジョン・レノンはいなかったはずなので、脚本家をはじめとするスタッフの工夫の妙であろう。

（3）『鍵』一九八三年

一九七四年の『鍵』に比べれば、ヒロイン郁子役の松尾嘉代は、いちおうさまになっている。京マチ子の美しさと演技力には及ばないが、和服姿も似合っているし、立居振舞いも良家の細君らしい気品がある。

一九八三年版の第一番目の特徴は、愛情交換の描写場面が多く、過激なことである。剣持（岡田眞澄）と郁子（松尾嘉代）の夫婦、木村（江上慎吾）と敏子（田口由緒）の婚約者同士、そして郁子と木村の不倫カップルの三組のセックス・シーンが赤裸々に描かれる。夫婦の愛情場面は、畳に敷かれた布団の上だけでなく、互いに施すオーラル・セックスにおよび、若い婚約中の二人は、浜辺の岩陰で、休憩用旅館で、そして車の中でお互いの局部を探り合う。教授夫人郁子とその娘の婚約者で夫の教え子の木村の逢引は、休憩所にとどまらず、夫が卒中で倒れて以降、深夜に書斎の椅子にまたがって行われる。トイレのために起きた婆やが、裏口に男物の靴が置いてあるのを不審に思い、書斎の唐紙から漏れる喘ぎ声に導かれて中を覗くと、教授夫人が娘の婚約者と睦み合っている最中、婆やは、驚きの声を押し殺して襖を閉める。妻の郁子は、人並みはずれた性欲の持ち主であるために夫の精力を消耗させ、夫は妻への対抗上、度を越えた強精薬ホルモン注射によって卒中を起こす。

『鍵』（1983 年）
監督＆脚本：木俣堯喬
キャスト：岡田眞澄、松尾嘉代、江上慎吾、田口由緒、渡辺文雄
製作：スティック・インターナショナル＝若松プロダクション
配給：東映セントラルフィルム
VHS 発売元：東映　98 分

しかし、京マチ子版に比べて、松尾嘉代の郁子は、悪女度が低く設定されている。性に対して執着の強い郁子は、それだけに夫の性欲をよく理解して受け止め、夫の望む行為を嫌がらない。また、卒中後、言葉の不自由になった夫の欲望を敏感に受け止めて、夫を喜ばすことも怠らない。布団の中で身動

きできない夫に乳をふくませる。夫の目の前で着物を脱いで全裸になり、愛用のポラロイド・カメラに自分の肢体を惜しげもなくさらして、夫にシャッターを切らせる。夫は、満面に笑みを浮かべて、満足げにうなずきながら息を引き取る。淫蕩な郁子だが、夫にとっては理想の妻であったことになる。原作同様、夫の死後、木村は婿入りして同居することになるが、郁子と木村の不倫関係がずっと続くことを映画は暗示する——喪服に身を包んでしめやかに挨拶を済ませた郁子は、座敷で一人になると喪服の着物の裾をはだけてマスターベーションにふける。エンディング・クレジットが流れる中を郁子のあえぎ声が聞こえてくる。このドラマは、すべて郁子の旺盛な性欲が仕組んだことになる。

岡田眞澄主演のバージョンがセックスに焦点があてられていることは、オープニング・クレジットの延々と続く剣持と郁子のセックス・シーンと、最後の郁子の一人寝の悶えのシーンとが対比的に示されることからもわかる。性に焦点が絞られているため、VHSも成人指定を受けているが、松尾嘉代のうめき声や表情が自然で嫌味がなく、拒絶感をあまり感じさせない。特筆すべきことは、剣持役の岡田眞澄のかっこよさである。原作では容貌がさえない、くすんだ初老男として描かれる剣持だが、岡田真澄のすらりと伸びた体躯、哀愁を帯びた瞳と横顔は、ロマンチックなロマンス・グレーのイメージである。岡田が松尾に忍び寄っても、厭らしさは全然なく、ルキノ・ヴィスコンティの零落貴族の気品と風格を醸し出してしまう。原作のイメージとは異なるかもしれないが、美しいものが画面に映ることは観客にとって目の保養になるので、岡田眞澄の主演は歓迎される。

この映画の二つ目の特徴は、原作の舞台の京都を鎌倉に置き換えていることである。婆やも関西ではなく、神奈川の葉山出身という設定である。したがって役者陣も慣れない京都弁を使う苦労はなく、歯切れのいい東京弁で通している。鎌倉も葉山も関東地区では風雅なイメージがあるので、京都でなくても原作の雰囲気を損なうことはない。剣持家は、伝統的二階建ての日本家屋の構えであり、手入れのよく行き届いた広大な日本庭園を所有しており、室内も昔の和風の屋敷のたたずまいをよく伝えている。岡田版も日本家屋研究という意味においても、カルチャー・スタディーの良い見本になるであろう。

（4）『鍵』（イタリア版）一九八四年

イタリア版『鍵』の背景は、場所はヴェネチア、時は一九三九年の大晦日、ムッソリーニ率いるファシスト党が精力をふるっている。美術大学の老教授ニーノ（フランク・フィンレイ）が過度の性的興奮のために亡くなるのは、イタリアが第二次世界大戦に参戦したその日つまり一九四〇年六月だから、その間の半年間の出来事ということになる。老教授ニーノ・ロルフ（フランク・フィンレイ）は、十八歳年下の美しい妻テレサ（ステファニア・サンドレッリ）のエロスを開花させようと躍起になっている。老教授が自分を性的に鼓舞し、妻の欲望を煽るために刺激剤として使用するのは、娘リサ（バーバラ・クピスティ）の婚約者ラズロ（フランコ・ブランチャローリ）と日記帳である点は原作に忠実である。妻テレサも夫に対抗して日記をつけ出すところも原作通りであるが、カトリックのお国柄を反映して、日記は告解の代わりとことわっている。オープニング・クレジットではサン・ジョルジョ教会が映り、その鐘の音が聞こえ、続いて格式あるダンス・パーティ会場に場面は移動するが、そこでは腕章をつけたファシスト党員が歩き回る。映画のテーマは、原作同様、中高年夫婦の性の問題だが、イタリアの教授夫妻を律する背景としてカトリック教会とファシズムが控えていることを示す。「戦争が始まったら贅沢はできない」不安な時代にあって、精力と生命力の衰えを切に感じている老教授は、死を身近に感じるためますます刹那的快楽を追求する。

このような重苦しい時代を背景にしているのに、イタリア版はテンポが速く、からりとして明るく、ユーモラスである。テレサ役のステファニア・サンドレッリの美しく豊満な肉体は、惜しげなくスクリーンにさらされる。時として局部も映し出されるのに、いやらしさはまったくなく、自然で健康的なお色気を発散する。イタリア女性の豊かで引き締まった肉体は、それ自体が日本人から見るとエキゾチックで興味深いが、開放的で悪びれない裸身には日本とイタリアのカルチャーの違いが感じられる。監督のティント・ブラスは、特に女性のヒップに注目しているようで、サンドレッリの童女のあどけなさと大人の女のエロスが混在した形のよい、丸いヒップが幾度も大写しになってスクリーンを占領する。

ティント・ブラスは、鏡の使い方がたくみである。DVDの表紙もサンドレッリの丸いヒップが正面に位置し、三面鏡で右と左から見た姿が映っている。テレサとラズロのホテルのベッドシーンでは、観客の目の前に二人がいるが、愛し合う二人が頭を上にして大きな横長の楕円形の鏡に映り、その大きな鏡の中には、ワンサイズ小さい同形の鏡があり、そこには頭を下にして黒い下着姿で恍惚とした表情のテレサが写し出される。ヤン・ファン・エイクが描いた『アルノルフィニー夫妻像』(一四三四年)を彷彿させる幾層にもわたる鏡の反射を用いた絵画的手法である。

「戦争が始まったらもう買えないから」と奮発して手に入れた黒いシュミーズを着て、黒いパンティに黒い靴を身に着けたテレサの肉体は、ゴージャスである。娘の恋人のラズロが、ベッドでテレサの黒いパンティを着て見せたことに刺激され、テレサは、夫ニーノにもベッドで自分の黒い下着をつけることを要求する。ニーノは嫌がることなく嬉々として妻の黒いブラジャーに、黒いガードルに黒い靴下を慣れない手つきで着用して、ベッドでテレサと一戦を交え、その最中に脳梗塞に陥る。医者が診察のためにシーツをまくると、娘リサの目の前に飛び込んだのは、母の黒いブラジャーとガードルをつけた父の姿、あきれて目をそらすリサの姿がおかしい。母を外出させたリサは、母の日記に「司祭は必要ないそうよ」と直接書きこみ、母を驚かせる。希望通りに「ベニスに死す」ニーノの棺は、ヴェネチアらしくゴンドラ船で運ばれる。娘リサの後ろで睦み合う母テ

『鍵』(イタリア版 1984 年)
監督&脚本:ティント・ブラス
キャスト:ステファニア・サンドレッリ、フランク・フィンレー
DVD 英語版(The Key)&イタリア語版(La chiave)
発売元:クリエィティブアクザ
販売元:ハピネット・ピクチャーズ

レサとラズロをリサはものともしない。

時代は、現代ではなく、第二次大戦前の過去のイタリアに設定されているが、イタリア女性のファッションは、日本女性のそれのように劇的に変わることはなかった。イタリアの女性服は、大戦を境に和服から洋服へシフトした日本女性の装いのような大きな変化はなく、スカートの丈が短くなったぐらいであろう。したがってイタリア版は、日本版のように和服によって女性のしとやかさ、つつましさ、古風な雰囲気を表すことができない。着物の代わりにイタリア映画は、宗教とファシズムを性の抑圧の装置として用いたのであろう。最後の場面の「私は夫の希望通りに不貞を働いた貞淑な女」というテレサの背後に控えるのは、教会であり、大戦突入のムッソリーニの演説である。

この映画をＶＨＳ版で見た時、ティント・ブラスのエロティシズムの解放性と明るさ、コミカルな所に驚き、感動した。暗い密室の男女の睦言とその周辺事情を延々と執拗に描いた原作が、こんな軽妙でファッショナブル、そして茶目っ気たっぷりのお色気ドラマに変換する手立てもあったのかとその腕前に脱帽した。イタリアならではの開放性と豊かさだと言える反面、イタリア映画でも、尼僧のエロティシズムを背徳的に描いた、暗く、凄惨なドラマも存在する。イタリアだからというよりも、ティント・ブラスという監督の個性なのであろう。しかし、現在はいざ知らず、一九八〇年代の日本でこのような異色のコメディータッチの感覚の映画化は不可能だったといえる。日本では英語版とイタリア語版の二種類のＤＶＤが発売されたが、イタリア語版は、ぼかしがなく、映像もより鮮明である。

(5)『鍵』一九九三年

小柳ルミ子版『鍵』は、もともとテレビ用に作られたためか、目のやり場に困るようなセックス・シーンは存在しない。きわめて清潔で理路整然とした明晰なつくりである。小柳ルミ子をはじめとする出演者の服装は、品の良い、きちっとした印象を与える。物語の始まりの場面は元旦だが、小柳の郁子は、オフホワイトのきれいな着物を着て現れ、真っ赤な初々しいあでやかな振袖をまとった娘役の敏子(中島ひろ子)と共に「おめでとうさんです」とあいさつする。桐谷家の主の津川雅彦もきりりと着物を着こなして「おめでとうさん」と受け応えする。宝塚音楽学校出身の小柳に、京都生まれの津川が演じるのだから、関西弁は板についている。美声の歌手として人気を博した小柳は、せりふを語る声も美しく、鈴の鳴るような高音の響きにはうっとりさせられる。橋爪淳が演じる木村も、清潔感あふれる好青年で嫌味がない。日記の文字も極めて整って美しいのが印象的である。夫の桐谷が万年筆で記す日記の文字は、カリグラファーの手によるもののように見事であり、妻郁子の毛筆の日記文字も書道家はだしの達筆である。女性の裸体が他の版に比べて少ない分を字の美しさで補っているか

『鍵』(1993年)
監督:久野皓平、脚本:砂田量爾
キャスト:小柳ルミ子、津川雅彦、橋爪淳、中島ひろ子
制作:テレビ朝日
VHS発売元:テレビ東京
販売元:松竹ビデオ事業部　90分

のようである。

他の映画版に比べて、曖昧模糊とした場面が少なく、理性的理知的構築である。背景は純日本家屋であるが、和風建築特有の「陰翳礼讃」の雰囲気は感じられず、薄暗い場面が少ない。ストーリーの展開においても他の版のように、観客の想像力にゆだねてぼかしておく部分は少なく、せりふで多くを説明して誤解を避け、曖昧さを極力排除する。

しかし、それだからといって原作の味を損なうことはない。夫と妻が秘密のうちに日記をつけて、互いに知らぬ顔をして相手に読ませようと秘かに企む点をはじめとして、物語の展開は原作に忠実である。小柳版は、原作よりわかりやすく、ていねいに登場人物の立場や立場をせりふで説明して、視聴者の理解を助け、共感を呼ぶ。郁子は、夫の無言の指導で自分がどんどん悪い女になっていくのをやめられないことを画面に向かって告白する。しかし、卒中後、ベッドに横たわる夫は、たどたどしい口調で、娘に読ませた郁子の日記によって郁子と木村との情事を知ったが、郁子を許して感謝して死んでいく。郁子も夫の広い心に涙を流して「むごいことをしてしもた」と反省し、「生き残ったのは私の方だけれども、もしかしたら勝ったのは夫の方かもしれない。あの人は自分の目標に向かって走り続けたのだから」と冷静で的確な判断を下す。

宝塚音楽学校を優秀な成績で卒業したと伝えられる小柳だけあって、郁子を演じても優秀で理知的な雰囲気が出ている。夫が郁子に読ませるためにわざと畳の上に落とした鍵を拾い上げ、抽斗をあけて夫の日記を盗み読む場面も、小学生の絵日記を読んでいる女の先生の感じである。津川の桐谷は、よくできた包容力のある妻に甘えるいたずらっ子の雰囲気である。津川の喜怒哀楽のはっきりした、時として不器用でそそっかしい夫像は、コミカルな軽快さを醸し出し、難解な原作を親しみやすいものにする。小柳版の『鍵』は、比較的清潔で、理解しやすく、共感の得られる好ましいドラマである。谷崎のおどろおどろしさ、妖しさを薄めて優等生的な安心できる消化しやすいものにしている。この点が長所であり、短所であるかもしれないが、子供も覗く可能性がある家庭に陣取るテレビ版なのだから、妥当な作り方だといえる。

(6)『鍵』一九九七年

『鍵』の最後の映画化を飾る川島なお美版の第一の特徴は、映像がモノクロとカラーに分かれていることである。通常は、過去と現在を映像の色によって区別する場合、過去がモノクロ、現在がカラーによって表されるが、この映画はその逆で、現在がモノクロ、過去がカラーで表現される。映画は、主の安西の四十九日の法要で喪主を務める喪服を着た郁子(川島なお美)をモノクロで映す。波が打ち寄せる海辺で医者に「ご主人は学者に似合わず不養生だったようですが、幸せだったのでしょう」と言われる。医師の不養生という不思議な言葉の謎を解く鍵を与えるかのように、砂浜には「鍵」が落ちている。次の場面はカラーになり、過去の情景を映し出す。在りし日の安西(柄本明)が万年筆で日記を記している。安西は、「妻との性生活について書き記す」決心をしたことをモノローグで告げる。留守中に妻の郁子が掃除のために夫の書斎に入り、床におちている鍵を拾い上げて、日記帳のありかを探し当て、中味を盗み読みし出す。そこへ女中がやってきたので郁子は、あわてて鍵を隠す。

物語は色鮮やかなカラー映像のまま過去の出来事を時間通りに追っていくが、安西の死後、郁子と娘の敏子(辻香緒里)が、安西を殺したのは誰か? と詰問し合うところで、映像はモノクロに変わる。郁子が、「この家の財産を狙って婿入りする予定の木村(大沢樹生)も含めて三人の共犯、もうこの家には財産はなく、すべて抵当に入っている、あなた(敏子)は世間体のために犠牲になるの」と明かすところまでモノクロは続く。郁子と敏子の会話の途中で、庭の花の夾竹桃《キョウチクトウ》が鮮やかなオレンジ色に変わり、徐々に全体がカラーになっていく。最後の郁子の本音の吐露はまぶしいほどのカラー映像である——「木村さんとは楽しかったけれど、木村さんは体だけ、パパはどんな顔をして死んでいったかですって? 教えてあげない、私だけの男だから。私はどうして安西にだけあんなに残酷になれたのかしら」と郁子が結んで映画は終わる。この映画は、『鍵』にまつわる物語を過去に起きたこととして処理したために、過去が重要なのでカラーで表現したのであろう。一番現在に近い場面が徐々にカラー化されていくのは、過去の安西の行いと意図が現在に影響を及ぼし、未来までも支配するであろうことを暗示するためだと考えられる。

川島版と他の映画化との違いは、郁子が豊満ではなく、華奢《きゃしゃ》な少女の面影を宿すことによって男心を惑わす点にある。色白でふくよかながらほっそりしているところは京マチ子に通じるが、京の妖艶、爛熟に対して、川島は清楚、はかなげな印象を与える。原作も他の映画版も郁子と敏子は、実の母娘だが、ここでは、郁子と敏子は義理の仲という設定である。敏子は、郁子を「ママ」とは呼ばずに「郁子さん」「あの人」と呼んでいる。後妻の郁子は、敏子と年もそれほど違わない、子供を産んだことのない女である。皮ジャンを着てオートバイを乗り回す、ちょっと不良っぽいカメラマンの木村と郁子の関係は、不自然には見えない。安西が郁子に執心なのは、年不相応に若い妻を娶った初老の男の嫉妬とあせりだと考えると、納得がいく。それだから夫の安西が失神した郁子に口移しで睡眠薬を飲ませて、その肉体をひっくり返して様々な角度から検証する場面は、生きた美しい人形遊びに興じるあわれな中年男の姿である。ウラジミール・ナボコフの『ロリータ』を連想させて、長年連れ添った中年の妻の肉体に固執する一般的ではない原作の不自然さを補っている。

郁子の洋装姿は、きれいな黄色のドレス姿が一度見られるだけで、他はしゃれたモダンな着物姿である。舞台背景が関西なのか東京なのかは、はっきりさせていないが、屋敷も周りの街並みも和洋折衷の現代の日本に近い雰囲気である。和服姿で通す安西の職業は、大学の美術教師という設定だが、中味は映画のセット同様、和洋折衷である。安西は、西洋のミレーの絵画『晩鐘』を

『鍵』（1997 年）
監督：池田敏春、脚本：白鳥あかね、香川まさひと、池田敏春
キャスト：川島なお美、柄本明、大沢樹生、辻香緒里、今井健二、三谷 昇、二木てるみ、広岡由里子
DVD 販売元：東映
発売元：東映ビデオ　95 分

フロイト流に性欲の発露として分析する一方、自宅では色とりどりの日本画を書斎の床一面に並べて研究に余念がない。娘の敏子は、チェロを学ぶ音大生なので、洋服姿である。郁子を酔わせるブランディーの銘柄は、原作に忠実にクルボワジェである。原作では純日本家屋に住む和服を着た夫妻が、洋装の娘と木村を交えて、日本酒でなく洋酒を嗜むのだから、原作自体が和様折衷である。どの程度まで日本の風物を画面に織り込むかは、その映画の裁量しだいである。

＊

『鍵』は、日本国内外で幾度も映画化されている。谷崎の原作は、映画製作者の意欲をそそり、観客の人気も高いことがわかる。『鍵』のイタリアでの映画化は、あらためて日本文化の特徴を考える良い機会を我々日本人に与える。日本人は、特に日本女性は、戦後、和服と洋服を時と場合に応じて着分けることによって、日本文化をより彫りの深い、陰影とバラエティに富んだ重層的なものにした。また伝統的日本建築は、陰影に富むが、襖と障子で区切られた平面的な空間で、密閉性やプライバシー保持が低い、聞き耳をたてたり、覗き見をするのが容易な作りであった。それだから妻と夫が同じ屋根の下で暮らしながら、盗み見のゲームが成り立つのである。何か柵を設けないと筒抜けになるのが日本家屋の作りであるから、秘密を作るために「鍵」の存在が必要であった。逆にいえば、「鍵」の存在が秘密の存在を明らかにする仕組みになっている。それに対して、密閉性が高い石づくり住宅に住むヨーロッパでは、家族といえども盗み見、盗み聞きのチャンスは少ない。そのせいかイタリアの『鍵』では、覗きの対象は「日記」に限られていた。

戦前のイタリアは、戦前の日本同様、大家族主義の家父長制をとっていたので、原作の夫婦関係は比較的無理なくイタリア映画に平行移動させられる。しかし、当時の日本男性の家庭内の無口でぶっきらぼうな威厳の保ち方とは対照的に、イタリア人ニーノは、直情的、情熱的で、嫉妬に狂って大声でわめいたり、威嚇的であったりする。ニーノは、社会的地位が高く、風貌も威厳があるが、日本男性のようにぶっきらぼうなむっつりぶりではなく、もっと率直な表現と発言を習慣としていて、女性を褒めるのが礼儀だとされるイタリア男性にふさわしく、若い美人妻テレサに親切で甘い男として描かれていた。もしも『鍵』が男女同権の傾向がより強いアメリカで映画化されていたならば、谷崎の時代の日本の主従の夫と妻の夫婦関係、そして最後にその力関係の現実的逆転は、スムーズにはいかなかったかもしれない。男性は、日本でもイタリアでも、たぶんアメリカでも、女性に対して威張っているように見えても奥底に幼児性を秘めているという点でたいして変わりはないであろう。それとは対照的に、日本のファム・ファタールの郁子は、しとやかに従順にふるまうという日本文化の型にとじこめられ、抑圧されているために、イタリアのファム・ファタールのテレサよりも、より陰湿で執念深く、おそろしげである。谷崎視線の日本の貞女とは妖女を意味するのである。

参考文献

谷崎潤一郎『鍵』中央公論新社、一九七三年
――「刺青」『刺青・秘密』新潮社、一九六九年
――『春琴抄』新潮社、一九五一年
――『谷崎潤一郎の恋文――松子・重子姉妹との書簡集』千葉修二編、中央公論新社、二〇一五年
――「女優さんと私」『谷崎潤一郎全集』第二十二巻、中央公論社、一九八三年
――『痴人の愛』新潮社、一九四七年
――「秘密」『潤一郎ラビリンスI　初期短編集』中央公論社、一九九八年
――「飄風《ひょうふう》」『潤一郎ラビリンスI　初期短編集』中央公論社、一九九八年
島田雅彦「性転換する語り手」『いかにして谷崎潤一郎を読むか』中央公論新社、一九九九年
千葉俊二「解説　転換する性」『潤一郎ラビリンスXIV　女人幻想』中央公論新社、一九九九年
千葉伸夫『映画と谷崎』青蛙房、一九八九年
フロイト、ジークムント「ナルシシズム入門」『エロス論集』中山元編訳、ちくま学芸文庫、一九九七年
三島由紀夫「谷崎潤一郎」『作家論』中央公論社、一九七四年
――「谷崎潤一郎論」『三島由紀夫全集第三十巻』新潮社、一九七五年
リチー、ドナルド「谷崎潤一郎――作品の映画化をめぐって」『谷崎潤一郎　国際シンポジウム』中央公論社、一九九五年
ロッジ、ディヴィッド「書簡体小説」『小説の技巧』柴田元幸他訳、白水社、一九九七年
『新潮日本文学アルバム　谷崎潤一郎』新潮社、一九八五年
『精神分析事典』小此木啓吾編集、岩崎学術出版社、二〇〇二年（「リビドー」の項目）
『文豪ナビ　谷崎潤一郎』新潮社、二〇〇五年
Ito, Ken K. "Writing as Power" *Visions of Desire: Tanizaki's Fictional Worlds*. Stanford: Stanford University Press, 1991.
Exposing, Healing and Preventing The Sociopathic Style: "Phallic-Narcissistic Personality."19. Aug. 2014. <http://www.sociopathicstyle.com/phallic-narcissistic-personality/>.

第六章　谷崎潤一郎『瘋癲老人日記』ファム・ファタール夢幻(2)

女神に溺れるパラフィリア老人

パラフィリア老人の卯木督助

御年七七歳の卯木督助は、同居する嫁の颯子にエロスを感じて幼児のように甘え、つきまとうパラフィリア老人である。督助は「不能ニナッテモ或ル種ノ性生活ハアルノダ」(谷崎『瘋癲老人日記』11、以後『瘋癲』)と自分の状態を自覚しているので、完全な痴呆症の老人ではない。

パラフィリア(paraphilia)は、英語で「性倒錯」を意味する、俗に言う「変態」である。パラフィリアの語を分解すると、「偏愛」(para)＋「引きつけられる」(philia)になり、性的興味の対象や種類が変わっている、あるいは文化的に統計的にみて正常でない性的趣向という意味になる。パラフィリア(性倒錯)は、露出症、フェティシズム、小児性愛、性的マゾヒズム、性的サディズム、服装倒錯、窃視症等を含む。

しかしパラフィリアが性的倒錯、性嗜好異常を意味するからといって、現代的な意味においてパラフィリアの嗜好を持つ人が「変態」「性倒錯者」と呼べるとは言えない。性的倒錯の基準や、正常と異常の境界線の線引きは、時代と文化によって異なり推移するからである。たとえば、男性の同性愛は、以前は異端視され違法とされ、刑罰の対象になったことがあるが、現在のアメリカ精神医学会等は同性愛を「異常」「倒錯」「精神疾患」とはみなさず、治療の対象から外している。二十一世紀になって、種々の性的指向を矯正しようとするのは間違いとの見解が主流を占めている。性的嗜好が異常な域に達した「パラフィリア障害」が治療の対象になるのは、社会的に問題を引き起こしたり、犯罪につながる場合のみである。

谷崎潤一郎の一連の作品を「変態文学」と見なし、文学史上もそう教えてきたのは過去のことである。『瘋癲老人日記』の書き手であり、主人公である卯木督助のパラフィリア(変態性欲)は、美人の嫁に向かって発散されるが、社会的問題にはならないし、犯罪でもない。督助は、パラフィリアの中の窃視症、フェティシズム、性的マゾヒズム、性的サディズム、露出症、服装倒錯を有しているが、嫁の颯子は、そういった性的嗜好を嫌うことはなく、むしろ利用して楽しんでいるからである。督助のパラフィリアは、家庭内のゲーム、老人の楽しみにとどまっているため、パラフィリア障害ではない。

一つ屋根の下に住む嫁に性愛を感じるとは一歩間違えれば近親相姦の危機と思いきや、不能老人の督助は性的関係を結べない。「ネッキング」(『瘋癲』98)と称して、子猫のように嫁の颯子の首筋をぺろぺろ舐めるにとどまる。颯子は、「オ爺チャンノ癖ニ生意気ダワ」(『瘋癲』67)と督助を男として認めていないので平然としている。颯子は、財産を握る家長の督助に三百萬円の猫目石をねだるための計略の一環としてペッティングを許したにすぎない。踊り子だった颯子に学歴はないが、その美貌と才気に長男の浄吉がのぼせ上り、周囲の反対を押しきって颯子を嫁にした。この家に嫁いで二十年になる颯子は、小学生の男児を持つが、夫の浄吉とは寝室を別にする冷えた仲で、TVマンの春久をボーイフレンドにしている。浄吉にも愛人がいるらしいという筋書きになっているので、颯子にとって自分の大ファンである督助は、頼もしい味方であり、卯木家に君臨するための後ろ盾ですらある。

美貌が自慢で、特に足の美しさに自信を持つ驕慢な颯子は、足フェチ(フェティスト)の老人をじらしてからかい、精神的に痛めつけることが趣味であり、性的サディズムの傾向を持つ。性的不能者でマゾヒストの督助老人は、颯子のサディスティックな所が気に入っていて、その傾向をそそのかして助長させ、自分好みの悪女に育ったことを喜んでいる。谷崎の他の作品同様、美女たちはマゾヒストの男性のために悪女に育ち、サディストとしての役割を演じ切る。特に性的不能の督助のような老齢マゾヒストには、妖艶な悪女に痛めつけられることが性的快楽を得るうえで欠かせない。

モシ今ノ世ニオ伝ノヨウナ女ガ現ワレタラ、ムシロソノ女ノ手ニカヽッテ殺サレタ方ガ幸福カモ知レナイ。少クトモコンナ生殺シノヨウナ手足ノ痛ミヲ怺エナガラ生キテイルヨリ、ヒト思イニ残酷ナ殺サレ方ヲシテ見タクモアル。予ガ颯子ヲ愛スルノハ、彼女ニイクラカソンナ幻影ヲ感ズルセイデアロウカ。彼女ハチョット意地ガ悪イ。チョット皮肉デアル。ソシテチョット嘘ツキデアル。(中略)今デモ本心ハ善良ナノデアロウガ、イツノマニカ偽悪趣味ヲ覚エ、ソレヲ自慢ニスルヨウニナッタ。ソウシタ方ガコノ老人ノ気ニ入ルコトヲ看テ取ッタカラデアロウ。予ハ何故カ実ノ娘達ヨリモ彼女ノ方ヲヨリ多ク可愛ガリ、彼女ガ彼女達ト仲良クスルノヲ好マナイ。彼女ガ彼女達ニ意地悪ヲスレバスルホド彼女ニ魅セラレル。コンナ心理状態ニナッタノハ最近デアルガ、ソレガマス／＼極端ニナリツヽアル。病苦ヲ怺エルト云ウコトガ、正常ナ性ノ快楽ガ享受出来ナイト云ウコトガ、人間ノ根性ヲ斯クモヒネクレサセルノデアロウカ。」

(『瘋癲』39―40)

谷崎は、督助老人を性的不能者にして、美人の嫁の颯子は夫と冷えた仲で、しかも夫婦は互いに別の相手がいるらしいという設定にすることによって、舅と嫁の近親相姦の毒を薄めている。谷崎は一般常識を逸脱するアイディアで世間を驚かせるが公序良俗を乱すような行為は描かないという点が、作家谷崎の時代を読み、読者に背を向けられないための思慮と技を備えているところである。犯罪に至らないゲーム感覚で督助老人が老いの情熱を注ぎ、生きる糧にするパラフィリア(変態性欲)の種々の楽しみ方を分析していく。

窃視症(voyeurism、scopophilia)

窃視症は以下のように定義される——「個人的関係のない、他人の、裸体、性器、性交場面、排泄行為など、要するに日常的には秘密に隠されているものや行為を、相手(被害者)の承諾なしに覗き見ることによって、比類ない性的興奮と満足を得るという性倒錯である。(中略)被害者から言えば、これは個人のプライバシーの侵害といえる。そこで、窃視症はパラフィリア(性倒錯)の一種として、性目標の異常の一つに数えられる。俗に、ピーピング・トム、出歯亀などとも呼ばれる。窃視症は、他人の家、浴室、トイレット、脱衣所、寝室、ホテル客室などを、盗み見のために徘徊し、侵入し、また待機する。窃視のためには大きなエネルギーを費やし、法を犯し、自分が逮捕されてその異常な習癖が発覚する危険すら犯す。その行為は、強迫的な衝動に駆り立てられたものとしか言いようがなく、多くのケースでは習慣化、儀式化している。彼らの行為を分析すると、行為が社会的に禁止されていて、発覚の危険があること自体が彼らの性的興奮を刺激しているように見える。これに対して、ストリップ・ショウ、ヌーディスト村、妻の裸体などにおける合法的な観察は、彼らの倒錯的な欲求を決して満足させない」(『現代性科学教育事典』「窃視症」の項目)。

督助の窃視症は、上の定義から見て、合法と倒錯の中間点に位置する。嫁は息子の妻であるので血縁関係から言えば他人だが、同じ住居に住む家族の一員であり個人的関係のない他人ではない。督助は、颯子の入浴を心待ちにして浴室の廻りを「徘徊し、待機し、侵入する」が、颯子の使用するシャワールームは督助の部屋の隣にあって行き来できるように作られている。颯子の入浴を許可するのは家主の督助であり、颯子も挑発するかのように浴室の鍵は掛けないと言う――

「アタシシャワーノ時ダッテ、コヽヲ締メタコトハ一度モナイノヨ。イツモコヽハ開ケラレルノヨ」(『瘋癲』59)。颯子の意味深のそれとなく誘う言葉を受けて督助老人も、「予ヲ信用シテイルカラト云ウノカ、見タケレバ見セタゲルカラ這入ッテラッシャイト云ウノカ、老イボレ爺サンノ存在ナンカ全然問題ニシテナイト云ウノカ、何ノタメニワザ〳〵ソンナコトヲ断ルノカ分ラナイ」(傍点筆者『瘋癲』59―60)と頭をひねり、颯子の次のアクションを心待ちにする。案の定、颯子は時を置いて同じことを繰り返し、我慢できずに覗いた督助にむかって、「何シテルノヨ、ソンナ所デ。オ這入ンナサイヨ」、「這イリタインデショウ」(『瘋癲』66)と積極的に誘い入れる。颯子の裸体を覗き見したいという下心を督助は持っていたが、実行に移す勇気がなくて躊躇していた。すると颯子が察して誘うのだから、見られる側の承諾をとったことになり、プライバシー侵害を颯子自身が許している。

　颯子が督助を誘った理由は、颯子の物欲を主とした征服欲にある。督助はストリップ・ショウの客のようにヌードを見る代金として高価な猫目石を買わされる。督助は、颯子の裸体鑑賞の代償として、颯子の奴隷にされる。颯子は、他人ではない嫁だが、妻のように合法的な観察の対象ではないので、二人以外の者にこの件が知られれば非難の対象になる。しかし、金品の授受が後に発生することから、颯子のヌード覗き見は、半ば理に適ったサービスの色彩を帯びている。合法的である老妻の婆サンのヌードでは興奮しない督助にとって、嫁のヌードは「倒錯的な欲求を決して満足させない」(「窃視症」の項目)どころか、「間違ッテ死ンダトシテモ構ウモンカ」(『瘋癲』96)の快楽である。

不能になった督助は、颯子と愛人の春久が不倫する場面を想像して興奮し、楽しんでいることを颯子に告白する。

「自分デ恋ノ冒険ヲ楽シムコトガ出来ナクナッタ腹癒《はらい》セニ、セメテ他人ニ冒険サセテ、ソレヲ見テ楽シム。人間モモウコウナッチャ哀レナモノサ」

「自分ニ希望ガ持テナイカラ焼ケ糞気味ニナルノネ」

「岡焼キ気味デモアルサ、不便《ふびん》ト思ッテクレ給エ」

「巧ク云ッテルワ。不便ト思ウノハイ、ケレド、オ爺チャンヲ楽シマセルタメニ、アタシガ犠牲ニサレルノハ嫌ダワ」

「犠牲ト云ウコトハナイデショウ、僕ヲ楽シマセルト同時ニ、君自身モ楽シムンジャナイカ。僕ノ楽シミヨリ、君ノ楽シミノ方ガズット大キイ筈ジャナイカ。ホントニ僕ナンカ哀レナモンサ」

「又頬ッペタヲ打タレナイヨウニ気ヲ付ケテ頂戴」

「ゴマカシッコナシニシヨウ。尤モ春久ト限ッタコトハナイガネ、甘利デモ誰デモイ、ガネ」

(『瘋癲』82―83)

「窃視症に共通の特徴は、目を通して合体するというファンタジーである」(『アメリカ精神分析学会　精神分析事典』「窃視症」の項目)から、督助は、颯子と春久との性的場面を夢想することによって、自分が颯子と肉体的に合体するファンタジーを抱いて満足する。督助は、窃視症の典型的な例だが、頭の中で想像するのは法的な罪に問われない。督助の背徳の欲望を告白された颯子も、春久とは不倫関係なので、督助の欲望を他言する恐れはない。谷崎は督助にインモラルな欲望を発散させているが、その実行において法の許す範囲にとどめ、作品を安全地帯に置いている。

フェティシズム(fetishism)

フェティシズムは、「魂のない対象(フェティッシュ)に関して性的衝動や空想が反復し、その物品の獲得、所有、接触、さらには自慰行為に及ぶ性的逸脱である」、「フェティッシュが男性の失われた自信を回復させる一つの再保証である」、「フェティストには、過去において自分を確実に興奮させた状況が確かなもので、勃起を支えるものとして、フェティッシュの存在が是非とも必要である」、「フェティシュが、異性におびえて男性としての能力に自信を持てない男性にとって、不安を回避する役割を持つ」とされる(『現代性科学教育事典』「フェティシズム」の項目)。「最もよく見られるフェティッシュは、足、髪の毛、女性の下着や靴などである」、「フェティシストの習慣やジェンダーは、サドマゾヒズムや服装倒錯のような他のタイプの倒錯と合併していることもある」(『アメリカ精神分析学会　精神分析事典』「フェティッシュ」の項目)。

督助のフェティシズムは、女性の足に集中する。督助は、颯子の小ぶりで美しい足への注目と感嘆に明け暮れる――「颯子ノガウンノ端カラ覗イテイル支那履ノ小サク尖ッタ尖端ヲ見テイタ。コンナニ繊細ニ尖ッタ足ハ日本人ニハ珍シイ」(『瘋癲』56)。颯子は督助が足のフェティストであることを見抜いて、膝から下ならば一度だけ唇で触らせてあげる、舌でなめてはだめよ！(『瘋癲』70)と味見だけさせて督助をじらす。随分無理な注文だ！医者の内診みたいだ！と当惑する督助に対して、「オ爺チャンニハソレガ相当ヨ」(70)、「気味ガ悪イ」(70)から、触ったらすぐにきれいに流すように命じる。颯子は若さと美貌を盾に、督助の老醜と男性機能の欠落をあざ笑う。颯子の誘惑は段々エスカレートして、督助に足をしゃぶることを許す――「彼女ノ脹脛ノ同ジ位置ヲ唇デ吸ッタ。舌デユックリト味ワウ。ヤ、接吻ニ似タ味ガスル。ソノマ、ズル／＼ト脹脛カラ踵マデ下リテ行ク。意外ニモ何モ云ワナイ。スルマ、ニサセテイル。舌ハ足ノ甲ニ及ビ、親趾ノ突端ニ及ブ。予ハ跪《ひざまず》イテ足ヲ持チ上ゲ、親趾ト第二ノ趾ト第三ノ趾トヲ口一杯ニ頬張ル。予ハ土踏マズニ唇ヲ着ケル。濡レタ足ノ裏ガ蠱惑的ニ、顔ノヨウナ表情ヲ浮カベテイル」(『瘋癲』92)。颯子の足しゃぶりの後、極度に興奮した督助は、一時的に血圧が二四五まで上がって、看護婦の佐々木を驚かせる。督助は、死を覚悟しながら、颯子の足をなめ続けたのである――「イヤ、止メヨウト思エバ思ウホド、マス／＼気狂イノヨウニナッテシャブッタ。死ヌ、死ヌ、ト思イナガラシャブッタ。恐怖ト、興奮ト、快感トガ、代ル／＼胸ニ突キ上ゲタ」(94―95)。

督助の美足フェチの源流は、美女と謳われた督助の母の足にある。督助は明治の女で着物を着ていた母の小さい足を愛おしく思っていた――「母ノ足ハ予ノ掌ノ上ニ載ルクライニ小サク可愛イカッタ。ソシテソノ足ヲ畳表ノ下駄ノ上ニ載セテ、極端ナ内股《うちまた》デ歩イタ。（ソウ云エバ夢ノ中ノ母ハ黒縮緬ノ羽織ヲ着ナガラ足ダケハ足袋ヲ穿イテイナカッタ。予ニコトサラニ素足ヲ見セルタメダッタロウカ）明治ノ女ハ美人ニ限ラズ、誰デモアンナ風ニ内股デ歩イタ」（『瘋癲』115）。督助にとって、賞賛すべき女の足の原型は母にあり、それゆえに美しい足を持った美女に、性的能力を失った老年になっても性懲りなく興奮する。

督助の足フェチの頂点は、墓を求めた法然院の墓石に刻む「仏足石の拓本作り」の狂態に見られる。颯子を菩薩と仰ぐ督助は、颯子の姿を姿至菩薩像の代りに墓石に刻もうとするが、技術的に難度が高いため「仏足石」の案に切り替える。仏足石とは釈迦の足の裏の形を刻んだ石で、礼拝の対象とされる。督助は仏足石について、娘の五子に「佛様ノ足ヲ石ニ刻ンダモノダ。オ釈迦様ノ足ハ霊験アラタカナモノデ、佛様ガ歩行スル時ハ足ハ地ヲ離レルコト四寸、足ノ裏ニ千輻輪《せんふくりん》ノ相ガアッテソレガ地ニ現レル。足ノ下ノモロ／＼ノ虫ドモハ七日間危害ヲ蒙ムラナイトシテアル。ソノ足ノ形ヲ石ニ刻ンダモノガ支那ニモ朝鮮ニモ保存サレテイルガ、日本ニハ奈良ノ薬師寺ニアル」（『瘋癲』210）と説明する。仏の足の代りに、颯子の足の裏の拓本を作って、督助の墓石に刻もうとしたのである――「ソノ拓本ニモトヅイテ、颯チャンノ足ノ佛足石ヲ作ル。僕ガ死ンダラ骨ヲソノ石ノ下ニ埋メテ貰ウ。コレガホントノ大往生ダ」（『瘋癲』214）。死んで骨になった後まで、督助は颯子の美しい足に踏みつけられ、彼女の肉体の重みを感じて、痛めつけられる歓びを永劫に感じたい、そうすることによって督助と颯子の魂は離れることなく一体でいられる、という奇怪な妄想を抱いたからである。

タトエバ彼女ノ意志ノ中ニ予ノ意志ノ一部モ乗リ移ッテ生キ残ル。彼女ガ石ヲ踏ミ着ケテ、「アタシハ今アノ老耄レ爺ノ骨ヲコノ地面ノ下デ踏ンデイル」ト感ジル時、予ノ魂モ何処カシラニ生キテイテ、彼女ノ全身ノ重ミヲ感ジ、痛サヲ感ジ、足ノ裏ノ肌理《きめ》ノツル／＼シタ滑ラカサヲ感ジル。死ンデモ予ハ感ジテ見セル。感ジナイ筈ガナイ。同様ニ颯子モ、地下デ喜ンデ重ミニ堪エテイル予ノ魂ノ存在ヲ感ジル。或ハ土中デ骨ト骨トガカタ／＼ト鳴リ、絡ミ合イ、笑イ合イ、謡イ合イ、軋《きし》ミ合ウ音サエモ聞ク。何モ彼女ガ実際ニ石ヲ踏ンデイル時トハ限ラナイ。自分ノ足ヲモデルニシタ佛足石ノ存在ヲ考エタダケデ、ソノ石ノ下ノ骨ガ泣クノヲ聞ク。泣キナガラ予ハ「痛イ、痛イ」ト叫ビ、「痛イケレド楽シイ、コノ上ナク楽シイ、生キテイタ時ヨリ遥カニ楽シイ」ト叫ビ、「モット踏ンデクレ、モット踏ンデクレ」ト叫ブ。（『瘋癲』216）

京都ホテルに一日監禁されて朱色の足の拓本を何十枚も取られた颯子は、ゲームを超えた督助老人の狂気に気づく。一人あわただしく東京に帰った颯子は、夫の浄吉と共に精神科医に対処法を相談する。督助の症状は「異常性欲」だが、精神病ではなく、情欲が命の支えになっているのだから、老患者を興奮させることなく、逆らうことなく、やさしく適切に看護するように、と忠告される。

督助は、その直後に脳血管の痙攣で倒れ、入院生活を送ることになり、颯子の足の拓本作りは中止になる。督助の命を懸けた足フェチは、周囲の知るところとなるが、督助が正常な精神状態でないことが理解されて、モラル上も世間体の上でも不問に付される。谷崎は、老人の奇怪なフェティシズムの欲望を、性的嗜好の中にとどめ、病的なインモラル、犯罪までに広げていない。

サドマゾヒズム(sadomasochism)

サドマゾヒズムとは「サディズム的とマゾヒズム的な願望、ファンタジー、衝動派生物が心の中に共存していること」(『アメリカ精神分析学会　精神分析事典』「サドマゾヒズム」の項目)である。「サディズム」(sadism)は、「性的倒錯の一種で、他者に苦痛や恥辱を与えることによって性的な快感を得るもの」、「サディズムとマゾヒズムは性本能の普遍的な要素であり、両方ともすべての人々に存在する傾向」であり、「サディズムはむしろ、もともとは自分自身に向けられていた破壊的な本能衝動が外界の対象に向けられたために生じる」(『アメリカ精神分析学会　精神分析事典』の「サディズム」の項目)。

「マゾヒズム」(masochism)は、「性的な興奮や満足を得るために、精神的・肉体的な苦痛を求める傾向」、「マゾヒズム的な倒錯では、パートナーによって打たれたり、脅かされたり、侮辱されたりする行為を実際に与えられたり空想したりすることによってもたらされる、肉体的・精神的な苦痛に付随して性的満足がおこる」、「サディズムと対をなして現われ」、「苦痛の中にはある程度の快感が含まれており」、「誰の心の中にも多少のマゾヒズムが潜んでいると推測」される。「マゾヒズムは自己自身に向けられたサディズムである」とフロイトは考えた(『アメリカ精神分析学会　精神分析事典』「マゾヒズム」の項目)。

対をなして現れるサドマゾヒズムは、『瘋癲老人日記』でもサディストの颯子とマゾヒストの督助という二人の対をなす人物によって表される。督助がマゾヒストであることは以下の告白から明らかである。督助は、痛い目に合わせてくれる白くて華奢な美足の美女を性的快楽を得るために必要とする。督助は自分の特殊な病的傾向を自覚している。

オカシナコトダガ、痛イ時デモ性慾ハ感ジル。痛イ時ノ方ガ一層感ジル、ト云ッタ方ガイイ、カモ知レナイ。或ハ又痛イ目ニ遇ワセテクレル異性ノ方ニヨリ一層魅力ヲ感ジ、惹キツケラレル、ト云ッタ方ガイイ、カ。コレモ一種ノ嗜虐的傾向ト云エバ云エヨウ。」

(『瘋癲』37―38)

何ヨリモ足ガ白クテ、華奢デアルコトガ必要ダ。(中略)時ニ依ルト顔ニ一種ノ残虐性ガ現ワレテイル女ガアルガ、ソンナノハ何ヨリ好キダ。ソンナ顔ノ女ヲ見ルト、顔ダケデナク、性質モ残虐デアルカノヨウニ思イ、又ソウデアルコトヲ希望スル。

(『瘋癲』38)

督助は、小足の美女が好きだが、善良な性格ではだめで、残酷で意地悪な方がいい、そんな女にいじめられてみたい、と言っている。性的能力を喪失した現在では、そんな女にいたぶられて死ねたら幸せだと感じる心境である。督助のいじめられたい欲望を実現する小足の美女の颯子は、俗に言う水商売出身であり、男の欲望を操り、男を思うままにすることによって自分を優位に押し上げる才能を持った凄腕の女である。美貌で男を翻弄して泣かせることを快感とする颯子には、もともとサディストの要素がある。颯子がボクシングが好きな理由は、血が流れるのを見ることが快楽だからである。

「血ヲ見ルト多少興奮スルワネ。ソレガ又愉快ナノヨ」

予ハコノ話ノ途中カラ左手ガヒドク痛ムヨウニ感ジ始メタ。而モ痛ムノニ溜ラナイ快感ヲ覚エ出シタ。颯子ノ意地ノ悪ソウナ顔ヲ見ルト、イヨ／＼痛ミガ増シ、イヨ／＼快味ガ増シタ。

………

（『瘋癲』48）

残虐性を好む颯子の話を聞いている最中に、督助は手が痛み出し、颯子の意地悪そうな顔を見ているうちにますます痛みが増すのだが、それがたまらない快楽を生み出した、と言っている。サディストの颯子とマゾヒストの督助は、人前で他人にさとられることなくサドマゾの悦楽を共有して満足する。

颯子にネッキングを許してもらった督助は、その代償として三百蔓円の猫目石の指輪を請求される。法外な口止め料に度肝を抜かれる督助は、「『十五カラット』　例ニ依ッテ忽チ左手ノ疾患部ガ甚シク痛ミ始メル。慌テ、ドルシンヲ三錠呑ム。勝チ誇ッタ颯子ノ顔ヲ見ルト、痛イコトガ溜ラナク楽シイ。隠居所ナンカ作ルヨリコノ方ガドンナニヨカッタカ。………」(『瘋癲』105)と痛めつけられる歓びに身をふるわせる。

　老いて、歯がなくなり、顔の寸法が縮まって醜くなった督助の顔をわざわざ鏡を取り出して「ドウ?　コノ顔ハ?」(『瘋癲』142)といじめるサドの颯子に向かって、マゾの督助は「ツマリ、僕ガ醜悪デアレバアルダケ、君ガ途方モナク美シク見エルッテコトサ」(『瘋癲』143)と自虐的な歓びを隠さない。マゾヒスティックな歓びに満たされた督助は、薬を口移しにもらえないかと甘えるが、「ソノ顔ヲ考エテモノヲ仰ッシャイ」(143)とぴしゃりと颯子からお灸を据えられる。

　性懲りもなく言い寄るマゾ老人のためにサディストを演じる驕慢な颯子は、老醜への攻撃をやめない。散歩の途中で足元のおぼつかない督助は、颯子に腕を組ませてもらえないかと頼むと、「ソンナコト無理ダワヨ、オ爺チャンハ背ガ低インダカラ」(『瘋癲』83)と颯子は相変わらず老人にとって厳しい現実を突きつける。督助は、一人前の男気取りで、颯子と腕を組もうとして蔑まれたのである。督助が老人らしく「腕につかまらせてもらえないか」と頼めば拒絶されなかったかもしれないが、男らしさをアピールしようとした途端に滑稽なほど残酷に一蹴される。しかし颯子が本当は意地悪ではなく、かいがいしい嫁であることは、意地悪の後にステッキを受け取って老人のために道を作ってくれたことに表れている。

颯子と督助のサドマゾ関係は表面的である。老いても家の経済と実権を握る督助は絶対権力者なので、颯子を始めとする家の者は皆、督助の顔色を窺って気遣い、督助を大切にしている。颯子の悪女ぶりは、督助のいじめられたい気分を見抜いたうえで、利口で世慣れた颯子が、督助の気がすむように演技していると受け取れる。経理の才覚がある颯子は、人間関係の駆け引きにもたけている。颯子が卯木家の嫁としての地位を万全なものにするには、家父長の督助の機嫌を取るのが一番であることを知り抜いているからである。颯子の悪女ぶりは、サディズムというよりは、マゾヒストの督助に対する「コケトリー」(『瘋癲』57)と言うのがふさわしい。実の娘の陸子の家の建て増し金二萬円は出さないのに、快楽の口封じに颯子に三百蔓円のキャッツ・アイを買ってやる督助老人は、むごい因業爺さまに見えるが、きわめて合理的な考えの持ち主である。血は繋がっていても何もしてくれない娘よりは、他人でも楽しみを与え、親身になって世話をしてくれる嫁の方をひいきするのは、賢い老人の生き方である。

服装倒錯(transvestism)

「服装倒錯的フェティシズムは異性の服装をすること(cross-dressing)に性的興奮を感じること」、「通常、患者は女性の衣服を集め、それを用いて女装して、自慰行為を行ったり、自分が女性として他の男性を魅了していると空想する」、「こうした患者は、時に同性愛的行為を行ったり、むりやり女装されたいと望む性的マゾヒズムが存在することもある」(『現代性科学・性教育事典』「性倒錯

⑦服装倒錯的フェティシズム」の項目)。

督助には、服装倒錯の経験はないし、女装したいという欲望もない。しかし督助は、作品の冒頭で歌舞伎の「助六曲輪菊《すけろくくるわのもゝよぐさ》」の恋人役の揚巻の美しさを見に行った。

福助時代ノ昔ノ歌右衛門ハイザ知ラズ、近頃コンナ美シイ揚巻ヲ見タコトハナイ。イッタイ予ニハ Pederasty ノ趣味ハナイノダガ、最近不思議ニ歌舞伎俳優ノ若イ女形ニ性的魅力ヲ感ズルヨウニナッタ。ソレモ素顔デハ駄目ダ。女装シタ舞台ノ上ノ姿デナケレバ駄目ダ。ソウ〳〵、ソレデ思イ出シタガ、予ニモ全然ペデラスティーノ趣味ガナイトハ云エナイカモシレナイ。
(『瘋癲』9)

ペデラスティ(pederasty)は、「男性の同性愛、男色、成人男性と少年の間の性行為で、とくに肛門性交を行うもの」を指す。督助は、一度だけ歌舞伎の女形の美少年と床を共にしたことがあると告白する。「彼女、デハナイ彼ニ魅惑サレタ」(『瘋癲』10)ので「舞台デ見タ通リノ女装ヲサセテ、チョットデモイヽカラ一緒ニ寝テミタイ」(10)と言って叶った。相手の美少年は、最後まで男性であることを感じさせずに、女性になりきって普通の方法で床をつとめた。彼はHermaphrodite(雌雄同体)だったわけではなく、立派な男性だったのに、技巧をもって女性の役割を完璧に演じた。奇怪で不思議な経験だったと感慨深げな督助は、花柳病を患っただけあって、若い頃からかなり遊んでいることがわかる。この経験が七七歳になって甦ってきたのを督助自身不思議に思っている。

既ニ左様ナ能力ヲ喪失シタ状態ニナッテカラ、男装ノ麗人ナラヌ女装ノ美少年ニ魅力ヲ感ジ出シタノハナゼカ。青年時代ノ若山千鳥ノ記憶ガ今ニ及ンデ甦《よみがえ》ッテ来タノカ。ドウモソウデハナイラシイ。ソレヨリ何カ不能ニナッタ老人ノ性生活――不能ニナッテモ或ル種ノ性生活ハアルノダ――ト関係ガアルラシイ。

（『瘋癲』10―11）

督助が女装の美少年との秘め事を懐かしく思い出すのは、性行為を生殖の目的から離れた楽しみとしてとらえているからではないだろうか。子を産む機能に安住して、性的魅力の発揮を計算せずに安閑として色気を失った努力不足の女に督助は価値を見ない。セックス・アピールを失った老妻は、「婆さん」あるいは「大婆サン」（『瘋癲』127）でしかなく、颯子と四歳しか違わないのに美しくない娘の陸子は「中年婆サン」（119）もしくは「小婆サン」（127）と呼ばれる。エロティックな幻想を呼び覚まさない、男を魅了できないような女は、女装していても督助にとって女を意味しない。現実の垢にまみれて、美しい幻想から無縁の女に対する督助の冷遇は、マゾヒストを演じる督助の心に同居するサディストの一面の表れである。老妻や娘と違って男の目を意識してきた颯子は、美人に生まれついたが、美貌に溺れず、美しい足を保つ努力、センス良く着飾り、見る者の目を楽しませる工夫を惜しまない。督助にねだった高価な猫目石の指輪も、颯子の美しさを引き立てる小道具として機能する。颯子は、自分の美と若さを保つ努力をしたうえで、女形の歌舞伎役者のように督助好みの女を演じる技巧をもっている。女形も颯子も舞台出身ということが、与えられた役割を演じ、見る者を魅了して視線をそらさない技と力量を持つという点で共通する。美は、元々備わったものではなく、努力と工夫が生み出す技巧であり、演じるものだという督助の考えが、女装する歌舞伎の女形への賞賛の理由ではないだろうか。男でありながら女装という技巧によって完璧な女を演じ切った女形に対して、女の服を着ながら女性美を発揮できない老妻や娘の陸子はその意味で服装倒錯者なのかもしれない。女とみなせない者が女の服装と女の様式をまとっている、という督助の残酷で皮肉な見解が感じられる。

谷崎の他の主人公同様に、卯木督助の女性崇拝は好みの美女に対してだけ向けられ、美を体現できない女には女性嫌悪のまなざしが注がれる。女性蔑視、女性差別の見方であるが、督助はわがままで幼児性の抜けない老人である。気に入らない女性に対する辛辣な態度、その反対に気に入った颯子のような女性に対する偏愛に、督助という男の女性に対する甘えと依存心が反映されている。

露出症 (exhibitionism)

露出症の定義は以下である。

見知らぬ人に自分の性器を露出することに関する性的衝動や性的空想が反復し、この衝動により行為に及んだり、それに苦しむこと。

（『現代性科学・性教育事典』「性倒錯①露出症」の項目）

広義には、自分に注意を引き付ける行為のこと。（中略）露出症はスコポフィリア（scopophilia見ることへの生まれつきの衝動、および見ることから得られる快感）と密接な関係をもっている。露出症は、見る衝動を自己に向け変えたものである。身体の他の部分、あるいは身体全体が性器のかわりをすることもある。行動や達成が性器の代りに見せびらかされることもある。狭義では、露出症は思春期以後野生児の性的倒錯（ほとんどが男性）を意味する。ここでは性器の露出が最終的なオルガズムを達成する手段となっている。

（『アメリカ精神分析学会精神分析事典』「露出症」および「スコポフィリア」の項目）

性機能の低下を嘆く七七歳の督助が「性器を露出すること」はない。しかし「自分に注意を引き付ける行為」を露出症であると広義に解釈すれば、督助は大いなる露出症だと言える。督助は、日記をつけているからである。督助は、「現在ノ予ハソウ云ウ性慾的楽シミト食慾ノ楽シミトデ生キテイルヨウナモノダ」（『瘋癲』27）と日記に書く。督助は、日記を書く目的を書くことに興味があるからであって人に読ませるためではない（『瘋癲』50）と記すが、督助は作家谷崎の分身であるからこの言葉は自己弁護である。督助の日記は、『瘋癲老人日記』と題して出版され、日本中はおろか英訳、仏訳、独訳されて世界中で読まれ続けているからである。老齢の督助にとっての生き甲斐は、正確に言うならば、性欲と食欲、それに書く欲望の三つである。作家というものは、人に読ませる目的で、自分が信じる事実や真実、自分の心の中の妄想を公衆にさらす職業である。督助の歌舞伎の女形とダンサー出身の颯子に対する傾倒と共感は、役者と作家は露出の場面が舞台と紙という媒体の違いはあっても共通点があるためである。役者も作家も素顔で公衆の面前に立つことはなく、必ず化粧をして偽装したうえである役割を演じるが、その芝居または演技には、必ず演じ手の本質あるいは素地が反映され、透けて見える。督助を通じて、老年の性を赤裸々に描く谷崎は、紙の上でヌードになる度胸と覚悟を備えていた。『瘋癲老人日記』は、「はしたない」と敬遠される作品かもしれないが、谷崎の勇気を讃えるファンも存在する。

『鍵』は中年男女の性生活だが、『瘋癲老人日記』は老人のそれを扱っている。七十七才になる老人の性をこれほど克明に描いた小説は、世界中にこの谷崎の『瘋癲老人日記』しかないと言われる。それも谷崎一流のユーモアで描かれている　（達人倶楽部 243）

Fūten rōjin nikki is driven by the earthy vigor of the narrative voice, with its Rabelaisian affirmation of appetite, its self-irony and its humor. (Ito 241)

『瘋癲老人日記』は、ラブレー風の欲望の肯定、自己に対する皮肉な見解とそこから生まれる

ユーモアをもつ語り手によって、物語は素朴に生き生きと語られる。（イトウ　拙訳）

Diary of a Mad Old Man is a wonderfully comic work. Like many other great artists, Tanizaki ended his career with comedy. (Keene 20-21)

『瘋癲老人日記』は、驚くほどすぐれた喜劇である。多くの偉大な芸術家と同じく、谷崎もコメディーをもって自己のキャリアを完結したのである。（キーン　拙訳）

谷崎七十五歳、昭和三十八（一九六三）年に「中央公論」に発表された『瘋癲老人日記』は翌年一九六四年に「毎日芸術大賞」を受賞しているので、一般的に認知され評価された作品ではある。谷崎執筆の二年前の一九六一年に、川端康成の『眠れる美女』が出版されているので、老人の性を扱った文学が谷崎以前に存在しなかったわけではない。

川端の『眠れる美女』が幻想的なエロチシズムとデカダンスで覆われているのに対して、谷崎の『瘋癲老人日記』は、老人の日常生活のこまごましたことが書かれていて非常にリアルである。しかし、川端の『眠れる美女』は、幻想的に見えて、実は読者が思っていた以上にリアルな現実であったかもしれないことが川端の死後に想像される。それに比べて、現実的生活と感覚の上にどっしり構えて書かれたように見える谷崎の老人の性は、しかしそれでも意外なまでに谷崎独自の幻想に彩られている。

日本文学を代表する世界でも稀な老人の性を描いた谷崎と川端の二作品の大きな相違点は、ユーモア感覚の有無である。川端の『眠れる美女』は、死と向き合う老年の生と性の壮絶な格闘と悲壮感が漂う。谷崎の方は、死を身近に感じて、幾度も死に対峙しているのに、飄飄としてユーモラスである。老人のおぞましい性欲を赤裸々に描いているのに、嫌悪感を上回る滑稽さが作品の深刻なテーマを受け止めやすくしている。谷崎のユーモアは、誰もが経験したことがあるような家族間のいさかいや、勢力争いを悲喜劇的に描いている。督助は、颯子が可愛がって車の助手席に乗せるコリー犬のレスリーにまでやきもちを焼く。老いて醜い督助と違って、犬は顔立ちが貴族的でノーブルなのが癪に障る、と書くところなどおかしさを禁じ得ないが、あこがれの相手に対してそういう気持ちになるものだと納得させる。健康に問題を抱えながら依然として家族の中心に坐する七七歳の督助は、谷崎の変装した自画像に違いなく、自己批判をこめて老いのなさけなさと醜さをおもしろおかしく描くところが共感を呼ぶ。谷崎は老人の変態性欲《パラフィリア》という不気味なテーマを扱っているのに読者が楽しめるのは、谷崎の自虐的なまでに冷酷な自己観察と客観化による戯画化の技ゆえである。いずれにせよ作家は、怖いもの見たさの「覗き見」趣味の読者の欲望に応えるべく、自分の恥部を露出する勇気と欲望がなければ務まらない生業である。

エロスの女神・颯子

颯子は、督助のエロスの女神である。不能になった老人督助の性的幻想を喚起し、性生活と創作活動を支える愛の女神である。フロイトは、エロスを「性本能と自己保存の本能を含む生の本能」と呼んだ。フロイトは「芸術は性愛の直接的な満足を断念し昇華させたものであり、美とか魅力はもともと性愛の持つ性質からくる。このようにエロスという言葉には、精神的な創造活動のエネルギー源という意味も含まれている」(『現代性科学教育事典』「エロス」の項目)と考えた。督助は、颯子がいなければ生きていけない。「颯チャン、颯チャン、痛イヨウ!」、「颯チャン、颯チャン、颯チャンタラヨウ!」(『瘋癲』157―158)と小児が母を求めるような督助の泣き声は、颯子が督助にとって生活していくうえで母だからである。乳飲み子が母に頼って生きるように、督助も颯子にすがって、生と性を継続する。母である颯子は、マゾヒストの年老いた我が子の機嫌をとるためにサディストを演じる――「アタシノ掌《てのひら》ハヨク撓《しな》ウノヨ、ホントニ打ッタラ眼ガ飛ビ出ルホド痛クッテヨ」(『瘋癲』70)とやんちゃ息子をたしなめるように叱ると、督助のマゾの欲望は舞い上がる。死んだ後まで颯子のエロスに包まれて見守られたい督助は、墓石に颯子菩薩の足痕を仏足石として墓石に彫刻しようとする。

しかし、颯子はエロスの女神ではあるが、死の女神は兼任していない。その点が谷崎の他の作品の悪女たちと颯子は違う。颯子の媚態に異様に興奮した督助は、血圧が急上昇して幾度か生命が危うくなるが、颯子は督助の生命を決定的に奪うようなへまはしない。颯子は菩薩に祭りあげられ、足の拓本をとろうとする督助の狂態に不安を感じ、素早く姿を消して敏速に適切な処置をとる。颯子は、督助を誘惑するが、エロスの女神を演じることに熱心なのであって、督助を死の旅に誘うことは決してしない。督助が颯子のエロスのためなら死んでもいいと思ったとしても、見かけによらず良識派で現実感覚豊かな颯子はゲームの域を逸脱した悪事には手を染めない。颯子は、コケトリーをふりまくエロスの女神、芸術の女神のミューズであっても、死の女神ではない。では谷崎作品に必ず登場する本物の悪女、つまり死の女神は誰なのだろうか？　それは卯木督助の長女で、京都南禅寺の名家に嫁いだ城山五子である。

死の女神・五子

卯木家の長女・城山五子が死の女神である第一の理由は、督助が死後眠る墓の決定におけるキーパーソンだからである。五子は、督助が嫌いな東京の多摩墓地の墓を廃して、京都に墓地を移す計画を積極的に手際よく助ける。京都の寺に詳しい五子は、督助好みの昔の江戸の風情があって、都会の喧騒を逃れかつ地の利がよい墓地として法然院を薦める。京都の地に不案内な督助は一目で法然院を気に入るが、五子はそこの住職の了解をとっていて、墓地購入及び卯木家の墓建立の下地を整えていた。

五子が督助にとって死の女神である第二の理由は、五子が督助を怒らせた結果、督助は発作を起こしてあわや死にかけたからである。嫁の颯子が督助の寵愛を受けていることを快く思っていない五子は、弟の浄吉と颯子の仲が冷えていて、颯子と春久は不倫関係にあり、浄吉にも愛人がいるらしいことを公然と非難する。督助の心には、五子に対する憎しみが沸き上がり、督助は憤怒のあまり体調を崩す。

コノ女ニ対スル云イヨウノナイ忿懣ト憎悪ガ予ノ胸ノ中ニ渦ヲ巻イテ沸キ上ッタ。予ハモウ少シデ怒号スルトコロデアッタガ、怒号シタラ動脈ガ破裂スルノヲ怖レテ、辛ウジテ怺エタ。椅子ニ掛ケテイテモ予ハ眼ガ晦《くら》ンデ倒レソウニナッタ。予ノ血相ガ変ッタノヲ見テ五子モ青クナッタ。「止メテクレ、ソンナ話。止メテ帰ッテクレ」予ハ出来得ル限リ声ヲ低メテ顫《ふる》エテ云ッタ。何故ニ予ハアンナニマデ怒ッタノカ。思イモ寄ラヌ秘密ヲ不意ニ彼女ニ発《あば》カレタ、メカ、自分デモ疾ウカラ内々ハ気ヅイテイテ、強イテ気ヅカヌ振リヲシテイタノニ、コノ古狸ニ突如素ッ破抜カレタ、メカ。（『瘋癲』224）

周囲の必死の介護と、颯子に再び会いたいという老人の生きる意欲が死にうち勝ち、督助はめでたく生還する。医師の記録にも督助が脳血管の発作を再発したのは「患者の嫌いな娘と論争した」（『瘋癲』232）ことがきっかけになったと書かれている。

督助の幻想を紡ぐ手伝いをしてくれる美女の嫁の颯子とは対照的に、長女の五子は現実的で、遊び心がなくユーモアもゲーム感覚もない。意地悪のふりをして督助の意を迎えるよう気遣う颯子と違って、娘の五子は気遣いも色気もない小婆さんであるから、督助は次女の陸子と同じくらい嫌っている。五子は、颯子が演出してくれたエロスを現実の冷たい手で壊す督助の空想に対する死の女神である。

しかし、入院後、手が不自由になって日記を書けなくなった督助の記録は、看護婦の佐々木と勝海医師の日記に続いて、最後は五子の手記が締めくくる。娘の五子の記述は、督助老人の状態を内と外から客観的にとらえて分析する。督助の幻想を退け、老いの実態を冷静に記す五子の手記が督助老人の実態を淡々と正確に語る。督助が倒れてから、エロスの女神の颯子は過度の刺激を与えるのを恐れ、遠慮して以前のような挑発はできなくなった様子である。督助の願望に背いて、宿命の女《ファム・ファタール》の座に最後に居座るのは、エロスの女神颯子ではなく、怜悧なまなざしで冷たい現実をみつめ、性の幻想に遊ぶ督助の心を殺す死の女神・五子である。エロティックな颯子像は、督助老人の思い込みからくる妄想だったかもしれないと五子の手記は匂わせる。プール作ったってお爺チャンはどうせ外に出られないんだから、と言う颯子の言葉に対して息子の浄吉は、「約束通りプールの工事が始まっているのを、眺めるだけでも親父の頭にはいろ／＼な空想が浮ぶんだよ」(『瘋癲』241)と答える。

「瘋癲」には、「精神の状態が正常でないこと、精神病」の意味がある。「パラフィリア」も「性的ファンタジー」あるいは「性的幻想」が引き起こす一つの症状である。卯木督助の日記は、精神の均衡を欠いた老人による病的な性的ファンタジーが紡いだ産物だということになるかもしれない。しかし性に対して繁殖の目的を超えた幻想を持ち、あこがれるのは人間にしかできないことである。

性的能力を失っても性への幻想とあこがれを抱き、己の生を託せる老人督助は究極のロマンチストである。

映画版

(1)『瘋癲老人日記』

日本での映画版は一本のみ

『瘋癲老人日記』の日本での映画化は、二十一世紀の現在まで一九六二年の若尾文子と山村聡の共演版だけである。作者の谷崎が存命の頃に比べて、急ぎ足で老人大国の道をたどってきた日本だから、老人介護の問題、老人への対処の仕方、老人特有の性の問題など参考にすべきことも、興味深いことも多いのに、なぜかこれ一本にとどまっている。『瘋癲老人日記』というと、老人の変態性欲を描いた作品だという固定観念が染みついて敬遠されているのか？ あるいは観客を納得させる見苦しくない演技を披露できる名優に恵まれないのか？ これほど興味深いテーマはそう簡単には見当たらないのに不思議である。

抑制された老人のパラフィリア度

映画版『瘋癲老人日記』は、原作の意図とあらすじにほぼ忠実と言ってよいが、小説よりは老人のパラフィリア度は低めに描かれている。シャワールームで颯子の足をなめて興奮する老人、颯子の許しを得てベッドルームでネッキングをする老人の姿はすべて原作に忠実に描かれているにも関わらず、エロスの危険な香りも危うさも漂わない。よぼよぼの半ボケ老人が、若い女にまとわりついてうるさいとこづかれても、よだれを垂らして喜んで女をなめまわす幼児かペットの愛犬にしか見えない。当時五十代前半だった山村聡が、老け役として二十数歳年上の督助を演じたが、あまりによろよろしすぎている。督助は、一人では足元がおぼつかなくて、杖をつくか、両脇を家人か使用人に支えられなければ歩けない。督助は、一人では行動できなくて、常に家の者かお手伝いさんの目の届くところにいる。入浴も一人ではできない。督助が一人でいるのは、書斎で日記を書く時だけである。昭和の資産家の男性は、総領息子として生まれると、幼少時から家の中では何もしないですむ甘やかされ放題が当然のことだった影響もある。家父長として一家の経済を握り、強大な発言権を持つのに、家では自立できないわがまま爺さまでしかない。七十七歳の男性は、昭和中期にはかなりの年配者だと見なされ、個人差はあっても今の同年配の人より肉体的に老けていたのかもしれない。

『瘋癲老人日記』
監督：木村恵吾、製作：永田雅一、原作：谷崎潤一郎、脚色：木村恵吾、撮影：宗川信夫、音楽：小川寛興、美術：柴田篤二
キャスト：山村聡、東山千栄子、川崎敬三、若尾文子、村田知栄子、丹阿弥谷津子、石井竜一、倉田マユミ、葵三千子
1962年、配給：大映、98分
DVD発売：角川エンタテインメント

督助老人は、食欲と性慾によっ

て生かされていると言うが、山村聡の演じる老人の老醜はそれほどひどくない。原作よりきれいで、同情を呼び、ある程度共感できる弱々しい老人に見える。ただ老妻と娘にとっちめられて「颯子にやる金はあっても陸子にやる金はない」と啖呵を切るところは、横暴な家父長の貫禄を見せつけている。山村聡が演じるので、老人は根が清潔で知的な感じがする。颯子にまとわりつくだらしない所作をしても嫌らしさやあくどさが希薄で、老いの滑稽なみじめさのみが際立ち、目を背けるような汚さが皆無なのできわめて映像向きの役作りである。山村聡だから観客が租借できる瘋癲老人を演じられたといえる。山村の老人は、奇行の目立つボケ老人であっても、特別変態老人というふうには見えないので、観客も原作ほどの衝撃は受けない。

若尾文子の颯子は、さばさばしたプラクティカルで現代的ビジネス・ガールに見える。ダンサー出身だが、美貌と才気で大家の若奥様の座を射止めた女の小賢しさ、計算高さとちゃっかりした感じを上手に演じる。洋装も和装も似合う若尾の艶やかな容姿によって妖艶さに不足はないが、色気過多になってはいない。督助が夢想するような濃密な愛欲を発散する悪女には見えない。颯子にとって女の美は、生活の糧であり、生きていくための武器であることがよく理解できる演技である。若尾の颯子は、きわめて現実的で有能で贅沢好きで、虚栄心の強い上昇志向の普通の女である。原作の卯木颯子の正体も本当のところはそんなものかもしれないので、ふさわしい役作りである。若尾の登場は、自宅前に自家用車が止まると扉が開いて、真っ赤なドレスを着た颯子の美しい足が見える場面からである。颯子は、場面に応じて黒地に赤い模様が付いた胸が大きく開いたサンドレスの誘惑的装い、真っ赤なひらひらしたブラウスに黒いスカート、グリーンのバスローブ、しとやかな着物姿、老人の病床では白の清楚なスーツを着こなし、老人の目のみならず観客の目も奪う。老いて自制心がなくなり、子供にかえった督助老人が、颯子に甘えてまとわりつくのも自然なことだと思わせる。呆けた老人としっかり者の美人の嫁の組み合わせが、映像の中のパラフィリア度（変態度）を低めに抑制している。督助老人の老年期の変態性欲は、嫁に過度に甘える高齢者の域を出ない。老人と嫁の間の危ういはずの性的遊戯には、危険な背徳の香りはほのかに漂う程度である。

堅固な家制度に守られた家族劇

督助老人が小説ほどは変態性欲《パラフィリア》度が高く見えないのは、老人と嫁の颯子との関わり合いが、映画では家族という枠組みによりしっかりと組み込まれているからである。老人と嫁の関係以前に、使用人と雇い主、老夫と老妻、父と息子、父と娘、祖父母と孫などの家族関係が丁寧に描かれている。映画では、まず卯木家のまわり、庭にいる犬と使用人を映してから、家族が次々と顔を出し、颯子夫人が車を降りて美しい足を見せ、最後に喜寿の祝い会場に出向く督助老人が姿を現す。映画は、建物である家とそこに住む家族をまず描き、颯子と老人をその後から映す手順を踏むことによって、老人と颯子の物語は由緒ある卯木の家の中で起こった家族劇という体裁をとる。言葉を変えるならば、裕福な土地地主としての階級、使用人を大勢抱えて安泰に住まう三世代に渡る大家族という背景があってこそ、督助老人のパラフィリア嗜好が発揮でき、家族の枠内で許されるという前提と社会的仕組みを暗示する。

冒頭の場面でお手伝いの少女が、コリーに餌をやるが、昭和中期に高価な洋犬を飼える家は珍しかった。しかもコリーはりっぱな犬小屋に住んでいる。この犬が颯子夫人お気に入りのレスリーなのだが、映画では残念なことに犬舎から出て、車に乗っている颯子の横に座ることも、庭に出た老人に飛びついて怪我をさせることもなく、姿を見せるだけに終わっている。

金持ちの家にふさわしく、卯木家は多くの使用人を抱えている。督助老人の世話をする看護婦の佐々木、お静を筆頭に幾人もの家政婦、お抱えの運転手がいる。雇われ人は、台所で食事をして、風呂場は主人筋とは別であり、それぞれ個室をあてがわれている。主人抜きの使用人たちの会話、噂話、旦那様、若旦那様、奥様、若奥様に対する評判や不満も台所内でささやかれる。

不労所得を有する裕福な男性に対して、「浮気は男の甲斐性、金のない男に女遊びはできない」という古い考え方が卯木家では健在である。卯木家特有の革新的なところは、家長と夫が許せばそのルールを女の颯子も利用できることである。督助は颯子に気があるので、颯子が息子の妻であっても自由奔放な方が都合がいいので咎めない。庶民階級出身の颯子は、家計費の浪費には厳しく目を光らせるが、裕福な家の若奥様の地位を利用して富の力を存分に楽しんでいる。昭和初期に運転手付きの自家用車を持ち、喜寿の祝いに熱海の旅館に一族で集まり、家の庭にプールを作れる財力は、庶民とは程遠い。贅沢が日常である卯木家の人々は、家庭を壊さなければ浮気には目をつぶる。家という枠組みを守って生きるかぎり、家族にはある程度の自由は許されている。今日のような核家族と違って、配偶者の浮気が発覚すると離婚になり、一家離散で子供も親子もばらばらになる、という事態には至らない。家の体面と規律を維持していれば、堅固な家族制度の元に家族は結束している。颯子も督助と二人きりになると我儘の言いたい放題のサディストになるが、人前では督助を敬い、甲斐甲斐しく世話する良い嫁を演じる。いや、颯子のいい嫁ぶりは見かけ倒しではなく、本当なのかもしれない。督助の寝室での颯子の横暴な振る舞いも督助の意をくんで演技しているのかもしれない。

老人医療

一人で身の回りのことができない督助は、老妻が寝込むようになっても家族制度に守られて家で療養することができた。家政婦は家にいる、看護婦もいる、医師も往診してくれる状況であり、高度な医療を受ける時だけ入院すればよかった。現代では、金持ちでも使用人を何人も抱え、看護士を在宅させることはむずかしい。妻が倒れたら介護する人がいなくなり、息子夫婦とは別居だから、老人ホームから入院という選択肢しかない。在宅療養を望む老人も多いが、贅沢な選択になる。在宅介護でも督助の家では老々介護、共倒れの悲劇は起きない。

老妻はタイル張りの風呂場で転んで寝込み、高血圧なのに美食家で運動不足の督助は不健康で、興奮するとめまいがして倒れ、リュウマチ性の神経痛で苦しみ、高齢者が気を配るべき症状が克明に記されている。特権階級に属する督助ではあるが、現代の老人医療において思い当たることが多く描かれている。

督助のパラフィリアの症状は、六十年近く前の日本では、ショッキングな変態行為と受けとられたであろう。しかし高齢者を多数抱えるようになった二十一世紀では、認知症にかかって元気な時と大きく人格が変わり、異常な行動をとる老人の例が広く知られる。現在では『瘋癲老人日記』は、特殊な老人の話だと受け取られない。督助の常軌を逸した行動は、脳科学および老人医療の側面から興味を持たれる症例ですらある。

現在は老人になっても性への関心がなくならないことは認識されている。老いたからこそ、先がないと刹那的な気持ちになる、あるいは若い頃の抑制が外れて性に正直になる場合もある。老人の恋愛を「おじいちゃんの癖に生意気だわ」と言えない時代になったのである。しかし督助のように周りから大切にされて、好きな女性に我儘を聞いてもらえる老人は、マゾヒストとして痛めつけられているどころか実はたいへん幸せな部類に属する小数派だといえる。督助は、ただの老人ではなく、卯木家の権力と金力を備えた家父長だからである。

原作の効果的換骨奪胎

原作では、長女の五子は現実しか見ない無味乾燥な女だが、しっかり者で督助の最後を演出する死の女神だと考えられる。映画でも五子はお茶ノ水女子大学卒業の才媛で、計画性がなく系統立てて話のできない次女の陸子とは違う存在として描かれる。

映画は、谷崎の小説の筋と意味合いを忠実に伝えながら、時間の制限と効果的な映像表現を目指して巧みに換骨奪胎したシナリオによって完成度高く仕上がる。颯子の子供の孫の経助が見舞いに来て督助を心ならずも泣かせるのは小説では寝室であるが、映画は散歩の途中に置き換え、小説ではTVマンの晴久を映画は督助の甥に変える。口うるさい老妻は小説では最初は元気だが、映画は風呂場で転んで寝込んだ状態から始める。小説の督助好みの料亭通いは、映画は孫が司会を務め孫娘たちが琴を奏でる喜寿の祝いの席に、墓地を決めに行く京都の宿は小説では京都ホテルだが、映画は和風旅館に変更する。最後の場面は小説では颯子と浄吉の督助の空想に関する会話だが、映画は颯子の足の拓本を部屋で並べて満足する督助の姿に変えて、映画独自の表現に成功している。

(2)『TANIZAKI 吐息』

生を継続するために性にしがみつく老人のあさましく、滑稽で切ない姿は、イスラエル版『瘋癲老人日記』にも忠実に踏襲される。物語の背景は明確にされないが、欧米のどこかであろう。マルセル老人は使用人を幾人も抱える裕福な邸宅に住む会社のオーナーという設定である。

スポーツに親しむ老人

マルセル老人は、西洋の上流階級では一般的なスポーツのテニスを日常的に愛好している。神経痛による左手の痛みにもかかわらず、マルセルは若い嫁シモーヌと対戦できる腕前を保っている。

車椅子で家の庭を散歩することはあっても、スポーツを欠かさない。日本の有閑老人の督助は、まったくアスレチックではなく、食べることと歌舞伎鑑賞に明け暮れて、体を使うのは散歩と書斎での日記書きの時だけだった。原作の督助は、欧米の富裕階級の年配になってもスポーツをたしなむマルセルの習慣を持たなかった。

映画の冒頭でシモーヌがねだるプール建設は始まっていて、最後の場面では水着姿で華麗な泳ぎを誇らしげに披露する水中のシモーヌが映し出される。泳ぐシモーヌはマルセル老人の幻想なのか、実際にプールが完成して泳いでいるのかは判然としない。日本の原作から考えると夢想だろうが、この映画の展開からは現実である可能性が高い。庭にプールを持つことは、一九六〇年代の日本では夢のような話だったが、欧米の金満家にとってはふつうのことである。テニスコートに加えて、

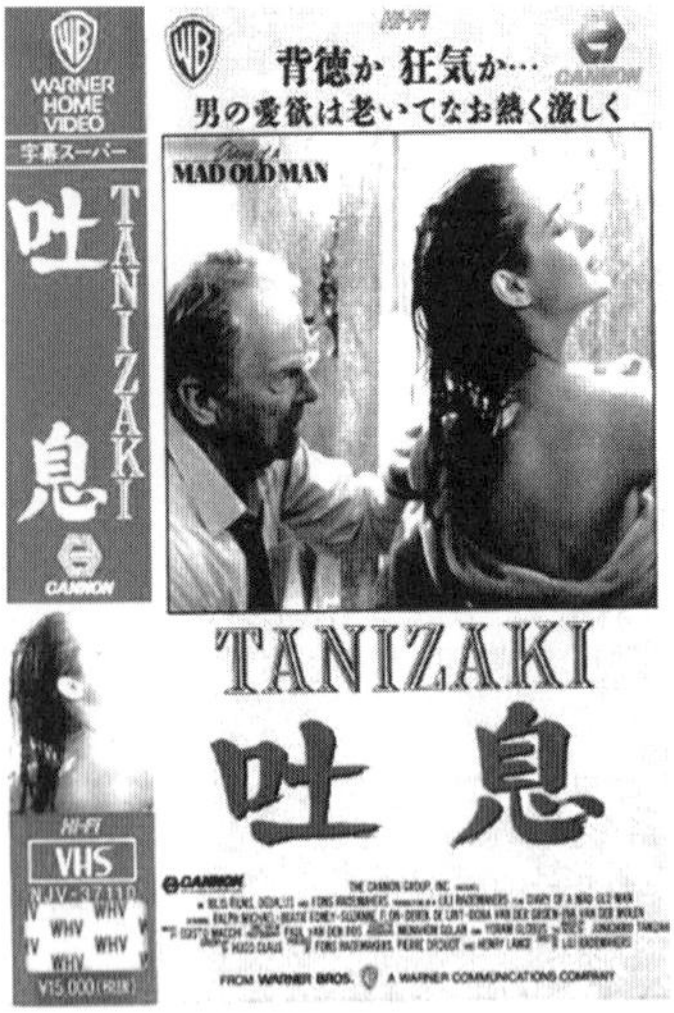

『TANIZAKI 吐息』
原題：Diary of a Mad Old Man
製作総指揮：メナヘム・ゴーラン、ヨーナム・グローバス、製作：フォンス・ラデメーカーズ、ピエール・ドルート、ヘンリー・ローンギ、監督：リリ・ラデメーカーズ、脚本：ヒューゴ・クラウス、撮影：ポール・バン・デン・ボス、音楽：エジスト：マッチ
キャスト：ラルフ・マイケル、ビーティ・エドニー、スーザン・フロン、デレク・デ・リント、ステフ・バーイエンス、ドラ・バン・ダー・グローン
1987年、製作国：イスラエル、94分
英語版、VHS販売：ワーナー・ブラザース ホームエンターテイメント

次に自宅にプールを開くのはマルセルのような有産階級の者にとって特別贅沢なことでも驚くことでもない。自宅にプールを！の発想は、日本よ

りも欧米において無理なく許容される。谷崎が当時の作家の中では、純日本風を好むと同時に欧米流のハイカラな生活様式にあこがれていたから考えついたアイディアであろう。ただしイスラエル版でもプールで泳ぐのは、シモーヌを始めとする若者に限られ、マルセルと老妻デニースは泳がないことになっている。裸体を人前にさらすのは、谷崎の美意識からすると老人には似合わないからであろう。

老妻デニースの死

日本版は小説でも映画でも、老妻は後半あるいは最初の時点で寝込んでいるが、ともかく最後まで生き延びて、うるさく老人を干渉して見張り続ける。イスラエル版でもマルセルの娘の家の建て増し資金の無心に付き合い、その後もマルセルの嫁シモーヌへの猫目石の指輪プレセントに目くじらをたてる。しかし、イスラエル版は、老夫人が老人マルセルよりも先に不調を訴えて、冷蔵庫の前で倒れて急死する。老婦人の葬儀に、マルセル、息子夫妻と孫、娘たちや関係者が参列する設定である。

老婦人の急死後、それまでおそるおそるシモーヌに色目を使っていたマルセルの行動が一挙にエスカレートする。葬式の時、シモーヌに料理をスプーンで幼児のように口を開けて食べさせてもらった時から、マルセルがシモーヌに執着する度合いは急激に増していく。怖いものがなくなったマルセルは、工事中だからとマルセルの部屋のシャワーを借りにくるシモーヌを捉えて、背中にしがみつき、キスを迫る。シモーヌの美しい足を焼き鳥の串をなめるようにしゃぶる。できるだけ多くの時間をシモーヌと自分の浴室で共有したいマルセルは、工事人に心づけをやって暇を出し、シモーヌの家の浴室工事を中断させる。

シモーヌは、マルセルの甥ハリーを愛人にしている。若い二人がマルセルのシャワー・ルームでセックスしているのを、マルセルはすりガラス越しに眺めて楽しむ。シモーヌの夫フィリップも、シモーヌ同様バレリーナの愛人がいるので、お互いさまなのである。しかし、マルセルの妻デニースを早めに死なせたのは、老齢者の死への接近を印象づけるためだったのか、あるいはマルセルの不貞行為への非難を和らげるための配慮なのか、どちらかあるいは両方なのかはわからない。日本版のように妻が健在の方が背徳と悪徳の美味は増すのだが、ユダヤ・キリスト教の文化では婚姻の道徳律は日本より厳しいのかもしれない。日本の督助は、老妻にねぎらいの言葉をかけることはなく「婆サン、大婆サン」と煙たがるだけだが、マルセル老人は、デニースと同じベッドに休み、やさしい言葉をかけて、老妻を遠ざける素振りは見せない。日本と欧米の夫婦のあり方や習慣と常識は違うのである。

家族の一員としての犬

犬のレスリーは原作の小説では、当時の日本の慣習に従って家の外で飼われているが、颯子の寵愛を受けて一緒にドライブし、要所に顔を出して、存在感と個性を持たされている。それに引き換え、日本映画の犬は、家の外の犬舎にいるだけで動かない装置に等しい存在である。欧米では犬は家族の一員として家の中で過ごすためイスラエル版映画の犬はダンと名付けられて、画面の端々に登場する。食事中にマルセル老人の隣に座っておこぼれをもらい、頭を撫でられる。犬が庭で散歩中の老人に突然怪物が襲い掛かるようにじゃれて飛びつき、老人が転倒する滑稽な場面もある。また器量よしの犬にたいする老人の嫉妬心は、老人の目の前でシモーヌが犬に口移しでクラッカーを食べさせる見せ場に現れる。犬を身近においている欧米文化では、映像化において犬が日本映画よりも活躍の場を与えられており、それゆえに原作により接近している。

日本のイメージを洋風仕立てに改変

「サロメ」——日本の原作小説では、督助が家族連れで歌舞伎を楽しみ、女形への憧憬と賛美を日記内で語るが、イスラエル映画版は、歌舞伎をモダン・バレエに変更する。マルセルがサディストだと信じるバレリーナ出身のシモーヌは、出し物の内容に満足である。中東風衣装をまとって踊る美女の脇に長髪の男の首が転がることから、バレエ『サロメ』が上演中なのがわかる。勝ち誇ったシモーヌの顔を見たマルセルは、なぜか気弱になり、よろけながら客席から退散する。ヨカナンの首がマルセル自身であり、サロメはシモーヌだと感じたためであろう。『サロメ』はサドマゾの極致を描いた作品であり、サロメが踊りによってヨカナンの首を勝ち取るので、踊り子だったシモーヌの危険な性向と勝利を暗示して秀逸な選択である。

「冷酷な女たち」――マルセルは督助同様、冷酷な女たちを怖がりつつ本当は大好きなのである。マルセルがリビングルームでくつろいで家族と観るTVには、ハリウッド女優ジョーン・クロフォードが恐い顔をして、大きな目をかっと見開き、勇ましく銃をかざす画面が映っている。マルセルは、クロフォードの顔を無言でしげしげと見つめるが、こういう怖い美女にいじめられたいのではないかと想像させる。マルセルはシモーヌを伴って高級ブティックを訪れることが多々ある。ファッション・ショーの美しいモデルたちの無表情できつい顔立ちを見て、マルセルは「冷酷な顔をしているところがいいね、冷たくされるほど魅せられる」とつぶやく。たしかにＣＭのモデルや映画女優と違って、服のモデルは何を考えているのかわからない無表情と冷たさがある。彼女らに鞭を持たせればマルセル好みのサドの女王に変身することであろう。

「シモーヌの足の拓本」――マルセルは、原作とおりに嫁シモーヌの足の裏の拓本を作る。妻の墓参りに行った時に彫刻家から日本の朱色の手形を見せられ、日本の奈良の薬師寺には仏足石がありがたく奉納されていることを聞く。自宅に戻ったマルセルは、さっそくシモーヌの足型を何十枚もとる。疲れ果てたシモーヌを相手に老齢のマルセルは、根をつめた作業の後にシモーヌの足もとにひざまずく。マルセルが朱で染まったシモーヌの足をぬぐう姿は、イエス・キリストの足を自分の髪でぬぐって清めたマグダラのマリアの愛と献身を思わせる。狂った滑稽な場面ではあるが、ユダヤ・キリスト教文化では、マルセルとシモーヌのエロティシズムが、神聖な宗教的イメージを喚起させる。しかも奉仕する者(女性のマグダラのマリア)と奉仕される者(男性のキリスト)のジェンダー（性役割）の逆転は、神聖なエピソードのすぐれた戯画化である。日本のイメージを西欧流に置き換えたことによって、新たな楽しい遊びを付加した良い例である。

老人のエロティシズム

谷崎の原作の督助老人は、子供じみたフェティッシュな行為を実行するが、言葉で猥褻な言葉を周りの人々に直接的にぶつけることはしない。老人のエロティックな幻想や欲望は、活字の形ですべて日記にしたためているから直接口に出す必要がないのである。

しかし映画になると日記に記された活字に頼ることはできないので、役者のせりふの中に組み込むことになる。日本映画版では、督助は未亡人の佐々木看護婦に向かって「ご主人が亡くなってから一人でいる君は、そっちの方はどうなっているのかね？」と露骨に聞いている。現在だったらセクハラ、パワハラとして訴えられる言葉だが、この当時の男たちのそういった言動は大目に見られていた。まして督助は病気がちの老人であるから、看護のプロの佐々木がその程度のことでひるむことはない。

イスラエル映画版では、マルセル老人は、嫁シモーヌに向かって彼女の愛人ハリーを指して「ハリーはいい鼻をしている。きっとあそこも大きいだろう」と好奇心とジェラシーを露わにはしたないことを言う。シモーヌは、「あなたはいやらしいお爺ちゃんよ」（“You're a Dirty Old Man”）とあきれながらも老人の心の底を見透かして諭すように答える。ブルネットのシモーヌは、ブラック・オーキッドのような妖しくなまめかしい光華を放つ。それに比べてマルセルはしなびた干物のように生気がない。いやらしくなった老人をどうあやすか心得たシモーヌの巧みな反応である。日本映画では佐々木看護婦は聞こえないふりをして無視するので、督助の側もリアクションを起こさない。しかしシモーヌに叱られたマルセルは、好きな女の子の関心を引いて嫌がられたいたずら坊主のように言葉で痛めつけられて嬉しそうである。またマルセルは自分のことを棚に上げて、シモーヌに「あれはタマが一つしかない男さ」など男性機能に対するあてつけを言いたがる。不能になった老人の屈折した心理が、嫉妬と侮蔑の複雑な混合の形をとって若いシモーヌに投げつけられる。マルセルはセクハラ発言によってシモーヌが呆れるのを楽しみ、老いた男のストレスを発散する。

わざと変なことや下品なことを言って、気になる人の関心を引こうという心理は、普通の男性にもある。マルセルの猥褻な言葉もその域を出るものではなく、変態というほどのことはない。老いた悪童が大好きなシモーヌをからかってじゃれている程度である。マルセルのエロティックな言葉は、興奮によって攻撃性を保たなければ女性と関われない男性の性的構造が、老いて性機能を失った後までも残存するからであろう。

ファム・ファタールの宿命とは

ファム・ファタール(femme fatale)は、恋する男にとって運命的な恋愛相手である女を意味する。概して男を破滅に導く魔性の女、つまり悪女を指し、「サロメ」のような女がその典型とされる。

谷崎潤一郎は、日本のサロメを描き続けたのだが、崇拝する女を「菩薩」や「女神」に持ち上げて描いたために、女性崇拝の作家と誤解される面もある。しかし谷崎の女性崇拝には疑問の声が多い。

幼児美貌の母にしおきを受けた甘美な体験が、潤一郎の歪んだ性向を形づくったのであろう。潤一郎はいこじで、ヒステリックな母によくしおきをうけていたという。（全集月刊―「いこじの精神」谷崎精二）（中略）ナルシスト潤一郎が女性を崇拝してみせたのは、あく迄も形式だけのものであったのではなかったろうか。「女は神か玩具かのどちらかだ」といった彼の見方は、その本音を吐露したものといえよう。潤一郎の母固着、分離不安を克服する道は、母を女とし、女を神に祭り上げる必要があった。神も所詮は道具の一種にすぎない。潤一郎は、玩具とみられた女性が成長し、やがて男性を征服するナオミ型の女性を創造しながら、一方では、征服する女性（神）を崇拝し拝跪しながらこれを道具化し、分離不安の桎梏から脱却しようと試みているのである。つまり彼のフェミニズムは、あく迄もみせかけだけのもの、つまりたてまえであり、本音としては、女を道具とみ、松子夫人にすら中絶を強いているのである。（中略）母関の死後、「母固着」、「分離不安」による脅迫神経症は治癒したが、ここに淵源する倒錯的傾向と克服の過程は、終生谷崎文学のモチーフとなって若々しい豪奢な、こくのある作品の発表に寄与することになった。（春原・梶谷124―126）

督助が嫁の颯子の美しい足に母のきれいな小足を思い出して興奮したことは間違いないので、春原らの上の分析は当を得ている。潤一郎の作品において、主人公好みの美女には女神の高位が与えられて崇拝されるが、好みでない醜女は歯牙にもかけられず、侮蔑され、隅に追いやられる。外見の美しさによって女をまず評価して、その女に自分好みのサディストを演じさせる男が女性崇拝と言えるだろうか。谷崎は、現代流にいえば、女性蔑視の女性差別論者だとさえ言える。

しかし耽美派の文豪を、ポリティカル・コレクトネス（性別・人種・民族・宗教に基づく差別・偏見を排して政治的・社会的に公正で中立な表現をめざす主張）の立場で批評するならば、作品の魅力は半減する。病的なまでに偏って、偏屈で、異様なところ、つまり倒錯性（パラフィリア性）を芸術にまで高め、文学として表しえた才能こそが谷崎文学の魅力だからである。

原作の颯子は、老いることなく、美しいままで終わる。督助が生きている間は、颯子は間違いなくミューズとして督助の上に君臨し続けるだろう。活字の中で生きる颯子の美貌は永遠である。しかし、ヴィジュアルなことを当然とする映画の観客は、颯子ほどの美貌もいつか朽ち果てることをより敏感に感じる。この瘋癲老人は、四股《しこ》を踏むような巨体に変形する嫁の足の下の墓で、安らかで甘美な眠りを満喫できるだろうか。どんな美女であっても、肥満あるいは激痩せを経た後、腐敗して骨になる。谷崎の美女の足型を残したいという願いは、美しい盛りの女のはかない美を保存する計画に過ぎない。

生身のファム・ファタールの宿命は死である。地上のファム・ファタールは、本物の女神ではないので、獲物である男を死に導くだけでなく、自身も死を免れない宿命を背負っている。谷崎のファム・ファタールは、刹那的女性美を永遠に保存したい芸術家の切なる欲望の造形である。『瘋癲老人日記』は、その意味で現実を逸脱した老人が紡ぐ幻想物語なのである。

参考文献

谷崎潤一郎『瘋癲老人日記』中央公論新社、一九七七年
『アメリカ精神分析学会　精神分析事典』新曜社、一九九五年、「サドマゾヒズム」「サディズム」「窃視症」「フェティッシュ」「露出症」「スコポフィリア」の項目。
『現代性科学教育事典』小学館、一九九五年、「エロス」「性倒錯⑦服装倒錯的フェティシズム」『性倒錯①露出症」「窃視症」「フェティシズム」の項目。
春原千秋・梶谷哲男「谷崎潤一郎」『精神医学からみた現代作家』毎日新聞社、一九七九年
達人倶楽部編著「谷崎潤一郎――マゾに歓びを感じる瘋癲老人」『達人たちの悦楽：性に取り憑かれた文豪たち』ワンツーマガジン、二〇〇三年
Ito, Ken K. "9. A Mad Old Man's World." *Visions of Desire: Tanizaki's Fictional Worlds.* Stanford: Stanford University Press, 1991. 引用部訳は筆者による。
Keene, Donald. "Tanizaki Jun'ichirō." *5 Modern Japanese* Novelists. New York: Columbia University Press, 2003. 引用部訳は筆者による。

第七章　川端康成『眠れる美女』老人の禁じられた遊び

日本のノーベル賞作家、川端康成（一八九九〜一九七二）後期の傑作『眠れる美女』を分析したうえで、六本のその映画化について解説する。特に外国での映画化における原作との同質性と差異を指摘し、映像上日本文学と日本文化が海外でどのように消化されて表現されているか、理解されているかを検証し、異文化理解を深める。

小説『眠れる美女』江口老人の禁じられた遊び

川端康成が六十二歳の時に発表した『眠れる美女』は、老境に入った江口老人のあやしく、悩ましく、デカダンな性的幻想に満ちた物語である。作者川端より五歳年長の六十七歳である主人公の江口老人は、人生の冬の訪れを痛感しながら、他の老人たちとは違ってまだ男であるという自負を持っている。江口老人は、「安心出来るお客さま」（『眠れる美女』14）であるお年寄りだけを対象とした秘密の売春クラブで、睡眠薬を飲まされて夜間は決して目覚めることのない全裸の美女の横で添い寝する悦楽を手に入れる。「たちの悪いいたずらはなさらないで下さいませよ、眠っている女の子の口に指を入れようとなさったりすることもいけませんよ」（『眠れる美女』9）と宿の女がこの秘密の家の禁制を説く。江口老人に裸身の寝姿を無防備にさらす六人のうら若い美女たちは、すべて身元を明かすことのない、物言わぬ「きむすめ」だからである。「深紅のびろうどのかあてん」（16）に囲まれた「秘密の家」の密室で「生きた人形」であり、「生きたおもちゃ」である「眠れる美女」の裸身をまさぐる江口老人は、老年の「強いよろこびとかなしみ」と同時に「ひそかな罪の思い」をかみしめる。無言の美女の発散する「生の魔力」は性の広さと深さを暗示し、美女の目覚めない女体のあやしさは、江口老人に過去の女性との交わりを次々と万華鏡を覗くように追想させ、魔界に誘う。第二夜に江口老人はついに禁を破って「妖婦じみた娘」を懐妊させようとするが、きむすめのしるしにおののき退く。秘密の家で急死した仲間の老人の死骸が温泉宿に運ばれたことを知ったうえで訪れた江口老人には、色白のやさしい娘とエキゾチックで野性的な黒い娘があてがわれる。二種類の娘にはさまれた江口老人は、自分にとって「最初の女は、母だ」ということに初めて気づく。「冒瀆」とも「憧憬」ともいえるこの「悪夢」の認識にうなされた江口老人は、臨終の床の母、若い母の乳房という思い出に加えて、江口の新妻を出迎える母というありえない幻想を夢見る。突然夢から覚めた江口老人は、黒い娘の心臓が止まっていることに気づく。江口老人は、黒い娘が車で温泉宿に運ばれていくであろう音を耳にしながら、もう一人の「かがやく美しさ」（131）

で横たわる白い娘の傍で睡眠薬の力を借りて朝まで眠ることにする。

江口老人の「眠れる美女」との秘密の逢瀬は、法的にも道徳的にも「禁じられた遊び」である。本稿では、『眠れる美女』で繰り広げられる「道楽をつづけているおかげで」「『安心できるお客様』ではまだない」(15)江口老人の「禁じられた遊び」の定義と意味づけを行ったうえで、江口老人が性的禁止事項を犯すことに心惹かれながらなしえないその理由を江口老人の意識下にまでもぐって探ることを目的とする。

「禁じられた遊び」である理由

秘密の売春宿で眠らされた全裸の美女と一夜の逢瀬を楽しむ江口老人の快楽は、法律的禁止事項および性的タブーの侵犯の両面において「禁じられた遊び」である。

(1)法律的侵犯

なぜ江口老人の秘密の館通いが法律的に「禁じられた遊び」なのかといえば、この館が法律で禁じられた売春組織だからである。売春は、一九五六年の売春防止法によって日本の法律で禁止される行為となり、一九五八年にはそれまで公認で売春が行われていた地域である赤線も廃止された。違法行為を存続させる常なる手段の一つとして、この組織もマルチ商法まがいの紹介システム、つまりすでに加入している人が新規加入者を誘い、その加入者がさらに別の人を誘いこむという連鎖によって販売組織を拡大させていくトラブルがおこりやすいビジネス形式をとっている。

この売春組織は体面を重んじる功成り遂げた老人の名誉を守るために、つまり秘密保持のために、さらなる危険な仕掛けを必要とする。男性機能を喪失した老人たちが恥をかかずに「生き身の女」(91)を楽しむために、美女たちはあらかじめ睡眠薬を飲まされ、深く眠らされている。「どんなに起こそうとなさっても、決して目をさましませんから……。女の子は深あく眠っていて、なんにも知らないんですわ」(10)というレベルの「深い」をはるかに超えた「仮死状態」の眠りに強制的に陥らされた美女たちの体に異変が起こらないとはいえない。また「眠れる美女」の傍らで嬉々として横たわる老人の脆弱な心臓が、興奮のために変調をきたさないという保証もない。想定外の老人の頓死と美女の突然死に際して、この秘密の家がとった隠蔽手段は、一種の死体遺棄である。お客さまに「決して御迷惑はおかけしませんから……お名前も出しませんから……」(129)「そのお年寄りの名誉のため」(106)に、老人の死骸も娘の死体も等しく「あやしげな温泉宿」(131)に秘密裏に運びだし、そこで亡くなったことにして事態を収拾させる。

(2)性的タブーの侵犯

江口老人は眠らされた美女の裸体を見て、触れ、匂いを嗅ぐことによって種々の倒錯的疑似性行為の欲望を発散させ、その結果、性の禁止事項《タブー》を侵犯する。ジョルジュ・バタイユは以下のように述べる。

裸体は、エロティシズムの不快な根源に接近する点で、顔の美しさや優美に着飾った肉体の美しさに対立する。（中略）男の前で裸になる女は、男のもっとも不作法な欲望に身を委ねる。裸体はしたがって、完全な猥褻さではないにしても、ある横滑りを意味する。完全な猥褻は、官能を刺激しない。年老いて醜い裸の女は大方の男にとって興味がない。このような女が猥褻だが官能を刺激しないのに対して、美しい女の裸体が垣間見させる猥褻は欲望をそそる。それは彼女が猥褻で、不安を与えても人を窒息させることがないかぎりにおいてであり、彼女の動物性の与える不快感が、美によって許容可能で魅惑的なものにされる嫌悪の限界を超えないかぎりにおいてである。

（バタイユ204―205）

「眠れる美女」たちは、裸であるだけではなく、睡眠薬で眠らされているため完全に無防備であり、「男のもっとも不作法な欲望に身を委ねる」準備が施されている。しかし、彼女らが現実において「男の不作法な欲望」の餌食になりえないのは、秘密の宿を訪れる男たちが、性的機能においてすでに男でなくなっているためである。性的機能を喪失した老人たちは、全裸の「眠れる美女」によって官能を刺激され、欲望をそそられるが、性行為に及ぶことはないし、また厳しく禁じられてもいる。彼女らの裸体が猥褻でないのは、バタイユ流に説明するならば、すべて年若く美しいきむすめであり、性的に無垢であるゆえに、老人の男としてのプライドを砕くような不安と窒息に導く可能性が皆無だからである。その肌と髪が発散する匂いは、時として濃厚な赤ん坊の乳臭さを発散するので、客観的には動物性の不快感を与える可能性があるが、美女たちの若さ、無垢、そして美しさが「許容可能で魅惑なものにされる嫌悪の限界を超えない」からである。特に美女の発散する匂いは、江口老人には「赤子の乳くささ」(96)を思わせるが、その匂いは老人の脳裡に焼きついた女性たちとの思い出「江口老人の性の過去」(85)を誘発するため、なつかしい心地よさの快感につながり、慣れ親しんだものだという安心感を与える。江口老人が宿の中年女の差し出された手を「中年女の手の気味悪いぬくみが通って来そうだった」(89)と許容不可能で嫌悪の限界を超えるものに感じている感情とは対照的である。R・スターズ(Roy Starrs)は、『眠れる美女』の題名は西洋のお伽噺の「スリーピングビューティ」が不能の老人用に運営された売春宿になりかわるという皮肉な響きを持ち、川端の悩める老人はお伽噺の館で俗世の垢を洗い流し、エゴイズムを清められる、この作品が老人の不道徳な行動にもかかわらず、ありきたりのエロチカに終わらないのは、性的要求というよりも満たされない精神の物語であるからだ(Starrs 193)と分析している。

以下ではこの秘密の館で江口老人が打ち興じている「禁じられた遊び」における五つの性的タブー(ネクロフィリア、吸血鬼の欲望、フェティシズム、近親相姦、死亡遊戯)について分析する。

ネクロフィリア(屍姦)

生殖の可能性を完全に否定した美女との交わりに「いのちそのもの」を感じる江口をはじめとす

る老人たちは、「生きた人形」「生きたおもちゃ」（18）を相手に倒錯的疑似性行為にいそしむ。江口老人は眠る美女を見て「まるで生きているようだ」（18）、「『水死人のたぐい』のような娘ではないのかと思う」（14）、「仮死のような昏睡《こんすい》」（22）、「人間の付き合いじゃないね」（43）、「眠った脣は冷たくて、水っぽいかもしれぬ。愛していた女の死屍《しかばね》の脣のほうが情感の戦慄《せんりつ》をつたえないか」（116）、「屍《しかばね》とちがうのはあたたかい血が、息がかよっているだけだ」（121）とつぶやくことから、「眠れる美女」は江口老人にとってネクロフィリア（屍姦）に等しい対象である。生きている美女を老人が性的幻想の対象に選ばないのは、不能と老醜をさらけだすことへの恐怖と、その時受け止めねばならない美女の侮蔑の視線からの自己防衛のなせるわざである。「性の恐怖と不能」について澁澤龍彦は以下のように述べる。

> 相手が物ならば、「私」は安心していられるかもしれない。「私」が目で見、耳で聞き、手で触れない限り、物は現前しないからである。物の方から「私」に働きかけるということは、あり得ないからである。ところが他者は、それが一個の人格としてある以上、「私」と同じように、「私」を眺め、「私」を観察する。他者には視線があるのだ。「私」の視線と他者の視線とのあいだに、社会的行為が生ずる。他者を前にしている限り、「私」の行為は必然的に社会的行為になる。「私」は他者の視線に対して身を守るか、あるいは他者の視線にさらされるがままの存在になるか、どちらかでしかあり得ない。別の言葉でいえば、「私」は他者の視線が惹

起するところの恐怖に対して、身を守らなければならなくなるだろう。——存在論に基づく自己対他者の心理学は、このような、相手に対する恐怖の感情を呼び起こすところまで発展するのである。（澁澤209—210）

「老いのみにくさ」（15）、「老いの情けなさ」（15）、「老年の凍りつくようななさけなさ」（20）、「老いの絶望」（22）、「つかめないで失った日々の悔い」（44）、「凄惨《せいさん》な衰亡のしるし」（50）を自覚し、「老いのみにくさの極みをもとめて、この家に来た」（14）と恥じる江口老人にとって、他者としての美女の視線は恐ろしいものである。美しい女と接したいという煩悩から解脱できないが、侮蔑の視線は浴びたくない、功なりとげた者としての名誉も傷つけられたくないと願う老人のエゴイズムは、女を「物」にしてしまうことによってしか活路を見いだせない。そのうえ眠らされて意識のない美女は、「私」が目で見、耳で聞き、手で触れても、匂いを嗅いでも、決して現前しない存在として規定されている。老人は物になった女体の前でのみ恐怖なしに、身を守る必要なしに、ひたすら利己的エロスの快楽をむさぼることができる。この客体に徹した、認識機能を停止した物としての女は、老人の脳裡の甘美な記憶を呼び覚まし、映し出す装置としてのみ機能する。「私」の視線と他者の視線が交わることがないために、社会的行為の範疇から逸脱した「眠れる美女」との交流は、その肉体が現実に生きていても、社会的意味合いにおいて死者の肉体をむさぼるネクロフィリア（屍愛）の実践にほかならない。人間は他者の視線を通して認識され、他者という鏡に映った自分を認識することによって、自己のアイデンティティーを確立できるのだが、江口老人はその作業を省いて、利己的エロティシズムの殻に閉じこもる。それは自分の存在を無にする虚無の形態である。「眠れる美女」を高価な報酬を要求する老人用マスターベーションの器具として利用する江口老人の性幻想は、三島由紀夫の言葉を借りれば「真の退廃」(242)である。

江口老人と娘との交渉は、男の性欲《せいよく》の観念性の極致であって、目の前に欲望の対象がいながら、その欲望の対象が意志を以《もつ》てこちらへ立ち向かってくることを回避し、あくまで実在と観念との意志を企《たくら》むところに陶酔を見出《みいだ》しているのであるから、相手が眠っていることは理想的な状態であり、自分の存在が相手に通じないことによって、性欲が純粋性欲に止《とど》まって、相互の感応を前提とする「愛」の浸潤を防ぐことができる。ローマ法王庁がもっとも嫌悪するところの邪悪はここにある。それは「愛」からもっとも遠い性欲の形だからである。(三島234―244)

澁澤龍彦と三島由紀夫は表現こそ違っても、ほぼ同じことを指摘している。江口老人が避けたいのは、老人の恥をさらすことだけではなく、女性との合体への恐れが心の奥底に潜むと考えられる。眠れる女体のなまめかしさに禁を犯して娘を犯そうとしたが、娘の発散する「赤子の乳くささ」、「人間のなにか根源のにおい」、「いまわしくなまぐさいにおい」、「人間誕生のもと」の「なまぐさいにおい」(96)を嗅いで、娘の胸に「血のいろのにじむあとかたをつけて、おののいた」(101)にとどまる。その直後に江口老人は、荒鳥が人間の赤ん坊のような、血のしたたるものをくわえて飛びまわる幻影を見る。江口老人は、無反応でアイデンティティーを消し去られた女の体に、女の持つ究極の生殖力を見たのである。江口老人がそれゆえにたじろいだという事実は、江口の心の中に女性への恐れが潜むことを暗示していないだろうか。江口は女性を憧憬すると同時に、その反対の女性嫌悪を意識下に蓄えていたのだと推測できる。「女とのみにくい出合いをまた一つ加えたくはない」(14)江口老人は、女性の生殖力をひそかに畏怖するゆえに子どもを産んだことのないきむすめ、性的刺激に反応することのない「生きた人形」との性愛を可能にする疑似ネクロフィリアを好むのである。

吸血鬼の欲望

夜ごと寝入る美女に接近して、「いけにえの娘」(55)が「いのちそのもの」(19、113)、「若い生命」(79)、「生気をふきこんでくれる」(113)とうそぶく江口老人は、ロイ・スターズが述べるように「吸血鬼の欲望」(Starrs 199 "a vampirish impulse")、を持つ。江口は、老年のわびしさと孤独を若い娘の体を見、触れ、嗅ぐことによって慰められ、高揚した華やいだ気分になる。ちょうど吸血鬼が生命と若さを維持するために、夜間いけにえになる異性の血を求めて寝入った若い人の首筋に食らいつくように、江口老人も「眠れる美女」の肉体をまさぐり、乳首に噛みつく。眠る美女から乳の匂いがしたことから、昔の愛人の乳首のまわりの血をのみこんだことを思い出し、ついに「眠れる美女」のうちで「整った美女ではなくて、可愛い美人」(100)に「自分のしるしを残したく」(101)なり、「娘の胸にいくつか血のいろのにじむあとかたをつけて、おののいた」(101)。眠る娘の若い肉体のあたたかさは、江口老人に「生の交流、生の旋律、生の誘惑」(64)そして「生の回復」(64)を与える。若い娘と違ってこの家の中年女は、江口老人に若さと生を回復してくれないので、血を吸うことはおろか、触れるのも厭わしい腐食した気味悪い存在であり、密室の扉で聞き耳をたてているのを想像しただけで江口老人は「ぞっとした」(66)のである。この中年女に向って「君も女の本性をあらわして来たってわけ……?」(91)と問いかける江口老人は、吸血鬼の欲望を起こさせ、魔界に誘うのは女のあやしい性のためだと思っている。自分を吸血鬼に変身させるのは若い女だが、この中年女もその延長線上にいる魅力を喪失して魔力のみ保持して生き延びた女の残骸であるとみる――「相手は血の冷えた、そしてものなれた、やりてばばあに過ぎないではないか」(43)とみなすところに江口老人の隠蔽された女性恐怖と女性嫌悪がのぞく。

江口老人は、娘が眠らされているからこそ心安く添い寝し、過去の女たちとの追想と性的幻想に耽ることができるのだが、寝入る娘をもっと知りたいという欲望を抑えられなくなる――「江口老人はものを言わぬ娘とのつきあいにはなれていないし、むなしいもの足りなさを消せなかった。この妖婦じみた娘の目が見たい。声を聞いて話がしてみたい」(52)、「あの子が起きるまで、ここにおいてもらえないの」、「僕《ぼく》の方はおぼえているよ、もし道ででも出会ったら……」、「罪なこととか」(67)と宿の女の禁制を制して、娘の素性と日常への好奇心、娘の生き身の姿に声をかけてみたいという欲望を禁じえない。愛欲を感じた女を分析しつくしたあげく、もっと知りたいというエドガー・アラン・ポーの主人公をD・H・ロレンスは「吸血鬼である」と評する。

ライジアに対してポーがしようとしたことは、女を分析して、ついに彼女を構成するすべての部分を知り尽くし、女のすべてを己の意識のうちに把握するということであった。（中略）生きたものを知るということは、それを殺すことにほかならない。ひとは満足のゆくまで知るためには、そのものを殺さねばならぬ、このゆえに、欲求する意識、「精神」というものは、吸血鬼である。（ロレンス94―95）

D・H・ロレンスの警告――「神聖な本能のすべてが、男は相手の女性を知らないままに放っておくべきだと教える。（中略）女性を精神的に知ろうとすることはその女性を殺そうと試みることである。（中略）この知識というやつは、吸血鬼の誘惑なのである。（中略）そこに終りはない。ただ死の破滅があるばかりだ」（ロレンス94―97）――を無視して、江口老人は眠れる美女の裸体を子細に観察し、反応を確かめたあげく、江口老人のあくことなき知識欲はそれだけではあきたらずに彼女らの目覚めている昼間の姿まで、つまり「女のすべてを己の意識のうちに把握」したい欲望に駆られたのだ。「つまらない人情をお出しにならないで、眠っている子とだけおつき合いなさっておいた方がよろしいじゃございませんか。（中略）まあ。声でもおかけになるおつもりですか。それはおやめになって下さい。罪なことじゃありませんか」(67)とする宿の女の禁止はD・H・ロレンスの説く愛におけるタブーと呼応する。ロレンスが言う「極端な愛からの苦痛のために吸血鬼のように彼女の生命の血を吸った」(ロレンス107)のであり、「『人々はその愛するものを殺す』というあの例の通りの主題なのだ」(107)という部分に酷似した例である。『眠れる美女』の最後の部分において、黒い娘が不可解な突然死を遂げるのは、江口老人が娘を肉体的に、日常的に、その存在全体をもっと知りたいという欲望をそそられた結果なのだとも考えられる。江口老人の枯れ切れなかった吸血鬼のような男の欲望と執念に娘の生き血は吸い上げられ、黒い娘は息絶えたという解釈も成り立つ。

フェティシズム(呪物崇拝)

呪物崇拝《フェティシズム》は、異性の性器以外の体の一部(毛髪)や衣類などによって性的満足を得る心的傾向をさす。江口老人は、全裸の眠れる美女たちを幼い女の子が着せ替え人形遊びを楽しむように次々と触り、匂いを嗅ぎ、その体をひっくり返しては様々な角度から観察して楽しむ——布団の中で眠っている白い手の「温い血の赤み」(16)を愛でて手を握り、耳たぶから肩、首、髪の毛へと移ってまさぐり、赤ん坊の匂いに驚いて乳首を観察する。口の匂いを嗅いで、脣を開き、「ういういしく光る(29)歯をみつめる。江口は、次の娘の時は、歯並びをたどって八重歯をつまみ、口紅をこすって娘の前髪にすりこみ、髪のなかに指を入れて荒っぽくかき回してもて遊び、肩やまつ毛をながめながら、髪形を変えてみる。「娘の匂いはしたからも強くなってきた」(48)のにつれて、大胆になった江口は禁を犯して娘の貞操を奪おうとするが「きむすめのしるしにさえぎられ」(49)、驚き退くが、娘の背骨から脚、腰までさぐる。別の娘の「すいつくようになめらか」な肌の「匂い出るしめりけ」(93)、腰の下のゆたかさ、あたたかさ、小さな乳首を楽しみ、娘の頬に自分を重ねる。最後の晩の黒い娘の長い指と長い爪をいじり、汗ばんだ額と口紅をつけた脣《くちびる》をハンカチで拭く。一緒に横たわるもう一人の白い娘の腰の丸み、長く白い首、肌の色を楽しんでいるうちに、その体に密着して操を奪いたい誘惑に駆られるが、黒い娘の裸に押されて拍子ぬけする。江口老人のフェティッシュな行動の概略は以上だが、江口は娘たちの裸身を観察し、弄びながら、その心を過去の女たちとの情事に遊ばせ、末娘が強引に処女を奪われた後に幸せな母に落ち着く経緯などを回想する。眠れる美女の肉体によって江口老人は、視覚、触覚、嗅覚を刺激され、脳裡にある愛人や家族の女性との思い出を生々しく目覚めさせる。

フロイトは「呪物は男根の代理である」(「呪物崇拝」392)と述べる。「男児があると信じ、かつ断念しようとしない(中略)女性(母)の陰茎に対する代理物」であり、「女性性器を見たさいの去勢恐怖は、いかなる男性もこれをまぬがれることはできない」のだが、「あるものは一つの呪物を作って防衛」し、「ないと知った女性の陰茎の代理として、やはり男根の象徴となるような器官や物が選ばれる」、「あの無気味な外傷を与えたものの、最終印象といったようなものが、呪物としてとらえられる」(フロイト394)。つまり「フロイトは、男性のフェティッシュの対象とは、ほとんどの場合その起源が忘れられているが、男児が存在を信じて諦めようとしない女性(母親)のペニスの代理物であり、強烈な去勢の脅威に対する勝利のしるしでありその防壁」であり、「自我、対象関係、パーソナリティなどの病理学で考えねばならない」ものであり、「依存対象の支配と所有に伴う万能感、温もりや柔らかさが注目されている」(北山『精神分析事典』の「フェティシズム」の項目)とされる。江口老人が去勢恐怖にさらされていることは自明である――「もはや老いのみにくさが迫り、この家の老人の客たちのようなみじめさも遠くないと思っている。ここへ来てみたのもそのしるしに他ならない」(15)、「江口がまだ男としてふるまえるものを残しているからであろうか」(29)、「江口はまだ男でなくなってはいない」(95)、「やはり年なんだな。(中略)その自分の男の残りのいのちももういくばくもないのではあるまいかと、常になく切実に考えさせられたのは、黒光りした肌《はだ》の娘のせいであろう」(117―118)と記されているからである。江口の去勢恐怖は、高齢による自然の摂理であるが、その恐怖を鎮め、衰えゆく男の性の埋め合わせに性的関係を抜きにして「眠れる美女」の肉体をまさぐる点が病的な呪物崇拝である。生殖の可能性を締め出した江口老人の「禁じられた遊び」が「熟れすぎた果実の腐臭に似た芳香を放つデカダンス文学の逸品である」(三島242)と三島由紀夫が評する所以であろう。

フェティシストが執着を示す男根の代理となる呪物に「乳房」が挙げられることが多い(フロイト394)という。江口老人も「眠れる美女」の乳房に多大の関心を払い、美女の発散する乳臭さから昔の愛人たち、そして最後に母の乳房の思い出にたどりつく。逆にいうと、江口老人の意識下に亡き母の乳房(病床の衰えた母の乳房、乳呑児として吸った若い母の乳房)への執着が潜んでいたから、美女たちの乳房を見て触った時に、江口は愛人の乳房を思い出し、さらに乳房へのこだわりの源である母の乳へと逆算される形でたどりついたのである。去勢恐怖に襲われる老年が失われていく男根の代理物、つまりフェティシズムの形をとって母の乳房を思い出したのである。そのことはとりもなおさず、江口老人の心の底に抑圧されていた母への追慕と畏怖を意味する。

近親相姦《インセスト》：母体回帰幻想

『眠れる美女』における最大の真実は、江口老人が心の奥底に隠しもっていた母への思いの重さである。

最初の女は「母だ。」と江口老人にひらめいた。「母よりほかにないじゃないか。」まったく思いもかけない答えが浮かび出た。「母が自分の女だって？」しかも六十七歳にもなった今、二人のはだかの娘のあいだに横たわって、はじめてその真実が不意に胸の底のどこかから湧《わ》いて来た。冒瀆《ぼうとく》か憧憬《どうけい》か。江口老人は悪夢を払う時のように目をあいて、目ぶたをしばたたいた。(124)

江口老人が女の乳房に呪物崇拝のようにとりつかれ、きむすめの胸から「幻覚の乳の匂い」(28)をたびたび嗅いだのは、抑圧された自身の幼少時に吸った母の乳の思い出ゆえだったのである。江口老人は、回春剤のような眠れる美女の肉体を前にして、自分が本当に求めていたのは母の乳房であり、母の子宮であったという事実に目覚める。江口老人が埋没したかったのは、眠らされている若き美女の肉体ではなく、自分をかくまい、養い育て、この世に生み出してくれた母の子宮だったと気づく。このおぞましくも甘美な幻想、近親相姦《インセスト》の願望が自分の心の奥底に潜んでいたことに江口老人は震撼する。江口老人の母体回帰幻想は、秘密の家の密室をおおう「深紅のびろうどのかあてん」(97、45)が象徴する。このかあてんに包まれて仮死状態の美女と休む江口老人は、母の子宮に守られた胎児の状態と酷似した環境に置かれるからである。

江口老人が美女と同じ睡眠状態に入るために、宿の女にたしなめられるほど強い睡眠薬を要求するようになるのは、母の子宮に眠る胎児に戻りたいという無意識の願望の表れである。この秘密の館が海に面していて、「崖《がけ》を打つ波の音はなお高く聞える」(30)とあるのは、胎児を守る羊水のイメージと関連すると考えられる。江口老人がこの家の禁制を破って幾度が娘の体を貫こうとして果たせなかったのは、娘たちが「きむすめ」であることに加えて、女体が母の胎を連想させるため罪の意識が牽制したのかもしれない。美女の裸身が発散する「甘くこ過ぎるにおい」、「赤子の乳くささ」(96)が「二つのにおいはまるでちがうのに、人間のなにか根源のにおい」(96)だと江口に感じさせたのは、それが「人間誕生のもと」(96)をつかさどる母胎の「なまぐさいにおい」(96)だったからだと解釈できる。

母の羊水を連想させる「暗く広い海」(97)の上を荒鳥《あらどり》が「人間の赤んぼ」のような「血のしたた

るものをくわえて、黒い波すれすれに飛びまわ」(97)る姿を、江口老人は「人間の背徳の幻か」(97)と思うが、この幻覚は母性の持つ暗い側面をいいあてている。母は子供を慈しんで育てる明るい側面としての聖性を持つが、その前に子を孕むために男を誘惑して受け入れる暗い面である娼婦性を持たねばならない。人類誕生に関わる女性は、成熟とともに幾たびも血を流し、性交渉とその後の出産に際して出血を経験する。母性を持つ女に出血は不可欠であり、母によって人間の血は代々受け継がれてきた。性を経験した母が流す血によって、人類の生は確保されてきたのであり、人間は代々の母の流す血によって連綿と生をつないできたのである。性を悪魔のそそのかしによる罪悪とするならば、人間は罪によって生を得てきたことになる。

子宮壁を連想させる「密室を囲む深紅のかあてんが血の色のように思えた」(125)のには、二重の意味がある。一つは、人間誕生に際して母胎が流す出産の血の色であり、もう一つは、江口老人が一七歳の時に母が多量の血を吐いて亡くなった吐血の色である。したがって江口老人を守る密室の壁である「深紅のかあてん」は、母親が象徴する「生と死」の赤い色である。母の聖性と娼婦性を兼ね備えた「深紅のかあてん」の中で、江口老人は女の血に染まった性と生のドラマの幻覚を見る――「いやな色情の夢」(127)の終わりに、すでに亡くなっていたはずの母が新婚旅行から帰る江口の花嫁を待っているが、庭には赤いダリアが咲き乱れている、江口の目の前でその一枚の花びらから赤いしずくが落ちる、悪夢から目覚めた江口の横で健康的であったはずの黒い娘の体は冷たくなっている。

R・スターズは、赤いダリアの悪夢は母への愛を別の女性、つまり新妻によって裏切ったことによる江口自身の罪意識の表れだ（Starrs 201）と言う。さらにスターズは、生を切断して、死を選んだのは江口老人自身の選択だ、つまり最後の晩の黒白の二人の娘のうち、生命力あふれる「黒い娘」の毛布の暖房のスイッチを切って凍え死にさせ、死をイメージする貧血気味の「白い娘」を生かしておいたので、江口が最終的に死を選択した、そして黒い娘の死を知らされた宿の女は、危険な睡眠薬を江口老人に与え、白い娘と朝まで眠れと言い、江口の死の選択の後押しをしたと指摘する（Starrs 198）。

最後の結末はさまざまな解釈の余地がある。夜が明けた時、江口老人は生きているのか否か？筆者は、江口老人は秘密の宿の床で一度は死の誘惑に駆られたが、何かの力がはたらいて、一時的にせよ、死神を追い払ったのではないかと解釈する。宿の女と江口老人の会話——「だんなさま、今夜あたり幽霊が出ますよ」「僕は幽霊としみじみ話したいね」（111）——これは、この幽霊は先にこの館で突然死した木賀老人かもしれないが、予期しない幽霊、江口の母の亡霊が訪れる可能性も考えさせる。なぜならばこの会話の後、二人の美女にはさまれて休む江口は突然、母が自分にとって最初にして最後の女性であったという真実に開眼するからである。江口老人が死ぬ代わりに、黒い娘がいけにえになったのは、亡き母の幽霊の差し金ではないだろうか。江口老人の悪夢と黒い娘の死は、母性の恐ろしい側面を語っている。江口の母は、息子の花嫁を見ることなく喀血して死んでいったが、最愛の息子を気遣って冥界から戻ってきたのかもしれない。あるいは江口が気づいたように「最初の女」であった亡き母は、息子の新妻への嫉妬のあまり甦ったのかもしれない。そして「御老人には危ない」(122)眠り薬を今夜も飲んで、「孤独の空虚、寂寞《せきばく》の遠征《えんせい》におちこ」み(123)、この館を「死場所」(123)と感じ、ここで「死花を咲かせる」(123)とうそぶく息子の身代わりとして、この黒い娘の命を奪って冥界に引き込んでいったのかもしれない。「『白い蝶のむれは白い花畑のように数を増して来た』という描写には、この小説の最後に美女の一人が死ぬであろうという闕下のてがかりがしめされている」(Petersen 166)とG・B・ピーターセンは言う。いずれにせよ、母の死霊は江口が若い女によって命を落とすことをよしとしなかった。江口老人の命の救済が、母への近親相姦的愛情を老齢になってやっと自覚した息子への母の許しだったのか、復讐だったのかは定かではない。

死亡遊戯

「人は愛するものを殺す」(Wilde 860)というが、なぜ江口老人の「恐ろしい母」は愛する息子を殺し、自分の元に連れ帰らなかったのか。その理由は、江口が美女と眠ることによって死亡遊戯を、つまり死の擬態を嬉々として演じていたからである。老年を迎えた息子が抱く死の欲望を察知した母の亡霊は、あべこべにする「女の本性」(91)を現して、美女二人に挟まれて「老残の身の本望」(123)である睡眠薬自殺による「死花を咲かせること」(123)を阻んだのである。江口老人は、若い美女から生と性の活力を補給したいという吸血鬼の欲望を持つが、同時にその反対の死の欲望にも駆り立てられている。眠る娘の魔力に魅入られていくにつれて、江口老人の死の欲望は膨れ上がっていく。娘に「死んだように眠っていたら、こわいもなにもわからないじゃないの?」(70)と問いかける江口老人は、自分も娘と同じ強い睡眠薬を飲んで極楽往生したいという欲望に突き動かされる。老いの醜さと情けなさを忌み嫌う江口老人は、眠る娘を道連れにして無理心中をはかるのが甘美で心地よい安楽死だという幻想にとらわれる。宿の女に「老人は死の隣人さ」(104)、「こんな寒い夜に若い肌であたたまりながら頓死《とんし》したら、老人の極楽じゃないか」(104)とうそぶいて、たしなめられる。美女との遊戯中の死を望む声を聞いた母の亡霊は、息子を若い女へとられるという嫉妬から、息子の意に反して黒い娘の命だけを奪って冥界に戻ったのであろう。文学作品に書かれていることとそれを生み出した作者の心理状態の完全な一致を見出すことをしてはならないことは、文学分析の鉄則だが、川端自身の死の状況からみて、ある程度江口老人は川端のオルター・エゴ(分身)であると考えてよいかもしれない。栗原雅直は、作者である川端の生と死、母性的なものへの執着を幼い頃に体験した母の喪失による外傷の影響だとみなす。

J・ボウルビイは、人はその人生の早期において、一定の母子分離を被ることによって深く傷つき、絶望・悲嘆・抑うつなどの情緒的変化をきたす。その分離期間が永ければ永いほど回復困難な重大な情緒障害・人格障害をきたす可能性がある、と小児の精神構造に及ぼす母子分離の影響を重視している。(中略)様々な血縁関係に対する川端の文学作品上での表現をみてくると、ことごとくが母の喪失体験に根ざす、あるいはそのヴァリエーションであることに気付き、むしろ本稿全体を自分であらためてふりかえるとき、その感をますます強くする。(中略)川端が、このように執拗なまでに、生と死を、あるいは母性的なるものを(しかもその虚像において)物語っていることは、それが川端にとって最も重大な外傷体験あるいは喪失体験にもとづくものであり、いわばそれが川端文学の根であることを誤りなく指し示すものであるとしてよいだろう。(栗原184―185)

三歳で母に死に別れ、孤児になり母方の祖父母にひきとられた川端は、十五歳で天涯孤独の少年になる。人間の生死が真剣に問われる時、川端は江口老人を母の面影から自由な姿として描くことはできなかったのである。老年に達しても早期の母子分離の外傷から逃れることは簡単ではなく、絶望・悲嘆・抑うつなどの情緒障害を引き起こし、死による癒しを夢想させる。江口老人が眠れる美女を介した死亡遊戯において母への執着を見せるのは、作者川端の幼児期の母喪失のトラウマを反映していると考えられる。

映画版『眠れる美女』あるいは『スリーピング・ビューティ』

川端康成原作の『眠れる美女』は日本で二回、欧米で四回の計六回映画化されている。制作年代順に映画化された作品を紹介する。

(1)『眠れる美女』

『眠れる美女』の最初の映画化は、DVD化されていないため、名画座系の旧作上映館で偶然もしくはリクエストによってしか見ることができないのが残念である。筆者は神保町シアターでリクエストによって(偶然だったのかもしれないが)鑑賞する機会に恵まれた。モノクロ作品なので地味だが、日本的なしっとりした情緒と怪奇で幻想的な風情が見事にとけあって、画面全体が枯れていくものの生と性の深みと凄みを帯びていた。おもしろくない、原作に比べて落ちると感じる観客が多いようだが、捨てがたい味を持つ映画だと評価してよい。青年期から老年期に至る江口老人を当時まだ若かった田村高廣が演じているが、気取らない自然な気品と知性が感じられる。田村の品のよい、節度のある老人役では老いのみじめさとあさましさ、老いらくのエロスの不気味さが出てこ

『眠れる美女』
監督：吉村公三郎、脚本：新藤兼人
キャスト：田村高廣、殿山泰司、中原早苗、山岡久乃、八木昌子、香山美子、松岡きっこ
1968年、配給：松竹、96分

ないきらいはあるが、鑑賞という点で映像は見苦しくないことも必要だと思わせる。しかしそれゆえに「江口老人の禁じられた遊び」の側面は薄く、老境に入ったインテリが、一人温泉につかって若い頃の女性との秘め事を回想し、娘三人との家庭生活をほのぼのと思い起こしているような安心な印象を与えてしまう。そ

の点で田村の江口老人は、原作の持つスリリングで、危険な緊張感を喪失している。若者に躁を奪われる三女役の香山美子、大学生時代の江口の駆け落ち相手の松岡きっこは共に初々しく、適度にモダンで美しい。しかしなんといっても初井言榮が演じる凛としてあやしげな宿の女将がすばらしい。初井は、真冬の外の寒さのような凄みと閉ざされた密室の中で展開されるであろう摩訶不思議な幻想性のコントラストを仕切る境界線上に位置する人物としてその存在感を際立たせ、この映画にあやしい凄みを加え、田村の老人役の美点であると同時に弱点でもある安定感を揺るがす効果をあげている。

(2)『オディールの夏』(Le Sourire)

『眠れる美女』の外国映画化第一号は、フランスで生まれ、『オディールの夏』と名づけられた。監督のクロード・ミレールは言う――「セックスから始まる愛、エロティシズム、欲望、ロリータ・コンプレックスの幻想……私があえて、これまで踏み込むことができなかった本音を、この映画で描いています。このため初めてのオリジナル脚本に挑戦しました。できるだけ私的に、奔放にしたいと思ったのです。その結果、私は自分自身を再発見したような気がします。この作品は私の私小説です」(ミレール、パンフレット表紙裏)。大人の女性になる直前の少女のあやうさを描いた『なまいきシャルロット』に始まる「フレンチ・ロリータ・シリーズ」の第四作目である『オディール の夏』は、原作から着想を得ているが、ミレール監督独自の物語に染め直されたもっとも大胆な翻案化である。原作との関わりについてミレールは以下のように述べる。

川端康成の『眠れる美女』では、ひとりの老人が、娼館で、眠っている少女たちを見つめることでエロティックな歓びを覚えます。ある朝、眠れる美女は目を覚ましません。この明確なモチーフから多くのインスピレーションを受けました。映画の中にも、ピエール＝フランソワの木炭画、列車でオディールが眠るシーン、オディールがストリップ劇場〝マイアミ・フォリー〟で失神するシーンなどで登場させました。

（ミレール10）

ミレール監督が指摘するとおり、映像上の原作からの影響は上記の場面にとどまり、特別に指摘されなければ、この映画が川端の『眠れる美女』を原作にしていることに気づく観客は少ないであろう。しかし、「本作で私にもっとも影響を与えたのは、映画的というより文学性です。川端康成、ジョルジュ・バタイユには確実にインスパイアされました」（ミレール10）とミレール自身が認めるように、川端康成が意図した「文学性」、「枯れ始めるときの男の欲望」、「エロスと死」、「〝聖女〟のような女性たちのエロス」（ミレール10—11）は、映画のモチーフとして随所に生かされている。

遊園地のジェット・コースターで遊ぶ、あどけない娘オディール（エマニュエル・セニエ）は恋を知らないが、男の視線を浴びると体が熱くほてり、ストリップ劇場に引き寄せられていく。劇場のマネージャーのジャンジャン（リシャール・ボーランジェ）に「男のいない女は消えた炎と同じ」と

『オディールの夏』(Le Sourire)
監督・脚本：クロード・ミレール
キャスト：ジャン・ピエール・マリエル、リシャール・ボーランジェ、エマニュエル・セニエ
1994年、フランス、配給：ヘラルド・エース＝日本ヘラルド映画
VHS：日本ヘラルド・エース提供
発売＆販売：バンダイビジュアル

言われてから、オディールは、男たちに自分の裸を見せることによって神聖なエロスを開示したいという欲望に駆られる。老人役のピエール＝フランソワ(ジャン＝ピエール・マリエル)は、精神病院の医院長だが、心筋梗塞の発作に苦しみ、生きている間に最後の女と最後の夢を見たいと切望する。オディールと老人ピエールの出会いは列車の中である。横一列の座席をすべて占領して寝入る美少女オディールの寝顔に魅せられたピエールは、偶然森の中でテニスをするオディールに再会し、強引にデートに誘う。初めはうかない顔であったオディールは、なぜかこの老人に惹きつけられて一夜を共にする。二人が結ばれた直後にストリップ劇場の舞台に立ったオディールは、狂喜する観客の群れの中に裸のまま倒れこみ、失神する。聖女の笑みを浮かべたオディールの顔には血が流れていた。後日、フランソワがオディールと再会したテニス・コートの森に行くと、小屋の中から冥界から招くようなオディールの声が聞こえる。

原作とは異なり、ミレールの映画では、「エロスとタナトス」に突き動かされるのは、老人だけではなく、「眠れる美女」のオディールも同様である。テニスのインストラクターのオディールは若く、健康的なように見えて、実は持病のために余命いくばくもない美女である。エマニュエル・セニエの黒髪、こげ茶の目、どことなく浅黒い肌の妖しい翳《かげ》りのある美貌が、オディールの「エロスとタナトス」の隠された欲望の存在に説得力を与える。もともとオディールという名前は、バレエ『白鳥の湖』の悪魔ロットバルトの娘である黒鳥と同名なので、眠れる美女がダーク・レディを意味すること、つまり性的魅力に溢れる危険な女、死への誘い手である可能性を読み取る観客は欧米には多いだろう。オディールは、原作の江口老人が最後の夜に添い寝した二人の娘(白い娘と黒い娘)のうちの黒い娘を意味する。結末で黒い娘は江口老人を残して先に死んでいくので、年若いオディールも原作にならってより脆弱に見えた老人ピエールを後に残して先に他界する。ミレール版は、表面は川端原作を完全に塗り替えているように見せながら、その内面において川端のコンセプトに意外なほど忠実である。

エロスとタナトスが紙一重の存在であることを中条省平は「『オディールの夏』に活写されている生＝性の欲望は、つねに、絶対的に、死の欲望と隣裡合わせに存在している」(中条4)と以下のように語る。

この自殺未遂の落下のイメージに呼応して、ヒロインが姿を現す。遊園地のジェットコースターに乗って落下を繰り返すオディールである。そこで彼女が浮かべる放心したような微笑み(この映画の原題は「微笑み」だ)には、明らかに性的なニュアンスがまとわりついている。実際、『オディールの夏』は、死を間近にした人間が抱く性的欲望についての精妙極まりない考察なのである。主人公のピエール＝フランソワは、心臓病でいつ死を迎えてもおかしくない老年にさしかかった精神科医だし、オディールもしばしば原因不明の鼻血を出し、「他の世界に行くかもしれない」と遺言めいたメッセージの録音を残している。この二人の出会いは、「眠れる美女」のイメージを介して実現される。ピエール＝フランソワが、寝室に置いて眺めていた「眠れる美女」の絵をもって列車に乗りこむと、客室には、絵の女性と同じ姿態でオディールが眠っているのである。監督のクロード・ミレールは、この女性のイメージを川端康成の『眠れる美女』から触発されたという。理由は明白だろう。『眠れる美女』は、睡眠薬で昏睡状態にされた女たちに死体愛好的欲望を抱く老人たちの物語だからだ。ここでも、生＝性の欲望をしのぐ欲望がくろぐろと濡らしている。（中条4）

ミレール監督は、エロスとタナトスが老人と美女たちにとって共存する存在であることを映像上巧みに暗示する。院長ピエールの気を惹きたい女性入院患者ブリジットは、全裸で大池に飛びこみ、自殺未遂を企てる。オディールのジェットコースターによる落下が危険を伴う性的なイメージであることは、その恍惚となった表情によって表現される。オディールの墜落する快感がタナトスとエロスと関連することは、ピエールの心臓の検診と遊園地でのストリップショーが交互にジェットコースターの場面に挟まれていることからわかる。ジェットコースターは、オディールの性的落下と冥界への落下の欲望、つまりエロスとタナトスを表象する。映画の前半は死と性にまつわる逸話とイメージが品と形を変えて交互に繰り返され、積み重なっていく。列車の中で眠るオディールは、男性とキスの最中に児童が見守る中、天に舞い上がる夢を見るが、夢での空中浮遊はオディールの性的快感への期待である。この場面が死と結びつくのは、オディールがストリップショーで大喝采を浴びながら、謎の笑みを浮かべ、血を流した聖女のように息絶える場面と重なるからである。さらに列車の中の「眠れる美女」オディールを見染めたピエールがオディールに再会するのは、森のさびしいテニス・コートである。ピエールは、自転車で薄暗い坂道を急降下した後、つまり胎児が産道を落下して明るい世界に出るように、日の当たるテニス・コートのオディールの姿をみつけるが、オディールの職業がテニスのインストラクターというのも性的暗示に満ちている。ラケットを振り回すオディールに向かって、男性の器官を連想させる筒状の機械がボールを次々と発射する。日本語でも「男を手玉にとる」というが、オディールは玉をいったん受け入れた後、たたき返すテニスという競技に従事している。オディールはピエールを魅了して関係を結び、ストリッパーになって男たちの欲望を手玉に取った後、満足して死んでいくダーク・レディである。原作者川端の意図した「死亡遊戯」は、老人と美女の双方のエロスとタナトスによって達成されている。

(3)『眠れる美女』

原作『眠れる美女』における江口老人の心に潜む近親相姦《インセスト》の願望は、母親だけではなく、娘に対しても存在する。R・スターズが指摘するように（スターズ197）、江口老人の夢において末娘が産み落とした奇形の赤ん坊を八つ裂きにすること、一番気に入っていたこの娘が嫁入り前に処女を奪われ、屈辱と羞恥を覚えたと告白する部分において、父の娘に対する近親相姦的愛情は明白である。

　江口由夫老人に扮した原田芳雄版は、原作の母親中心のインセスト願望を嫁へと転化する。嫁・菊子への舅の愛という点で、川端の『山の音』を取り入れた内容になっている。長男の嫁の江口菊子（大西結花）は、遊び人の江口周一（信太昌之）と結婚して数年たつが子宝に恵まれない。孤児であった菊子は、同居する著名な音楽評論家の義父（原田芳雄）に浴室で裸体を見られてからお互いを意識するようになり、尊敬が男女の愛に変わっていく。義父の秘密の館通いを知った菊子は、義父との契りを夢見て一夜だけ「眠れる美女」になる。いつものように江口は「菊子、おまえは私と結ばれるべきだった」と「眠れる美女」に声をかけ、その肢体をまさぐっていると、美女の口が動き、菊子本人であることに驚愕するが、若い情熱に押されて関係を持ってしまう。江口が「全身の力を吸いとられるような気がした」と感じたことが的中して、菊子は懐妊する。とまどいを隠しきれない江口に追い打ちをかけるように、友人の医師が江口の長男と菊子は腹違いの兄妹であることを告げる。つまり菊子は、道楽ものの江口が一夜限りの関わりで芸子に産ませた実の娘であった。その事実を知っていた館のマダム（鰐淵晴子）は、菊子の亡き母と友人であったため、復讐心から菊子の計略に乗ったのである。何も知らずに喜ぶ女医の妻（吉行和子）、長男はもちろん嫁の菊子にも真実を隠したまま、江口は孫であり、息子である赤子の宮詣りに、共に実子である息子と嫁（娘）の後を杖をつきながらよたよたと従い、一家の記念写真にめでたく収まる。

原田版は、江口老人の秘密の館通いという設定だけが原作に忠実であり、他は大胆に翻案化している。近づく死に対する瞑想は、江口老人の友人が次々と亡くなることで表現するが、それ以上に江口が「現役の男」である点を強調する。江口に扮する原田芳雄は五十五歳だったが、枯れるどころではなく、男の色気をにじませる。したがってラブ・シーンに不自然さはなく、映像上の鑑賞に堪える。原田の江口老人は、若い嫁がなびいても不思議はないという説得力を持つからである。

原作とは違って江口の職業は音楽評論家兼大学講師と明白にされ、妻、長男、嫁（実は娘）は、江口の回想の中ではなく、現実に生活を共にする人物として描かれる。幻想性の高い、老人のお伽噺の色彩を持つ原作と違って、原田版映画はすべてリアルな設定に変更されている。原作を大幅に変更し、枠組みをはみ出しているが、映画としては成功している。登場人物を現実的に設定しなおすことによって、映像上のリアリティが生まれ、ストーリーにも画面にもより動きが生まれ、単調さを免れているためである。現実と幻想性のギャップの橋渡し役としては能面が登場する。江口老人が友人の形見の能面を菊子に被らせて感嘆する場面があるが、

『眠れる美女』
監督：横山博人、脚本：石堂淑朗
キャスト：原田芳雄、大西結花、吉行和子、福田義之、鰐淵晴子、観世栄夫、長門裕之
1995年、日本、配給：ユーロスペース、110分、VHS：R15指定、東宝：発売

これは能の「江口」が江口老人の名前の由来であることを匂わせる。旅をする僧侶が、摂津の国の遊女の江口の君の幽霊が悟りを開いた後、普賢菩薩となったことを見聞したという能のストーリーを巧みに暗示する。それと同時に能面がこの世とあの世、そして現実の世界(江口の家庭)と幻想の世界(「眠れる美女」の館)の二つの世界の橋渡し役であることも示す。

「眠れる美女の館」は、日本情緒たっぷりの緑鮮やかな竹藪の果てにある。和式の薄暗く、妖しいたたずまいを持ちながら洋風の家具と装飾に飾られた館の建築に、ハーフの鰐淵晴子が粋でモダンな着物姿で接待するのは和と洋の織りなすハーモニーのきわみである。日本的「陰翳礼讃」に大正モダニズムの和洋折衷疑似形式が加味された勝利と言える。出演男優と女優は、その場面に応じて洋服と着物を効果的に使い分けて着こなし、背景も料亭や神社の純和風の対比としてモダンなベッドの置かれた洋室にコンピューターが陣取り、現代日本の有産階級の生活様式を如実に映し出す。この映画の成功は、予想外に展開するストーリーのたくみさと俳優陣の魅力に加えて、背景となる大道具や小道具の凝った趣味の良さが観客をあきさせずに最後まで引っ張っていく所に負っている。原作と大きく設定が異なるためにこの映画版に対する評価や好き好きは大きく分かれると思われるが、風雅で風格があり、楽しめるという点で原田版『眠れる美女』は健闘している。

(4)Bellas durmientes(Sleeping Beauties)

日本では、スペインでの映画化は広く知られていないし、この映画を鑑賞する機会も日本では恵まれず、ＤＶＤも入手しがたい。ただしYou Tubeで部分的に鑑賞することが可能である。老人が二人の美女に挟まれて寝る最後の方の場面では、老人の独白が主である。メゾンの外からは海の音が絶えず聞こえ、東洋系の娘が亡くなり、マダムが登場した後、老人は残った白人の娘と再び寝入るところなど原作に忠実な結末である。作品を通して見ないとわからないが、かなり質の高い、良い文芸映画のようであり、川端の国際的人気を裏付けている。

(5)『眠れる美女』(Das Haus Der Schlafebden Schönen, House of Sleeping Beauties)

秘密の館の所在地を明言していない原作に対して、ドイツ映画『眠れる美女』の舞台は、ドイツの首都ベルリンである。主人公の江口老人はエドモンド(ヴァディム・グロウナ)になり、職業を特定していない原作と違って成功した実業家とされる。江口老人は妻と嫁にいった三人の娘に恵まれているが、エドモンドは十五年前に離婚争議中の妻が運転した車の事故で妻と娘を失った。エドモンドは、お抱え運転手を雇い、美人の秘書を雇う経済的に成功し、社会的にも一目置かれる成功者だが、妻の死が事故ではなく自殺だったのではないかという疑いをぬぐえず、自責の念にさいなまれる人生の目的を失った孤独な老人である。映画は、エドモンドが待つ者を持たない孤立した状態に陥った経緯を述べる第三者の男の声とエドモンドの独白を交互に重ねて説明しながら、わびしい表情で一人でフリードリッヒ・シュトラッセ駅の階段を小太りの体を引きずって上り下りする姿を映し出して始まる。活字によって読者の頭の中に漠然としたイメージを浮かびあがらせればよい小説から、映像という直接目で確かめられる媒体へと表現形式を移すにあたって、物語は必然的に現実的に設定される。逆にいうならば、エドモンドの置かれた昼間の世界のリアリティの確かさが、夜間の館という魔界のあやしさを強調する。秘密のメゾンを紹介する大学教授コーギ（マクシミリアン・シェル）のマンションの

Bellas durmientes（Sleeping Beauties）
監督・脚本：エロイ・ロサノ
キャスト：クリベ・アリンデル、テレサ・ギンペラ、ハネ・バウティスタ
2002年、スペイン

窓から見える外の景色は幻想的な美しさである。うす暗い空に綿菓子のような雲が浮き、真っ白なペガサスの像が見える。伝統あふれる落ち着きとモダンな近代性を備えた昼間の町ベルリンと、魔女めいたマダム（アンゲラ・ヴィンクラー）の棲む老人用お伽噺の夜の館という対照的な二つの世界は、境界線を行き来するエドモンド老人にふさわしいたたずまいである。

　エドモンドを夜の高速道路を走ってメゾンに運ぶ自家用車の専属運転手も意味ありげだが、館の中年マダムもモダンで毅然とした態度の中に底知れぬ闇を感じさせる。夜ごと異なる美女の眠る部屋は、世紀末ウィーンのような東洋趣味の退廃的で豪奢な装飾に満ちている。蚊帳のような黒い薄い透けるカーテンの中で、片腕を半分出した全裸のうら若い美女が気持ちよさそうにすやすやと眠

る。エドモンドは娘の髪をさわり、匂いを嗅ぎ、背中から腰まで撫で、キスをして、乳房を吸い、仰向けにひっくり返してしげしげと観察し、起こそうと揺さぶる。エドモンドは、原作の江口老人が試してみた動作をそのまま繰り返し、江口老人の胸に浮かんだせりふはエドモンドの声でナレーションになって流れる。エドモンドとマダムの間で交わされる会話の内容は、原作を忠実に再現している。

この映画では、「江口老人の禁じられた遊び」の遊戯性はなりを潜め、死と向き合う真摯な硬さが強調されている。エドモンドは、道楽に縁遠い人物らしく、洗練された道楽者の雰囲気はない。猪突猛進の堅物にふさわしく、娘の美しさにそそのかされて禁を破り、娘の一人を妊娠させようと犯してしまう。主役エドモンドを演じた監督のグロウナは「人は自分の存在と戯れるものだ」（DVD『眠れる美女』メイキング）と述べる。映画の雰囲気は幻想的デカダンスに溢れているが、映画の信条において人間の存在論を中心にした戯れが主として強調される。グロウナは、原作が作品の中核をなすエロスとタナトスを遊

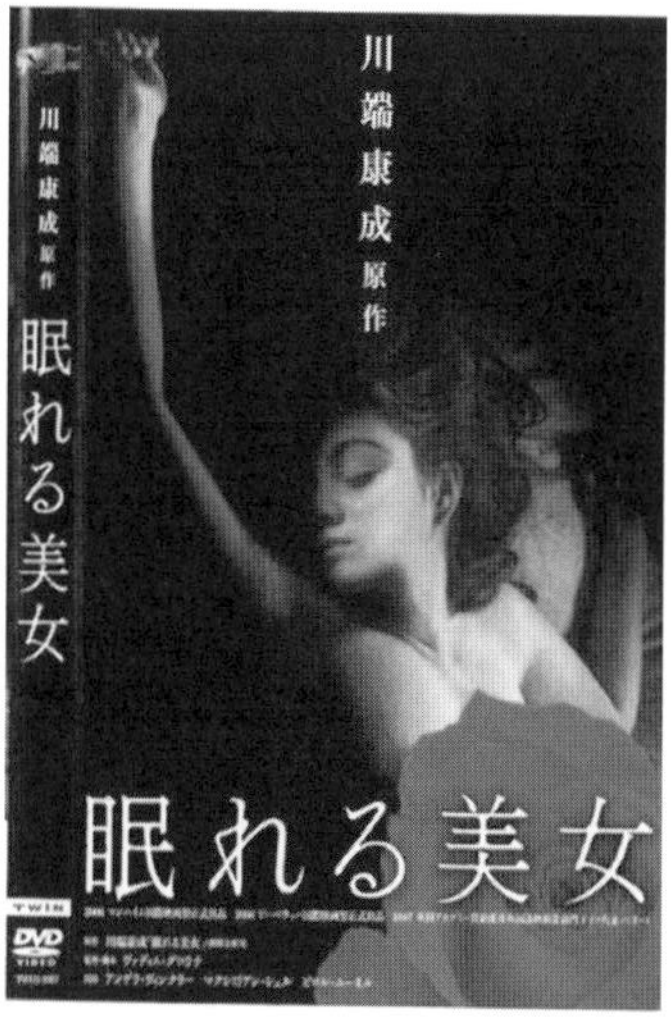

『眠れる美女』
監督・脚本：ヴァディム・グロウナ
キャスト：ヴァディム・グロウナ、マクシミリアン・シェル、アンゲラ・ヴィンクラー、ビロル・ユーネル、モナ・グラス、マリーナ・ヴァイス、ベンヤミン・チャブック
2005年、ドイツ
配給：ワコー＝ツイン、103分
R-18指定
DVD：ツイン発売、ジェネオンエンタテイメント販売

戯性というオブラートで包んでいるのに反して、中味そのものをむき出しにして観客に提示する。それが監督の個性だともいえるが、直線的で無駄を省く、迂回しない形式がドイツ的魂の在り方を示した一例であり、ドイツ人らしい表現法だと考えることもできる。

グロウナの映画が原作と著しく異なるのは結論部である。原作同様、白い娘と黒い娘の二人に挟まれて休むエドモンドは、黒い娘の呼吸が止まっているの発見するところまでは同じだが、映画はその後、エドモンド老人の生命をマダムに奪わせている。メゾンのルールを大胆に破ったエドモンドは、紹介者のコーギの「エドモンドを責めるな、彼は孤独なんだ、自由にしてやれ、わかるな?」という指令のもとに殺される。娘のいないベッドに案内されたエドモンドは、飲まされた薬によって心臓発作を起こし、死に際して脳裡に女性たちの姿をフラッシュバックさせ、天使の白衣をまとったマダムに見守られながら息絶える。エドモンドの遺体が外の車に運び出され、帽子を深くかぶって夜の通りを歩くマダムの背に「終わりました」とナレーションの声がかぶさると、コーギの「君は頼りになると思っていたよ」という声がどこからともなく聞こえてくる。

白衣のマダムを死に際のエドモンドは天使と見たが、観客には死に神とも聖母マリアとも見える。死に秘かにあこがれ、死によって自由になることを望んだためにメゾンに引きつけられ、本望を果たしたエドモンドにとって、マダムは、死に神、天使、聖母マリアの三役を果たしたと言ってよい。マダムがエドモンドの前で脚をわざと見せたり、胸の前を気にしたりなど、原作にはない自己顕示の誘惑的所作を見せるのは、マダムがエドモンドを誘惑する死の女神の役割を担っているからであろう。原作の江口老人は、亡くなるところまではいかず、黒い娘の死体を運びだす車の音を耳にして想像をたくましくするのみである。グロウナの結末部分の解釈は、マダムが老人の死の選択の後押しをしたというR・スターズの見解を映像上具体的に示したことになる。原作者川端は、結末では江口老人を生かして終わらせ、その後のことは読者の想像にまかせる曖昧さを残している。黒白をはっきりつけないことによって含みを持たせる日本文化の伝統が反映されているが、欧米の読者や観客には明確な結末が好まれると考えられる。映像化にあたっては、結末をはっきり示した方が観客が納得するのかもしれないが、日本の田村高廣主演の映画化では、原作に忠実に遠からずやってくるお迎えを待つ江口老人という設定を守っている。結末の解釈と表現の仕方に、監督の個性を超えた日本と欧米の文化の違いによる好みが表れている。

結末部と細部の設定の変更は別として、グロウナの映画化は、川端の原作に概ね忠実である。ヨーロッパで作られる映画は、アメリカとは違って監督の権限が大きく、他のスタッフや出演俳優たちは、監督の裁量の中でしか動けないと言われる。この点が監督以外も大きな発言権を持ちうるアメリカ映画とは違う。特にこの映画では、監督、脚本、製作、主演のすべてをヴァディム・グロウナがつとめているので、その影響力の大きさは押して知るべしである。したがって作者の意図、作品の味と質を損なうことなく、ドイツの風土に合わせた翻案化に成功したという点でグロウナの実績は大きい。ノーベル文学賞を受賞したとはいえ、きわめて日本的で外国人にはわかりにくいと思われる川端文学がドイツで見事に映画化されたことは、川端康成が文化や言語を超越して万人に通じる本質的人間理解を備えた作家であることを証明する。

(6)『スリーピング　ビューティー：禁断の悦び』(Sleeping Beauty)

オーストラリアの女性監督による映画『スリーピングビューティー』が原作の川端版、ドイツのグロウナ映画とは違うのは第一に、視点が老人男性から眠る美女に移行する点である。生きた人形であることがたてまえの原作の着想を破って、この映画では、美女が目覚めている時の経済的に困窮した現実生活を書き込み、老人が美女のアルバイト源であることが強調される。眠れる美女ルーシーは、王子様が用意されないシンデレラの現代版パロディでもある。映画は、ルーシーが白衣を着た検査技師のモルモットとして日銭を稼ぐ場面からスタートする。女子大生のルーシーは、母親の情夫から家賃の支払いを迫られ、自宅から追い出される。ルーシーは、検査所の他にカフェのウェイトレス、事務所のコピー係とめまぐるしく場所を変えて小銭を稼ぐ。ルーシーのプリンス・チャーミングは、死の床にある青年で、愛を交わすことはできない。彼の葬式で以前袖にした男に再会したルーシーは、結婚を迫るが罵倒される。八方塞がりの現代版シンデレラは、自力で生きる活路を見出さねばならない。ルーシーにつかの間の贅沢を許す御伽の国への入り口は、秘密の売春宿の「眠れる美女」になることである。「シルバー・サービス」をうたうメゾンの人気企業並みに厳しい面接とテストがリアルに描かれる――待合室で待つルーシーの姿がモニターで本部に映し出されてチェックされ、契約事項の確認、マダムと支配人立会のもとの身体検査、日を改めて婦人科内診にまで及ぶ。ルーシーが眠れる美女の合格認証を獲得するまでの過程が綿密に描かれ、ここまでで所要時間の半分が費やされる。老人が登場するのは後半に入ってからなので、映画の力点が美女にあることは明白で、原作を支配する主人公の老人は美女にとっての背景の一つにすぎない。サラという芸名を貰ったルーシーを買う老人は次々と変わり、三人を数える。それぞれの老人が個性に応じて変わった仕草を披露する――妻喪失の痛手を抱える最初の老人は哲学的な紳士で、サラを優しく撫でるだけ、二番目の老人は、口汚くサラを罵り、性的行為をまねてサラの上にまたがる、三番目のプロレスラー風の老人はサラをベッドから引きずりおろして担いで遊ぶが、胸が苦しくなってへたりこむ。

原作と違う第二の点は、人形役の美女が眠らされている間に何をされているのか知ろうとするところである。ルーシーは「一度でいいから眠り薬を飲まずに臨みたい」とマダムに申し出るが、「気持ちはわかるけれど、ルール違反よ、お年寄りの秘密を暴くのはだめ」と断られる。ルーシーは従順に薬を飲むが、隠しカメラを部

『スリーピング　ビューティー：禁断の悦び』(Sleeping Beauty)
監督・脚本：ジュリア・リー
キャスト：エミリー・ブラウニング、レイチェル・ブレイク、ユアン・レスリー、ピーター・キャロル、クリス・ヘイウッド、マイケル・ドーマン
2011年、オーストラリア
配給：クロックワークス、101分
R-15指定
DVD：クロックワークス発売、松竹映像商品部販売

屋にセットして秘密を探る。映画の結末を示し、暗転の後、エンド・クレジットの直前に出る場面、つまり結末とエンド・クレジットに挟まれた画面は、ルーシーが隠しカメラで撮影したベッドで眠るルーシーと最初の老人の録画である。ルーシーが生きた人形でない点は、映画の時間配分と枠組みだけではなく、「真実を自分の目で確かめたい」、「自分のことは把握しておきたい」という積極的な生き方と意志によって示されている。ルーシーは川端が意図した老人の餌食になる生きた人形として登場しないのである。

第三の原作との相違点は、物語の結末である。サラ（ルーシー）の最初と最後の相手である老人が睡眠薬自殺を図る。マダムによって蘇生されたサラが老人の心中の相手にされかかったことを知って、大声で泣き叫ぶ場面がストーリーとしての結末である。監督と脚本をつとめたジュリア・リーも批評のR・スターズと脚本監督のグロウナの見解を踏襲して、原作の曖昧性を拒否する。グロウナ版では、老人が罰としての死を他者から賜るが、このリー版では老人が自ら選びとった形で静かに安らかに死んでいく。罪を自覚して泣きわめくのは、老人を利用して小銭を稼いだ眠れる美女のルーシーである。リー版では、眠れる美女を主体に据え、老人は美女から見た客体であるゆえに、「死亡遊戯」を企てたのが老人であったとしても、その代償と罰は美女にふりかかる。リー版は原作の美女の受動性を徹頭徹尾覆し、美女の主体性を前面に押し出した映画化である。

原作が日本であることを意識してか、メゾンの装飾品に異国情緒が見られる。ルーシーの身づくろい教習部屋の壁面は、金色の日本の屏風絵が取り巻き、マダムが美女と客の老人にふるまう睡眠薬は、日本の茶道で用いる茶筅《ちゃせん》と茶杓《ちゃしゃく》が使用される。他の映画とは異なり、老人男性のオールヌードが次々と現れるが、高級浴場の男性更衣室を撮影したかのように清潔でいやらしさがない。主演の女優のエミリー・ブラウニングは、欧米人には珍しく小柄で、豊満さはなく、体操着に着替える時の女子中学生のような初々しい清潔感を持ち、透き通るような肌と可憐な容姿を披露する。全体として、美しい動く絵画を鑑賞する気分にさせられ、いやらしさやあやうさがない安心できる映画である。

しかしそれだけに、原作やこれまでの映画化にみられるあやしさとすごみがそぎ取られた感じで、物足りなさが残ることも事実である。原作『眠れる美女』は老人のセクシュアリティ、生と性への渇望と未練が色濃く表れた作品なのに、若い女性監督の手による今回の映画化には、そのせつなさ、うしろめたさは部分的にしか表現されず、川端文学の持つ背徳の美学が薄まってしまっている。だがそれだから、R18ではなくR15指定ですんだのかもしれない。海外で複数回映画化された川端の人気小説の映画化にあたっては、以前の作品とは違った視点を打ち出すことによって独自性を主張しないといけないという側面がある。したがって、原作の意図に忠実かどうかということを離れて、今回のリー監督の翻案化は現代的女性の視点から描いたという点で評価されていい。

筆者は、公開当時二〇一一年十一月の夜、新宿伊勢丹前の映画館で夜九時五分から十時五十分までの一日一回限り二週間の上映を鑑賞した。初日の土曜日に行った。観客席は半分ほどの入りで、高齢の男性が目立ったが、若いアヴェックも後からやってきた。パンフレットは作られていないのでチラシを捜したが、開演前から一枚も残っておらず手に入らなかった。機転をきかせてくださった映画館の係員の好意によって、下の別の映画館から最後の一枚をやっと入手できた。広く長く上映された映画ではないが、文芸作品愛好家には人気があり、ＤＶＤ化もされたので映画化は成功だったといえる。

＊

『眠れる美女』が日本で二回、海外で四回、計六回映画化されているという事実だけを見ても、川端文学の世界的人気と注目度の高さは明白である。川端作品、とりわけ『眠れる美女』はなぜ世界的人気を博しているのか。その理由の第一は、川端が一九六八年に日本人として初めてノーベル賞を受賞したことによる知名度の高さである。

しかしそれだけでは異例ともいえる映像化頻度の高さは説明がつかない。日本以外の国々でも愛される理由は、第二に川端の『眠れる美女』は、フランスのシャルル・ペローによる『ペロー童話集』、ドイツのヤーコプとヴィルヘルムのグリム兄弟が編纂した『グリム童話』の中の「眠れる森の美女」("Sleeping Beauty")あるいは「いばら姫」を連想させるからである。川端の『眠れる美女』は世界的に有名なメルヘン「眠れる森の美女」の変形させれらたもの、いわばプリンス・チャーミングがもし老いさらばえた王様だったらどうなるかという仮説のもとに書き直された物語だととらえることもできる。メルヘンでは、百年の眠りについた王女は、若き王子の接吻によって目を覚まし、結婚する。しかしもし醜い老人の接吻だとしたら、それは王女にとって脅威であり、知らないで眠り続けた方が幸福である。年老いた王と若い王女のどちらかが永遠の眠りについて、王の老醜をさらさずにすますしかないのだ。

人気の第三番目の理由は、川端文学が世界的に共有される心理学のイメージあるいはシンボルを盛り込んでいるからである。『眠れる美女』の母への思慕には「エディプス・コンプレックス」と「グレート・マザー」のイメージが連想され、「白い蝶」(30、32、100)によって死と愛の幻想をイメージする。第二と第三の理由は、『眠れる美女』が表面は日本的な雰囲気を持ちながら、西洋文化の概念を明白にあるいは秘かに豊富に用いているため、日本文化の枠組みを超えて世界に浸透する力を持つことによる。川端は日本の古典のみならず、西洋の文学と文化にも造詣が深かったことがその作品の随所で証明されているわけである。

そして最後の第四番目の理由は、日本と西洋という枠組みを超えた川端文学の普遍性が挙げられる。『眠れる美女』の生と死、エロスとタナトス、運命の女《ファム・ファタール》に翻弄される男性、母性回帰願望、老年の心境、悪の問題、また筆者が作品の分析で挙げたネクロフィリア、吸血鬼の欲望、フェティシムズ、インセスト、死亡遊戯の概念は古今東西において人間が共通に持つために、共感し、共鳴する確率が高いからである。それゆえ『眠れる美女』は、国境を越えて各国の映画関係者のインスピレーションを掻き立て、映画化への欲望を駆り立てるモチーフとして存在する名作なのである。

参考文献

川端康成『眠れる美女』新潮文庫、一九六五年

栗原雅直『川端康成　精神医学者による作品分析』中央公論社、一九八二年

澁澤龍彦『エロティシズム』中公文庫、一九八四年

中条省平「夢のような痙攣的感覚」『オディールの夏』(Le Sourire)パンフレット、ヘラルド・エース、一九九四年

フロイト、ジークムント「呪物崇拝」『フロイト著作集5』懸田克躬他訳、人文書院、一九六九年

三島由紀夫「解説『眠れる美女』」『眠れる美女』新潮文庫、一九六五年

ミレール、クロード『オディールの夏』(Le Sourire)パンフレット、ヘラルド・エース、一九九四年

ロレンス、D・H「エドガー・アラン・ポー」『アメリカ文学論』永松定訳、彌生書房、一九七四年

バタイユ、ジョルジュ『エロティシズムの歴史』湯浅博雄他訳、哲学書房、二〇〇一年

『精神分析事典』小比木啓吾、北山修他、岩崎学術出版社、二〇〇二年

『眠れる美女』パンフレット、愛育社、二〇〇七年

Petersen, Gwenn Boardman. "Kawabata Yasunari." *The Moon in the Water: Understanding Tanizaki, Kawabata, and Mishima*. Honolulu: University of Hawaii Press, 1979.

Starrs, Roy. *Soundings in Time: The Fictive Art of Yasunari Kawabata*. Surrey: Japan Library, 1998.

Wilde, Oscar. "The Ballad of Reading Goal." *The Complete Works of Oscar Wilde*. New York: Harper & Row, Publishsers,1989.

第八章　川端康成『美しさと哀しみと』サイコホラーの側面

心理に詳しい川端康成

川端康成は、日本の伝統的美意識を追求し、日本の古典文学に日本人の精神の原点を見出した作家である。『古今集』『枕草子』『源氏物語』の伝統を引き合いに出して、川端自身の作品が西洋流とは「心の根本がちがう」(川端「美しい日本の私」28)ことを強調した。純和風調を装う文壇の紳士、川端の作品をサイコホラーの視点から鑑賞することは意外に見えるが、心理学をよく知っていた川端の一部の作品を読み解くのにふさわしい方法である。川端の小説、特に『美しさと哀しみと』は、サイコホラーとして鑑賞できる。

サイコホラーとはなにか

サイコホラー(サイコロジカル・ホラーPsychological Horror)は、精神病質者あるいは精神異常者とされる危ない人物サイコ(psycho)の心の闇がもたらす恐怖を描くアートである。「サイコホラー」は、「ホラー」のサブジャンル(下位区分)である。

「サイコホラー」が脚光を浴びるきっかけになったのは、ロバート・ブロックの小説『サイコ』(Psycho 一九五九年)がアルフレッド・ヒッチコック監督の『サイコ』(Psycho 一九六〇年)よって映画化されたことによる。覗き、変質者、精神異常、二重人格、暴力、殺人、マザー・コンプレックス、モーテル、ナイフ、シャワー・ルーム、血をキーワードとする映画『サイコ』は、センセーションを巻き起こした。ノーマン青年がシャワー中の美女ライラにナイフで切りつけるたびに一斉に観客は悲鳴を上げ、映画館は怖いものみたさの恐怖と歓喜の声であふれたという。

精神病質者による「魂の恐怖」を描くことを目的とする「サイコホラー」という呼び方は最近定着したものだが、古典的小説の中にもサイコホラーに分類できるものも多い。『歴史でたどるホラー文学：深層の恐怖を語る百科事典』(Horror Literature through History: An Encyclopedia of the Stories That Speak to Our Deepest Fears)の「サイコロジカル・ホラー」("Psychological Horror")の項目では、ナサニエル・ホーソンの「ヤング・グッドマン・ブラウン」(一八八五年)、エドガー・アラン・ポーの「リジイア」(一八三八年)と「アッシャー家の崩壊」(一八三九年)、シャーロット・パーキンス・ギルマンの「黄色い壁紙」(一八九二年)、ヘンリー・ジェームズの『ねじの回転』(一八九八年)などの十九世紀のアメリカ小説が紹介されている。これらの小説の中では、現実に殺人などの凶悪犯罪が行われた形跡はなく、恐怖は正気を失う寸前の主人公の心の中からやってくる。それでも読者は存分に恐怖を味わえる。天地崩壊などの壮大な恐怖よりも、誰もが心の片隅に秘めている、本能にもっている恐怖をつつき出した物語のほうがより身近なだけに、一層怖いからである。「サイコホラー」のジャンルは、二十世紀中庸スティーブン・キングの小説とその映画化等によって発展し定着したが、「サイコホラー」の根はもともとは小説に辿れる。

二十一世紀に入って、脳科学の進歩と共に「精神病質者《サイコパス》」の脳の構造が部分的ではあるが明らかになり、その逸脱した性格と反社会的行動と犯罪に関する研究が進められている。川端の『美しさと哀しみと』に登場するヒロイン上野音子の女弟子の坂上けい子もサイコパスと考えてよい。

正常な人物が遭遇する心理的恐怖も、サイコパスによる恐怖もサイコホラーの素材になる。サイコホラーは、「心理的恐怖」を描くのであるから、現実に凄惨な犯罪や惨劇が起こるとは限らないが、起こる場合もある。「サイコホラー」と呼ばれるジャンルは、ホラーの下位区分であると同時に心理小説のサブジャンルでもあり、「怪談」と重なる部分が多く、「サイコ・スリラー」との厳密な線引きもむずかしい。一つの小説が区分の上位から下位まで、そして横列の区分までも網羅してしまうこともありうる。『美しさと哀しみと』においても、「幻想文学」、「ホラー」、「サイコホラー」と区分を下っていくが、抽象的に読めば同列にある「怪談」としてのゴースト・ストリーとみなすことも、さらにまた全然違った角度から恋愛小説ととることもできよう。すぐれた小説ほど様々な角度からの読みを許すものであり、川端の『美しさと哀しみと』もその例外ではない。

川端とサイコホラー

川端康成が活躍していた時代は、サイコホラーという概念は一般的ではなかった。「魔界」「幻想」「夢」「幻」「妖気」「心霊学」などのキーワードで川端を語る試みは数多く存在するが、川端をサイコホラーで検索しても結果は得られない。二十一世紀に入って、川端の作品をサイコホラーと呼ぶ批評家も少しずつ現れてきた。東雅夫が川端の短編「弓浦市」を「近年流行しているいわゆる実話怪談系のサイコ・ホラーとも一脈通ずる」（東「解説　心霊と性愛と」『文豪怪談傑作選　川端康成集　片腕』377―378）と評する。また岩波明は、川端の『みずうみ』について「川端にとっては『もののあわれ』や『はかない美』などの抒情に通じるものだったかもしれない。しかしこれはまた一方で、サイコキラーによる残忍な犯罪の根底にある感情とも共通しているものである」（岩波「第十章　川端康成」『文豪はみんな、うつ』209）とする。岩波明は『みずうみ』を「ストーキングと幻」という観点で以下のように述べる。

ノーベル文学賞の受賞者である川端康成が、日本文学を代表する作家であることに異議を唱える人はいないであろう。『伊豆の踊子』や『雪国』において川端が描く抒情的な世界は、わが国の伝統的な「美」や「哀れ」を見事に表したものであることは間違いない。しかし川端は、このような「美しい日本の私」とは異質な別の顔を持っていた。それは表の世界における文壇の名士とは全く異なるものであり、世の中の常識に逆らう背徳的な横顔であるが、そこが彼の文学の魅力の源泉にもなっている。（中略）現実世界の川端は、「魔界」とは無縁の紳士的な文学者であった。しかし川端には深夜の徘徊を好んでどこまでも知らない町を歩き回る習癖があり、若い頃からの不眠症が高じた彼は、山のように睡眠薬を飲み続けて最期は自ら命を絶った。

※空想的、猟奇的なものへの志向は、川端の初期の作品から見られる。昭和六年に発表された『水晶幻想』では、次のように、様々な幻想的なイメージが丸ごと投げ出されている。「銀色のような魚。槍。おたまじゃくし。糸のついたゴム風船。十字架とフロイド。……過去と未来の姿が浮かび上がった、活動写真の画面。水晶幻想。玻瑠幻想。秋風。空。海。鏡」

（岩波「カルテ21ストーキングと幻　川端康成『みずうみ』」75＆77）

作者の現実の行動とその人が生み出した作品の登場人物が同質のものでないことは、岩波明の指摘する通りである。川端は、現実の世界では尊敬される文壇の長老だったし、ストーカーで捕まったことなどない。作家のパーソナリティとその人が創作した人格とが完全な一致をみるものでないことはあまねく知られている。

しかし、岩波が追って指摘するように、作品は作り手の現実の世界では見せない「もう一つの顔」、言葉を換えれば作者の「抑圧された欲望」を表していることもある。抑圧すべきいけない欲望や危ない衝動を創作へのエネルギーに変えて発散することによって、作者自身は正気を保って清く生きうる。もやもやした思い、危険な衝動などのストレスや欲望をスポーツによって解消するのと同じである。したがって川端の作品は川端自身の現実に認知された人格を表すものではないが、川端の心の奥深く潜めた世界や欲望を表していると考えてよい。

川端の神秘的なものへの興味と洞察力ある共感性について中河與一が以下のように指摘する。

何か怪奇なもの、うす氣味の悪いものに、興味を持つところが川端には昔からあったが、それが川端に於ける本質であったのにちがひない。吾々は彼の作品を讀む時、何時も彼のさういふ第六感的なものに敬意を拂ひ感心することが多い。川端に於ける神祕主義といふ事は人が餘り云はないが、寧ろそこに彼の本質があるやうな氣がする。おそらく神祕主義者としての彼は現代に於けるたった一人の優れた存在と云へるだらう。（中河2）

中河は、川端が神秘主義者フラマリオンの「幽霊や魂魄とかいふやうな不可知の世界についての事實談のやうなもの」を書いた本が特別に好きで、「その影響は今もなほ彼に於ては重大なものではないかといふ氣がする。本自身はチャチなものかもしれないが、それが今日の川端に於て、不思議な結實をもたらしてゐるといふことは驚くべき現象である」（中河2）と言う。川端がフラマリオンに始まる心霊学に大いなる関心を持ち、その概念を自分の創作に熱心に取り入れ受容したことは、羽鳥徹哉が「川端康成と心霊学」（一九七九年）において詳しく検証している。中河は「川端の仕事の第一の特長は以上の如く一種の神祕主義と云へるが、それに不思議な色氣と非情といふものが大きい裏付けになってゐると云ったらどうであらう。然もそれらの作品の根底にあるものは常に虚無感であって、それも一種の東洋主義の傾きを濃厚に持つたものと云ふべきかと思ふ」(中河2)と述べる。

川端は「怪奇なもの、うす氣味の悪いもの」に興味を持ち、精神分析に詳しく、特に異常心理の分析と理解にすぐれていた。サイコホラーが川端の得意分野なのは当然である。

川端がサイコ(精神分析、精神病質者)に詳しかった一つの例として映画『狂った一頁』(一九二六年)のシナリオ担当が挙げられる。『狂った一頁』は、精神病院を舞台にした斬新で前衛的《アヴァンギャルド》なサイレント映画である。二十七歳の新進作家だった川端は、小説『伊豆の踊子』発表直後に、新感覚派の同人の横光利一の紹介で衣笠貞之助監督のために書き下ろした。夫の虐待と放置のために精神を病み、脳病院に収容された妻を見守るために、元船員の夫が病院の小使いとして働く。美人の娘が良家と縁談がまとまり、男は嫁入り道具を福引きで引き当てる幻想や、妻を病院から逃亡させ、医師を殺す幻覚を見た末に、錯乱した男は狂った患者たちに笑った能面を被せ、自分も微笑んだ能面をつけて悦に入る幻覚にとらわれる。『狂った一頁』は、ドイツ表現主義の白眉とされる映画『カリガリ博士』(一九二〇年)からの影響を指摘されるが、『カリガリ博士』のように重く陰惨な印象はなく、逆に人間的つながりの復活をめざすほのぼのとしたほほえましささえ感じられる。監督の衣笠貞之助は、映画製作にあたって、松沢脳病院を見学してその詳細を川端康成と横光利一両氏に話して聞かせた(衣笠9)という。川端にとって若い日のこの経験は、題材としてのサイコホラーに対する足場固めになり、映画製作に関する意欲と興味を高めたことはまちがいない。

川端の作品における精神分析、特にフロイトとの関連性という今まで手薄であった点に正面から切りこんだ研究に、シェリフ・ラムシー・メベッド(Sharif Ramsey Mebed)の博士論文『川端文学におけるフロイト思想の影響を巡る一考察：自由連想から『不気味なものまで』』がある。メベッドは、フロイト思想の「影響はテーマ的なものだけではなく、文体にも影響が及んでいる」(3)、「特に母への憧れ、不気味なものに関する記述などは、川端がフロイトの思想を知らずにしては書くことができなかったと考えられる」(11)、川端は「文学の創造過程を心理のレベルで考え」(19)、「文芸の研究を科学的な立場から考察して理解を深めたいという意図は明らかであり」(19)、「川端は小説を書くことで、脳や神経にどのような作用が起こるのかということを考えていた」(19)と指摘する。独創的な多面体である川端が、フロイトの思想のみに多くを負って作品を生み出したとは考えられないが、フロイトやユングをはじめとする心理学の影響が川端作品の多くに見られることは事実である。

境界越境

『美しさと哀しみと』は境界越境の物語である。『雪国』の有名な一節「国境の長いトンネルを抜けると雪国であった」(川端5)を思い出させる。

『雪国』では妻子を東京に残した作家の島村が、列車のトンネルをくぐることによって現実から非現実的な世界の幻影へ導かれ、雪国の芸者の駒子とはかなく美しい恋愛を経験する。駒子の住まう「雪国」は、現世の汚れを洗い流した清らかで純粋な非現実の魅惑にあふれる世界である。雪をくり抜いてトンネルをつくることをこの地域では「胎内くぐり」(『雪国』154)というように、雪国は、島村にとって夢見る幻であり、女性的なものへの回帰、つまり母体回帰の願望を象徴する。

『美しさと哀しみと』でも『雪国』と同じ構造が見られる。北鎌倉に居を構える五十代の作家の大木年雄は、二十数年前に恋愛関係にあった日本画家の上野音子を京都まで訪ねることを思い立つ。除夜の鐘の音を音子と共に聞きたいという「むほん心」(9)を起こして、大木は東海道線特別急行列車「はと」に乗り込む。『雪国』のトンネルの役割は、『美しさと哀しみと』では廻転椅子が担う。五つある廻転椅子の一つだけが「きまった方向にきまった速度で廻っているというのではなかった。少し早くなったり、ゆるやかになったり、ときどき止まったり、また逆の方へ廻ることもあった。とにかくしかし、客車に大木一人だけの前で、廻転椅子の一つだけがひとりでに廻るのを見ているのは、大木の心のうちのさびしさを誘い出し、いろんな思いをゆらめかせた」(『美しさと哀しみと』7)。京都到着後のホテルの隣室の十二人の子供たちの外国語の騒がしさも、大木が異界にやってきたことを表す。大木は、外人の子供の騒がしさに孤独を感じ、「一つだけひとりで廻ってい た廻転椅子」(12)を思い出しているからである。大木の孤独な心は過去をさまよい、思い出にふける。三一歳の時、妻子ある大木は、十六歳の上野音子の純潔を奪って妊娠させ、女児を死産させた罪深い過去、音子から「妻となること、母となることを、自分が奪ってしまったのかという呵責」(13)が心に迫る。『雪国』の島村とは違って、大木はすでに女を弄《もてあそ》んだ罪を背負って音子との過去へやってきた。宿の女中が、狸に化かされて川に入り、助けを求めながら夢遊病のように山をさ迷い歩いた男の話を語るのは、物語の伏線である。大木が過去の罪ゆえにたたられていることを不吉にほのめかしている。

上野音子は、『雪国』の駒子とは違って、過去という時間の枠組みに閉じ込められた後、封印を解かれて異次元の世界から甦らされたゆえに、復讐のための魔性を蓄えていた可能性がある。音子の領域侵入を可能にしてしまった大木にとって、「川」は、「冥界と現生を隔てる自然の障壁、または冥界への入り口、しばしば、子宮――洞穴から流れ出る」(ド・フリース「川」の項目)ものに変容を遂げている。子宮の羊水を思わせる水は、母体回帰願望を持つ男にとって、「命の水」であると同時に、男を呑み込み、溺れさせて生命を奪う水でもある。男のエゴイズムに翻弄されて、女としての一生を歪められ、嬰児まで失った女の怨念は、男を再び自分の水域に呼び戻すことに成功した後、最後の仕上げに呑み込もうと待ちかまえていた。『美しさと哀しみと』は、『雪国』や『伊豆の踊子』とは違って、毒を持つ妖婦に変貌して男の再来を待ちわびている女の物語である。

輪廻転生

（1）廻転椅子

列車の中の廻転椅子は、大木の北鎌倉の自宅の「魔法の寝椅子」（89）を連想させる。書斎の廊下に置かれたこの寝椅子は、横になると仕事を忘れてすぐに眠りにつける「まったくふしぎ」（89）な椅子である。廻転椅子は、心地よい眠りと夢に誘う自宅の「魔法の椅子」を思い出させることから、大木の心は廻転する椅子を見て、夢幻の境地にさまよい出る。廻転椅子は、大木が過去の思いに心を向け、身体まで過去発掘の旅に向かっていることを示す。この廻転椅子は、「川端的思考法」（羽鳥276）である人間個人の「死の超越」を目指す「輪廻転生思想」を象徴する。大木は、四十代になった音子と再会することによって、空白の歳月を取り戻し、過去を反復し、過去に再び生きようとする。

音子との時空の空白を埋めるのは、音子の女弟子である二十四歳の美女、坂見けい子である。けい子は、音子の京都の家で寝食を共にするレズビアン関係にあるが、けい子は音子の若かった日の隠された魂の一部、つまり復讐の意志を受け継ぐ。けい子は、音子の失われた若さを再現するのみならず、その身体を音子に変わって移動させる。けい子は、大木父子の破滅を狙って京都から北鎌倉の大木宅へ足を延ばし、大津の湖に息子の太一郎を沈めようとする。

この小説の中では、音子を中心に時代を下ったり、さかのぼったりしながら「女であること」の美しさと哀しみが輪廻転生の形をとって描かれる。音子を軸に年月をさかのぼって音子の母に、音子から下って女弟子のけい子に、音子の描く絵「嬰児昇天」の中でけい子が抱く死産の女児に、はかないゆえに美しく哀しく、そして恨みゆえに怖い女の執念が表現される。妻子ある男のエゴイズムの犠牲になって、若さも人生も失ってしまった女の無念が怨念となって若い女の体を借りて輪廻転生してこの世を巡る。

（2）絵の中の花

『輪廻転生』は、人が幾たびも転生して人間のみならず動物や植物などの自然界の生き物に姿を変えて無限に生き返ると考える思想であり、その無限の転生を輪になって戻る車輪の軌跡にたとえる。けい子は、若き日の音子の業《カルマ》、つまり理性によって制御できない心の働きが形をなして生まれ変わった姿とみなせる。

大木が音子のことを思い出すきっかけとなったのは、百貨店の画廊で見た音子の赤いぼたんの絵であった。「赤い大輪のぼたんの花は幻怪のようであり、奥から孤独が光り出るようでもあった」（53）。大木は、「おののくようなよろこびを感じ」（53）、「このぼたんの絵の誘いもあった」（54）ため、京都行きを唐突に計画する。音子の大木への未練は、自然界の植物のぼたんを描いた絵に生まれ変わり、京都から東京へと移動して年月を乗り越えて、大木を誘惑する。さらに大木父子をかどわかそうとする「こわいようにきれいなひと」（54）であるけい子の意図も、大木の鎌倉宅に送られた「一輪の花に紅《あか》い花びらと白い花びらとがついている」「大きい梅の花の形」（55）に表れている。けい子の「怪しい魂がゆれ動いているようである。ほんとうに動いているようである」(55)梅の絵は、音子(白い花びら)がけい子(赤い花びら)と一体(梅の花)となって、大木の胸に再び飛び込もうとしていることを表す。音子は、けい子の若い肉体に己の魂を宿したうえで梅の花に転生して、大木の魂の拉致を企んでいる。

(3)湖

けい子の奸計は成功して、大木の長男太一郎はモオタア・ボートの事故で琵琶湖に沈む。一緒に乗ったけい子だけが助かり、太一郎に関しては「もう助かりっこないでしょうけれど……」(274)と言われるが、太一郎の遺体は発見されないし、亡くなったかどうかは定かでない。京都の女中が話した狸に化かされて川に引き込まれた男も命は助かっているので、太一郎も夢遊病者となって湖畔をさまよっているのかもしれない。魔女が住むとされる湖は、「生と死の交代」と同時に「復活」も表す(ド・フリース「湖」の項目)から、輪廻転生によって太一郎は甦っているかもしれない。

『みずうみ』では、生徒へのストーカー行為のために高校を首になった「魔界の住人」(『みずうみ』23)である元教師の桃井銀平にとって、「みずうみ」は母なるもの、女なるものを意味する。銀平は、気に入った美しい女を目にすると、後をつけたい衝動を抑えられず、彼女を母の故郷の「みずうみ」のイメージに変換して脳裏に記憶させ、埋めておく。銀平にとって、「みずうみ」は、母を意味すると同時に、女のみずうみ、つまりその胎内に含まれる粘膜あるいは羊水、自身を埋没させたい女の肉体を象徴する。銀平が後をつけてハンドバッグを奪った水木宮子は、二十五歳の若さで七十歳近い有田老人の妾になっている。宮子は、有田老人の母性渇望に応じる娼婦的な妖婦である。宮子は、ストーカーの銀平を追い払うためにバッグを投げつけるが、銀平は宮子も「自身ではそうと気がつかなくても、うずくようなよろこびもあったのかもしれない」(『みずうみ』23)自分と「一つの同じ魔界の住人」(23)であることを感じて「麻薬の中毒者が同病者を見つけた」(23)快感にうっとりする。宮子も銀平のストーカー行為に「一種の戦慄《せんりつ》」「快楽の戦慄」「突発の快楽」におののき、「全身が激痛のような恍惚《こうこつ》にしびれた」(『みずうみ』54)と認めているので、銀平の勘はあたっている。有田老人も宮子を「魔性《ましょう》だねえ」「魔性の女かねえ。そんなにいろんな男がつけて来て、自分がこわくならないの？　目に見えない魔ものが、この中に住んでいる」(74)とつぶやく。「水木宮子」という名も象徴的である。「水木」には「みずうみ」を意味する「水」の字が使われ、「宮子」は字の順番を反転すると「子宮」になる。

川端が「みずうみ」に母なるものと娼婦的なものを兼ね備えた理想の女性像を象徴していることは明らかである。その理想の女の性を象徴するみずうみに、愛しい音子の生まれ変わったけい子によって沈められた太一郎も大木の生まれ変わりなのではないだろうか。「お父さまの大木先生のお若い時とそっくりじゃないかと思いました」(71)と言われた太一郎は、音子との恋愛が暗礁に乗り上げた時に音子と心中を果たせなかったどころか、音子にも言い出せずにそのまま生き続けてきた大木の本望を肩変わりして成就していないだろうか。琵琶湖での若い二人の事故には、けい子に託された音子の隠された欲望が、そして太一郎には大木の抑圧してきた願望が、過去への廻転によって魂の輪廻転生の形で成就する。女の人生を滅ぼしておきながら、本当は男としての生を女によって滅ぼされたかった大木の屈折したマゾヒスティックな欲望、胎児に戻って母の胎内に戻って安らぎたいという気持ちが表れている。たとえ男としてのすべてを奪われたとしても「この世の恐怖を忘れさせてくれるものは、老人にとっても母のほかにはない」(『みずうみ』58—59)有田老人の欲望を大木も共有する。湖は、男を取り込んで溺れてさせて命を奪う恐ろしい母の面と、生命を宿していつくしむ慈悲深い母の顔の二面性を持ち、破壊と創造、創造と破壊を円環形でつかさどり、死と再生つまり輪廻転生を果てることなく繰り返す容器としての女の性を表象している。

ドッペルゲンガー(Doppelgänger)

『美しさと哀しみと』の音子とけい子は、日本画家の女師匠と彼女の家に住み込む女弟子のレズビアン関係として設定される。しかし、抽象的に読むならば、二人は同性愛という以上に、実はドッペルゲンガー、つまり一人の女、音子の表と裏の顔を演じている。音子はつつましく、理性的で社会的に成功した女性画家の表向きの顔、けい子は大木との果たせない思いに未練を残し、復讐を誓う妖艶で危険な怖い裏の顔を担っている。

「ドッペルゲンガー」は、自分自身の姿を自分で見る幻覚であり、分身、もう一人の自分と定義される。多重人格障害(解離性同一性障害)の中の一つに分類される。多重人格障害とは「一人の人間の中に二人以上の異なった人格やアイデンティティが現われる状態」をいう。ドッペルゲンガーを含む解離性同一性障害は、危機に陥った時に苦痛や打撃を最小限に抑え、食い止めるための防衛反応である。つらい体験や心的外傷《トラウマ》、たとえば幼児期の虐待を忘れて自我を守ろうとする時などに現れる症状である。自分の身に起きた耐えがたい状況、その時の感情や記憶を自分本体から切り離して、その思い出を消去することによって心の傷を回避しようとすることから起きる障害である。切り離され、廃棄されたはずの感情や記憶が秘かに再生して、別の人格の形をとって成長したものが「ドッペルゲンガー、分身、もう一人の自分」の形をとる。ドッペルゲンガーをつかさどる人格同士がお互いの存在を認識しているかどうかについては、ケース・バイ・ケースだと言われるが、『美しさと哀しみと』においては、愛し合う二人の女、音子とけい子の二つの肉体をかたどっているため、過剰に認識しあっていると言える。二人がドッペルゲンガーであるとした場合、元の人格は言うまでもなく上野音子である。

音子の分身であり、もう一人の音子ともいえるけい子を生み出すに至ったトラウマ(心的外傷)は、いうまでもなく大木との恋愛事件である。音子は十六歳の時、妻子ある三一歳の作家の大木と大恋愛の末に妊娠するが女児を死産する。精神不安定に陥った音子は自殺未遂を企て、それから二か月後に精神病院の鉄格子の中で過ごすようになる。退院した音子を不憫に思った母は、誇りを捨てて大木に音子と結婚してほしいと頼むが、らちが明かない。それから一年もたたない間に、母は東京の家を売って、音子を京都の女学校へ転校させ、音子は卒業後、絵画専門学校に進んだ。母は、大木との恋に破れて傷ついた娘を気遣い、大木を忘れさせるために京都に引っ越したのだが、音子は大木を忘れることはなかった。

母につれられて京都に移ってからの音子にも、恋愛や結婚の誘いは幾度かあった。しかし音子は恋愛を避けて通った。男が自分を好きになっているとわかると、大木との思い出がにわかに生き生きとして来るのだった。それは追想というよりも現実と同じになるのだった。十七で大木と別れたころに音子はもう一生結婚はしないと思った。いや、悲しみに取りみだすばかりで、将来の結婚どころか明日の日も考えられなかったのだが、もう一生結婚はしないと、頭をかすめた、その思いは年月のなかで動かぬものとなっているのだった。

(『美しさと哀しみと』153―154)

母の期待は灰燼に帰した。音子は、京都への転居によって逆に大木との苦い恋を時空の隔たった非現実、つまり幻想の中に閉じ込めることになった。音子に大木との恋を現実だと錯覚させたものは、大木が音子との恋愛を描いた小説「十六七の少女」である。大木は、「十六七の少女」によって名声を博し、作家としての地位を築くが、原稿を妻の文子に打たせている。文子は、ショックと過労のために流産し、長男の太一郎は、肺炎で命を危うくした。大木は、音子と文子を傷つけただけでなく、妻と愛人それぞれの女の嬰児二つの命を犠牲にした結果を世間にさらして、金銭を得るようなエゴイストである。音子の過去もプライバシーも、この小説によって暴かれてしまった。しかし、大木は、小説の中の音子を非現実的なまでに高めて描いた。大木自身が「あのなかの音子さんには、作者のつくりごとがずいぶん加わっていて、ほんとうの音子さんとはちがっている」(46)、「音子さんは理想化して書いたと言ったじゃないか」(48)と言い、大木の妻の文子も「こんなお嬢さんは、現実にいませんもの」(48)と認める。しかし、音子はこの小説に美化して描かれた過去の自分という自惚《うぬぼ》れ鏡が存在するために、大木との恋愛が忘れられず、大木は音子の中に生き続けている。「十六七の少女」によって、音子の「歓喜と満足とが身内にわきひろがった。過去の愛が現実に生きて来た」(157―158)。音子の女としての官能と自尊心は、この小説があったからこそ高められ、大木との愛を浄化した形で抱きしめ、大木の罪を許していた。現実の大木というより、この小説に自分を理想化してくれた作家としての大木に音子は惚れ直していたのかもしれない。現実にあるものを自分の視点を通した抽象化の後、自分の作品として命を吹き込むアーティスト同士ならではの見えない絆であった。

　しかし、音子の忘却できない大木への未練は、当然のことながら葛藤を生む。大木と一緒になりたい思いに対して何の解決策も、その代替案も見つけることもできなかった音子の意識下には、大木によって受けたトラウマへの復讐心が眠っていた。音子の抑圧した大木への願望を見抜いて、復讐を代行するのが同居人けい子である。

　けい子は、音子が中年期に入り、日本画家としての名声を獲得後出現するが、自殺未遂後の精神病院入院中の病んだ音子の心にすでに棲みついていたにちがいない。自立できず余裕のなかった若い音子の前には姿を見せず、ゆとりができた代わりに若さを失い、女としての人生を奪われたと気づいた四十歳代の音子の元に、若き日の音子の生まれ変わりの形で現れる。けい子は、音子の実行できなかった願望、つまり心中実行未遂への怨念をつかさどる音子のダブルであると同時に、早産によって闇に葬られた娘の秘かに成長した怨念であるとも考えられる。ともかく「音子の大木にたいする消えぬ愛」(59)は、「こわいようにきれいなひと」(54)、「妖気のあるような、きれいなひと」(59)であるけい子となって、大木父子への復讐のために時を逆流して逆襲へと向かう。

けい子が音子のダブルであることのほのめかしは、作品のここかしこに巧みに埋め込まれる。高校を出たばかりのけい子が音子の家に押しかけるきっかけを作ったのは、二人の舞妓を描いた音子の絵だった。明治十年頃の祇園の舞妓のおかよが、一人二役で拳を打つトリック写真からヒントを得たものだった。

この写真はトリックの写真で、拳を打つ二人の舞妓が両方とも、おかよである。衣装も同じである。両方の指をひろげた舞妓はほとんど正面向き、両手の指を握った舞妓はこころもちななめ向きで、二人の手の構図、体や顔の照応などが、音子にはおもしろかった。(中略)もちろん、音子も一人の舞妓が二人になって拳をしているように描いた。一人の舞妓が二人の舞妓、二人の舞妓が一人の舞妓、あるいは一人でも二人でもない、なにかふしぎな感じが、この絵のねら

いであった。古めかしいトリック写真にも、そのようななにかはあった。（137—138）

画家の音子は、この写真を自分の絵に取り入れただけでなく、自分の私生活にまで取り込んでしまったのである。音子を一躍有名にした一人二役のおかよの絵は、音子の影の人格を演じるけい子を出現させた。年齢の隔たる二人の女は、微妙に似ていることが指摘される。夜、音子はけい子を愛撫するが、その時の作法は昔、音子が大木にされたやり方と同じであり、けい子の肉体も音子と同じだとされている。

夜、音子はけい子の目《ま》ぶたに唇をあてたり、けい子の耳を唇にくわえたりするようになった。耳はくすぐったがって、けい子は身をよじらせて声を出した。それが音子を誘った。けい子にそういう風にした時も、音子は思い出していた。むかし音子が大木にされたのと同じことなのであった。（中略）しかし、音子は自分がむかし大木にされたのとおなじようなことをけい子にしているという思いが、胸をしめつけるうしろめたさだった。それとともに、おののくような生き生きしさだった。「先生、いや。　先生、いや。」とけい子は言いながら、素肌の胸を音子の胸にすりよせて来て、「先生のからだも同じじゃないの。」音子はふっと身をひいたものだった。けい子はなおすがりついて、「ねえ、あたしのからだとおなじだわ。」「……。」「おなじでしょう、先生。」（150—151）

上の描写は、音子とけい子のレズビアンとしてのラブシーンであると同時に、音子とけい子の同一性を暗示するという裏読みもできる。

音子がけい子を分身と見ていることは、「嬰児昇天」図の構想に表れる。音子は、若い頃の自画像をけい子をモデルに再現しようとする。ナルシストの音子は、亡き母の肖像画も自分自身に似せて自画像風に描いていた。「音子の三つの愛」(80)として表現される稚児太子を手本にしたこの絵は、亡き母、けい子、そして八か月の早産の娘の三人の女への音子の愛を表現するが、三人すべてが音子の自己愛を反映する。音子は、けい子を鏡に映った若い自分の像と認識して愛したために、モデルに選んだのである。

音子にはなお一つの新しい疑いがわいた。つまり、死児を描こうとする画想をさぐっても、けい子を描こうかとの画想に誘われても、稚児太子の図が浮かんで来るのは、音子がその絵によほど心ひかれているしるしなのだろうが、また音子自身の自己愛慕、自己憧憬のあらわれなのではないだろうかという疑いである。音子は稚児太子にあこがれの自画像を見ているのではなかろうか。死児の絵にも、けい子の絵にも、じつは音子の自画像のねがいがひそんでいるのではないか。稚児太風の聖幼児像、あるいは聖少女像、聖処女像の幻は、聖音子像の幻にほかならないのではないだろうか。(219)

音子は、けい子にも、描く絵にも、大木の傑作小説「十六七の少女」に匹敵する理想的自画像を求めていたのだが、無意識の自分のこの欲望を追求せずに、放置していた――「音子のこの疑いは、自分の胸に自分の意志でなく自分の手で刃を刺したようなものであった。その刃でさらに胸のなかを切りひらいてみることを、音子はようしなかった。刃を抜いてしまった。しかし、傷あとは残り、時には痛んだ」(219)と記される。音子は心の深層に埋めた自己愛と自分の隠された欲望の存在を意識化せずに、本当の自分をみつめることから顔を背けて、表面的に安泰な日常をよしとした。

音子は、大木に対して「わたしは復讐なんて、考えてみたこともないわ。怨みもないわ」(70)と言い、けい子は、「今でも愛していらっしゃるから……。一生愛しつづけてゆくことを、おやめになれないから……。(中略)ですから、あたしが先生の復讐をしたいんです。(中略)あたしの嫉妬もありますわ。(中略)先生、そうでしょう。あたしにはわかります。あたしはいやなんです」(70―71)と言う。さらにけい子は「先生、大木先生の子供を産んで、上野先生にさしあげましょうか」、「あたしの子じゃありません。上野先生の子のつもりで言ったんです。あたしが産んで、先生にさしあげるんです。大木先生から先生の子を盗んであげようかと思って……」(124)、「先生が、先生が、今もどんなに大木先生を愛してらしたって、もう、大木先生の子は産めないんです。産めないんですわ。あたしは感情なしに産めるんですわ。そして、上野先生がお産みになったのと、おなじように思えるんですけれど……」(124―125)と不思議な提案をして、音子の逆鱗にふれて平手打ちされる。

二十一世紀になってアメリカでは、代理出産はビジネスになっているので不思議なことではないかもしれないが、頼まれもしないのに無償で好きでもない男の子をレズビアン相手の女のために産もうとするけい子は変わっている。音子との愛の絆に精子バンクを利用して、二人の赤ん坊として出産しようということでもない。けい子は音子に産まれた子供を捧げたい、つまり音子に成り代わって出産しようというのである。

こういう会話だけを読んでいくと、けい子が音子の制止を聞かずに、大木と大木の息子の太一郎を誘惑し、罠にかけようとしたかのようにとれる。音子はけい子が太一郎と合流することを「あなた、誘惑しているのね」、「あなたは、おそろしい人だわ」、「やめてちょうだい。行くの、やめてちょうだい。会いに行くのなら、もう帰らなくていいわよ。出て行ったら、もうわたしのところにもどらなくていいわよ」(228―229)と必死で止めて、けい子のたくらみを挫こうとしているように見える。案の定、太一郎は、けい子の執拗な誘いを断れず、琵琶湖にモオタア・ボオトで出かけ、行方不明になる。

一人助かって病院のベッドで眠り続けるけい子の枕元で、大木の妻の文子は、「太一郎を殺させたのは、あなたですね」(275)と「感情のないように静か」(275)な声で言う。文子のこの言葉は、けい子の殺意が実は音子から出ていることを明らかにしている。音子自身を象徴する影のキャラクターであるけい子は、音子の抑圧し、隠蔽してきた音子自身の長年の欲望、つまり怨念を表しているからである。けい子は精神病院に入院した経歴はないが、「顔に似合わない、少し気ちがいさんですわ」(28)と評せられる「気ちがいじみた絵」(38)を描く娘として登場する。けい子は、愛人の音子の隠された殺意を勝手に代弁するような頭のねじの緩んだ娘ではあるが、音子のダブルだと考えれば精神病院の窓の鉄格子が記憶から離れない音子の病的気質を引き継いでいるのは当然である。大木は自分を誘惑に来た妖婦と疑いながら「けい子を愛して別れたら、『十六七の少女』の音子のように、また、病院の神経科にはいることになりそうなところがないでもない」(101)と語る。

作者の川端は、音子の描くすべての絵は、音子の心象風景にほかならない、音子の大木との愛の思い出も、そしてけい子との同性愛も自己愛の投影であることを以下のように示唆する。

画家にとっては静物画も風景画も、すべての絵がその画家の心の自画像、性《さが》の自画像、自己の表現であることは言うまでもないが、母の肖像画の音子の場合には、身のうちの親しみ、あまいかなしみが流れていて、それが音子自身の絵姿にしたようであった。(中略)大師(弘法)信仰のない音子は、稚児太子の絵姿に、自己思慕、自己憧憬を、それとなく宿したのではあるまいか。絵姿の甘美は哀傷を迎え入れてくれる。音子の大木年雄にたいする愛、死児にたいする愛、母にたいする愛は今もつづいているが、それらの愛が、音子の手にふれられる現実にあった時と、変わりなくつづいているだろうか。それらの愛そのものが、いつとはなく音子の自己愛と変って来ているところはないだろうか。もちろん音子は自分では気がつかない。そんな風に疑ってみたことも、かえりみてみたこともない。(中略)その人たちは今も音子のなかに生きているけれども、そこに生きているのは、ほんとうはその人たちではなくて、音子ひとりである。

（中略）大木との愛の思い出は、音子の自分にたいする愛の色に染まり、じつは化けているかもしれないのであった。過ぎ去った思い出はすべて妖怪変化か餓鬼亡者である、などと音子は考えてみたこともなかった（中略）。音子が女弟子のけい子、同性の娘に溺れているのも、はじめはむしろけい子の方からまつわり寄られたにしろ、音子自身の自己思慕、自己憧憬が、そういう形を取ったのではなかろうか。（220―221）

音子が過去と自分自身の本当の心に対峙することを避け、無自覚無反省のままに、自己愛と自己憐憫を増殖させたために、音子の分裂した人格であるけい子を誕生させ、音子のもとに引き寄せ、愛し合わせたと考えられる。音子の抑圧された欲望を代弁するけい子の怨念は、その元となった愛の概念自体が音子の一人よがりの自己愛によって日陰でゆがんで生育してきたために、必然的に理解不能なまでに奇妙でいびつなものになっていた。

川端は「二人で一人、一人で二人のような、このめずらしい娼婦には官能の刺戟ばかりでなしに精神の麻痺」（「しぐれ」30）を覚えると書いているように、他の小説でもそのヒロインの多くには影のようなダブルの存在が付きまとう。『古都』は、生き別れになった双子の姉妹の物語であるし、『雪国』のヒロイン駒子のダブルは、葉子である。葉子は現実に身を置いているが駒子の影なので、非現実的な存在でもある。それだから葉子は、火事の現場から落下していく時に「人形じみた、不思議な落ち方」（『雪国』171）をする。葉子は「空中で水平」になり、「危険も恐怖も感じな」（171）い落ち方をしたのであり、「非現実的な世界の幻影のようだった。硬直していた体が空中に放《ほう》り落されて柔軟になり、しかし、人形じみた無抵抗さ、命の通《かよ》っていない自由さで、生も死も休止したような姿だった」(171)。葉子の不思議な落下風景の理由は、葉子がこの世を超越した駒子のもう一つの自我だったからである。川端は、作品の中に実在の人物としてのキャラクターを与えながら、象徴的に読むとヒロインの影法師ではないのか、という疑いを抱かせるようなダブルの存在を描くことに長けている。

『美しさと哀しみと』においても、けい子は、肉体と人格を持つ独立した一人の登場人物であると同時に、もう一人の音子、つまり音子のダブルとしての役割を果たす。それだから、けい子はそこにあってそこにないような妖しいまやかしの存在であるともいえる。けい子の大木父子への復讐も、音子の「人形」としての意志である。それだから音子の意志を全うして大木太一郎を琵琶湖に沈めた後、一人病院で眠るけい子は「静かに」「安らかな寝息」(『美しさと哀しみと』274)をたてて、「ういういしくあどけない寝顔」(275)を見せる。音子の怨念を身体から抜かれて妖婦でも魔女でもなくなったけい子は、「音子にも、生にも、別れを告げている寝顔」(275)になっている。音子の隠れた自我の「魔物のささやき」、「呪縛」を逃れ、「過去の亡霊」(206)から自由になってふつうの美しい娘に戻ったけい子は、大木文子の声には反応しないが、音子が名を呼ぶと目を覚ます、王子の到来を百年の眠りについて待ちわびていた眠り姫のようにけい子は覚醒する。けい子は音子のリモコンによって再びスイッチが入った自動人形なのかもしれない。「けい子は死んでも先生を離れませんわ」(148)と言うけい子は、音子の分裂した人格だから、音子がいなければ存在できないのである。

サイコパスのけい子

音子の現実を伴わない幻想の中ではぐくまれた自己愛《ナルシシズム》は、病的な類のものである。自分を守り、やがて他者愛に成長する正常な自己愛には育たなかった。自分にとって都合のいい部分だけを記憶して蓄え、社会的に認められない大木との恋愛関係を正当化し、愛の思い出に甘えていたい欲望の安全な隠し場所としての敗れた自己愛である。このような劣化した自己愛は、「自己の内にある攻撃性や依存欲求を分裂し排除して、外界に投影し、相手を軽蔑・脱価値化し、いっぽう、自分は他者に依存する必要のない、満ち足りた存在であるとみなそうとしている」(高橋82―83)。音子の病的自己愛は、音子の恋愛を正当化して、大木のエゴイズムを許す形にもっていくために、トラウマを忘れさせ、心にわだかまる負の感情、つまり怨みによる攻撃的衝動を引き受ける受け皿が必要だった。その受け皿になったのがけい子である。音子は、自分の怖しい部分を切り取って、けい子に引き取ってもらったので、表向きはおだやかで、しとやかな満ち足りた大人の女性でいられた。そのため、音子の心の闇を表象するけい子は、反社会的人格《サイコパス》として存在し、行動することは必定である。

サイコパスは、最近よく聞く言葉であるが、サイコパスと呼ばれる人々はどのような特徴を備えているのか、中野信子によるサイコパスの特徴は以下である。

特徴一〜七

一　外見や語りが過剰に魅力的で、ナルシスティックである。
二　恐怖や不安、緊張を感じにくく、大舞台でも堂々として見える。
三　多くの人が倫理的な理由でためらいを感じたり危険に思ってやらなかったりすることも平然と行うため、挑戦的で勇気があるように見える。
四　お世辞がうまい人ころがしで、有力者を味方につけていたり、崇拝者のような取り巻きがいたりする。
五　常習的にウソをつき、話を盛る。自分をよく見せようと主張をコロコロ変える。
六　傲慢で尊大であり、批判されても折れない、懲りない。
七　人当たりはよいが、他者に対する共感性そのものが低い。

（中野7―8）

サイコパスと呼ばれる人は、上に挙げられた特徴のすべてを一人で備えるわけではないが、いくつかは当てはまる。サイコパスは、「尊大で、自己愛と欺瞞に満ちた対人関係を築き、共感的な感情が欠落し、衝動的で反社会的な存在で」「無責任な生活スタイルを選択するといった傾向」（中野8）がある。サイコパスは、精神病者ではないが、反社会性パーソナリティ障害に該当する。映画に表れるサイコパスは、連続殺人鬼だったりするが、現実にサイコパスと呼ばれる人々が犯罪を犯すとは限らない。負け組のサイコパスは犯罪者になりもするが、勝ち組とされるサイコパスには、著名な政治家や実業家、宗教家などの成功者も多く存在する。

「熱い共感」を持たないサイコパスの脳は、快感、喜び、不安、恐怖などの情動を司る「情動脳」に属する大脳辺縁系の一部である「扁桃体」の活動が低い。それゆえに、快・不快や恐怖、不安など人間が本来持っている基本的な情動の働きがサイコパスは鈍い。さらにサイコパスは、「良心」によるブレーキを司る内側前頭前皮質と、恐怖や罰を痛みとして受け取る扁桃体の結びつきが弱いため、社会的にしてはいけないことが学べず、罰を受けても罰だと感じることがない。そのためにサイコパスの脳は、「倫理・道徳」というルールを学習できないいつくりになっている。さらにサイコパスは、自分のこの特徴的弱点に気づいていて、うまく嘘をついてごまかす処世術だけは発達させていく（中野73―84）。音子の影の人格とみなせるけい子は、前述の項目のサイコパスの特徴を備えている。

けい子のサイコパス的特徴の検証

特徴一と四　外見が魅力的で人をひきつける

けい子の外見が美しく、魅力的なのは、作品中いくたびも言葉をかえて描写される――「大木は娘の美しさをみとめていたが、長めの細い首に耳の形もきれいな横顔だった。まともに目を合わせていられないほど花やかな顔立ちなのに、娘のものいいは静かだった」（26）、「けい子の美しさは人目をひいた」(33)、「それじゃまるで妖婦じゃないの? いくら若くって、美しいにしたって……」(75)、「けい子の妖しい目のなまめき」(94)、「妖気のあるように美しい横顔」(96)、「けい子の妖しい魅惑」(101)、「けい子はなまめかしく笑って」(117)、「妖精がはいって来たように思ったわ」(135)、「その告白の言葉は異常で奇怪を極めた。けい子が妖《あや》しい娘であるいろいろ」(129)、「けい子が妖しい娘になりまさるのに、音子の加えたものがあっただろう。音子が仕立てあげたとまでは言えないにしても、音子がけい子のなかに火をもやしていたにはちがいなかった」(129)、「けい子をこの美少年のような少女だと、音子は見たものだった」(134)などである。

けい子は、この世離れした妖しい、危険な魅惑を秘めた美の持ち主である。けい子の指の「人の手と思えぬほどの細さ」(236)は、けい子がこの世のものではないことを想像させる。大木の妻の文子は、「あのこわいようにきれいなお嬢さんは、こわい人だとお思いにならない?」(183)と、けい子の隠された正体を見破って警告を発する。けい子は、『源氏物語』の六条御息所の生霊にも似た存在である。年下の源氏と恋仲になったが源氏と疎遠になり、源氏への愛欲、独占欲、嫉妬に狂う。しかし美しさ、教養と知性、高い身分を備え、年上だというプライドが邪魔して、恋の炎をくすぶらせた六条御息所は、本心を押し殺す。六条御息所の抑圧された恋ゆえの嫉妬心と怨念は、禁制が解かれるたびに生霊あるいは死霊となってその身を離れてさまよい、源氏の愛人たちの前に現れて殺戮に及ぶ。

けい子が音子の生霊であるとするならば、けい子の美しさは、怨霊けい子がこの世に現れた目的である復讐を達成するための武器である。けい子の美しさが、見るものに恐怖の念を呼び起こすのは、生身の女の姿をとっていても正体は怨霊だからである。しかしけい子に復讐の意図を明かされても、父の大木も、息子の太一郎も、その色香に迷って魔の手から逃げられない。懲りない男たちは、けい子の張り巡らした蜘蛛の巣にやすやすと囚われ、歓喜のうちに血を吸われる小さな虫でしかない。著名作家である大木も、インテリ大学講師の太一郎も、けい子の妖しい美しさと、魔女けい子の水ももらさない周到な復讐のプランに乗せられて破滅に向かって落下していく。

しかし、したたかな怨霊も大木の妻の文子の目は欺けなかった。文子は、夫の大木と音子の恋愛事件によって直接大きな痛手を受けているため、妖女の奸計に勘が鋭くなっている。夫は音子以後も性懲りもなく女性遍歴を重ねてきたために、音子の生霊ごときには欺かれないつわものに成長していたからである。

特徴五　常習的嘘つきで嘘によって自分をよく見せようとする

けい子はその存在と行動を嘘で固めている。けい子は自分の意志で、愛する女の無念を晴らそうと大木父子への復讐を固く決意しているが、けい子の意図は実は音子によって操られていると考えられる。レズビアンの嫉妬から音子の昔の恋人とその息子の殺害計画を実行に移すのは、唐突であまり意味がない。しかも最愛の音子の強い反対を押し切ってまで大木の長男太一郎を殺《あや》めるのは、音子の愛を失う可能性を考えると現実的ではない。けい子が狂った娘であったとしても物語の展開上説得力に欠くが、けい子が音子の心理的ダブルであり、抑圧された欲望を象徴するとしたら納得がいく。

けい子は、音子の邪悪な面を受け持つ存在だが、たいへん美しいので、真っ赤な嘘をついて人をかどわかす必要がない。音子にも、大木父子に対しても、あからさまに復讐を公言しても用心されない。それでも復讐実行の直前には、けい子も嘘をつく。太一郎とけい子の以下の会話に明らかである。


「飛行場で会ってから、けい子さんは僕に、ずいぶん嘘を言っていますね。本心がどこにあるのかと、僕をまどわすような嘘をついていますね。」

「あたし、嘘は言っていませんわ。」

「それじゃ、そういう話し方をする人なんですか。」

「ひどいことおっしゃるわ。」

「踏みにじっていいって、けい子さんが自分で言ったでしょう。」

「踏みにじられないと、この娘はほんとうのことを言わないとでも思ってらっしゃるの？　あたしは嘘なんかついていませんわ。太一郎さんがあたしをわかって下さらないだけですわ。本心がどこにあるのか、それをかくしていらっしゃるのは、太一郎さんじゃありませんの？　かなしいわ。」（206―207）

復讐の仕上げにかかるけい子は、ふつうの男女の会話では愛の告白ととれる言葉に妖婦の怖しい毒をひそませて太一郎に投げつける。

「あたしがどんなに太一郎さんにお会いしたかったか、わかって下さらなかったでしょう。北鎌倉へいかないと、お会い出来ないと思ってましたの。」(中略)

「ふしぎですねえ。」

「ふしぎって、あたしが言うのは、毎日毎日、太一郎さんのことを思っていましたから、こんなに久しぶりでお会いしたのに、いつもお会いしていたような気がして、それがふしぎなんですの。太一郎さんはあたしのことなんか忘れていらしたんでしょう。京都へいらっしゃることになって、ふっと思い出して下さったのね。」(238)

「太一郎さん、けい子に会ってうれしい?」

「うれしいですよ。」

「あたしがうれしいほどうれしいのかしら……? あたしがうれしいほどには、うれしくないんでしょうね。」(237)

男性はふつうこのような女性の言葉を聞くと、自分に好意をもっている、あるいは愛してくれていると思うものだが、殺人計画を練るけい子の意図をすかし絵のように写し出した巧妙な会話である。太一郎を誘い出さなければ計画を実行できないけい子にとって、太一郎と会えたのはうれしいことであり、ターゲットに据えている太一郎のことを毎日思っていたに違いない。その言葉に嘘はないが、けい子が太一郎に信じ込ませようとしている状況それ自体が真っ赤な嘘である。けい子は、太一郎を周到な計画にのせるために、太一郎を大阪の空港まで迎えに出向き、太一郎の予約していた京都のホテルを勝手にキャンセルして、けい子に都合のいい旅館に変更する。さらに警戒心を解くために太一郎に身をまかせ、用意周到に手配したタクシーに乗せて太一郎を琵琶湖ホテルに運ぶ。「魔女のたくらみ」(267)に成功したけい子は、自ら北鎌倉の大木家に電話して、「結婚の約束をした」とありもしない嘘をついて両親を挑発する。「こわいひと」、「そのひとに毒がある」、「不吉な予感」(266―267)と電話口で必死に諭す母の文子の言葉を無視した太一郎は魔女けい子の術策に落ちる。けい子は、子宮を連想させる湖に太一郎を沈めるために、モオタア・ボオトに誘う。はじめは抵抗した太一郎も、「あたし、水にはいります。冷たい水にはいりたいの。ね、お約束でしょう」(269)、「あたしは太一郎さんと陸をはなれて、水に浮びたいの。真直ぐに運命の波を切って行って、波にただよいたいの。明日というものは逃げてゆくわ。今日ね」(272)というけい子の誘惑に負ける。詳細は書かれていないが、けい子のこの言葉は、二十数年前、十六歳であった音子に対して、大木が言い出せなかった心中の誘い、そして音子も本当は言いたかったが、口に出せなかった言葉なのではないだろうか。

特徴二、三、六、七　恐怖や不安を感じにくく、常人がためらってできないことを平然と行い、傲慢で批判されても懲りず、共感性が低い

けい子が音子の同性の愛人であり、音子の終生変わらぬ異性愛の対象である大木年雄に対して、嫉妬を感じているにしても、大木父子に対する復讐は動機づけが弱い。音子の大木に対する復讐心、周到な計画と実行力の大胆さ、あつかましさは異常である。もともとけい子は、「異常な娘、不可解な娘」(238)と設定されているが、それ自体が現代的定義ではサイコパスに当てはまるのかもしれない。父親ほどの年齢であり、師匠で愛人の音子の元恋人の大木を誘惑してホテルに誘い、「いるかごっこ」をしてみたり、大木の息子の太一郎も誘惑してたぶらかした挙句、ありもしない婚約を盾に大木夫妻に電話する自己顕示欲は、頭のおかしい人間の行動である。自称処女で、男性経験もあまりなく、「先生。あたし、男の人なんて、だいきらい」(229)という男性嫌いなのに、初老の男とその息子を手玉に取るような芸当は、素人の正常な娘にはけがらわしくてできない。さらに、いくら女同士の愛情のためとはいえ、勝手に殺害計画や心中計画を立てて平然と実行するなど常人にはできない。

けい子の太一郎琵琶湖溺死計画が、事故とみなされるか、殺人の嫌疑がかかるか、心中未遂ととられるか、あるいは太一郎がひょっこり生還するか、結末はなんともわからないが、正常な神経の持ち主の行為ではない。計画が成功したとしても、その結果得られるものと失うもの、かかる嫌疑や殺人罪に問われるリスクを考えたら、ばからしくてそろばん勘定が合わない。もっとも犯罪は、

損得だけで実行されるものではなく、その場の激情や出来心も関係する場合もあるが、けい子の場合は、周到な計画と用意を怠っていないのに、あまりに割の合わない犯罪である。けい子は、「ねえ、先生、あたしは上野先生のほかの人には、悪い娘にも、悪魔にもなれる女なんですよ。」(72)と言うが、けい子の魔性は、けい子が他人に対して「共感性が低い」サイコパスだから発揮できるのではないか。けい子は、音子の復讐の手始めとして、太一郎をひっかけようか、あるいはその妹の結婚生活を破壊してやろうか、と言って音子に厳しく咎められる。けい子は、恋愛によって受けた音子の心の傷のみにこだわり、大木の妻や、その子供たちが受けた痛手にはまったく気がつかない。アメリカでは、現在十八歳以下の未成年、まして十六歳の娘と性関係をもって妊娠させたとなると犯罪行為で訴えられる可能性もある。しかし音子は未成年だったとはいえ、大木家にとっては家庭の破壊者であり、加害者でもあったはずである。理性ある大人の淑女である音子は、「なにを言うの、けい子さん。あなたがいくらきれいで、魅力があるからって、すぐそんな軽はずみなじょうだんを言うのは、あなたの思いあがりだし、あなたのあぶないところだわ。遊びやいたずらじゃないわ」(73)とたしなめる。今は常識人として生きている音子には、口にすることもできないし、ましてや実行など思いもよらないことをけい子は、傲慢に平然と行動した。最愛の音子が、いかに厳しく禁止しても、けい子は聞く耳を持たなかった。けい子は、音子の心の闇を象徴するもう一人の人格であるから、必然的にサイコパスの特徴を備えて登場するのだろう。

けい子のサイコパスの殺意の原型が音子の中にもみられる——音子がけい子のむだ毛を剃ってや

っている時に、音子の「かすかな殺意がつかのまゆらめいた」「万々一、あの時けい子を殺していたならば、もちろん自分も死なずにはいなかっただろう。（中略）あの殺意のゆらめきにも、大木との遠くに去った愛がひそんでいたことは、音子にわかっていた」（164）と書かれて明らかである。

批判されても人の嫌がることをやめることができず、学習しないサイコパスの特徴は、些細なことだがけい子のすね毛脱毛の習慣に表れている。音子になめらかな肌を触らせたいと願うけい子は、毛深いすね毛を脱毛するが、けい子の脱毛のさまと薬の「鼻をつく悪臭」（160）に音子は嫌悪の情を覚え、胸苦しくなり、今後音子の目の前で行うことを禁止するが、けい子は聞かない。

「けい子さん、こんどからわたしの見ていないところでしてちょうだい。」

「もうあたし、先生にかくれてはなんにもしたくないんです。先生にかくしているものは、もうなんにもないいんです。」

「だけど、わたしのいやがることは見せなくてもいいじゃないの。」

「こんなこと、先生も見なれると、なんでもないですわ。足の爪を切るのとおんなじですわ。」

「人の目の前で爪を切ったり、みがいたりするの、つつしみがないでしょう。けい子さんは切った爪を飛ばすんだから……。爪が飛ばないように手でかこいをなさい。」

「はい。」とけい子もこれにはうなずいた。しかしそののちも、けい子は手足の脱毛をわざと音子に見せるというのでもなかったが、かくれてするというのでもなかった。そして音子はけい子に言われたように見なれることは、いつまでもなかった。(中略)けい子の脱毛のさまはやはり音子には気味が悪かった。(160―161)

音子のために殺人まで犯そうとする娘が、愛する音子が気味悪がるすね毛脱毛の習慣をやめないのは無神経で妙である。惚れている相手が嫌がることを注意されてもやめようとしない、やめられないのは怠惰というよりは、内側前頭前皮質と扁桃体の結びつきが弱いとされるサイコパス特有のけい子の脳の構造のためであろう。

『美しさと哀しみと』には、サイコパスのけい子の殺意が引き起こす殺人事件もしくは殺人未遂事件が描かれる。大木太一郎の死体は上がっていないし、事故の詳細や顛末が小説内では一切語られていないので、犯罪と位置付けられるかどうかも定かではない。合意のうえの心中とみなされるかもしれないが、生き残ったけい子が殺人罪に問われることもありうる。また琵琶湖でのこの事件は、事故とみなされればけい子にお咎めはない。あるいはけい子の精神鑑定が行われて責任能力に疑問の声が上がれば、刑法三九条「心神喪失者の行為は、罰しない。心神耗弱者の行為は、その刑を軽減する」によって無罪あるいは軽い刑ですむかもしれない。事件の刑法上の位置づけは、小説内では定かにされないが、『美しさと哀しみと』は、サイコパスであるけい子の心の闇がもたらす恐怖を描いている。つまり精神的にノーマルでないけい子の殺意がもたらす魂の恐怖を描いたサイコホラー小説としての横顔を持つ。サイコパスのけい子は、女の「美しさと哀しみと」を歪んだ形で表現する。

篠田版映画『美しさと哀しみと』

原作が名作であればあるほど、しかも大文豪川端康成の小説の映画化となれば、映画化に対するハードルは高くなる。特に原作者が存命中の映画化は難問であるが、篠田正浩監督版は成功と言ってよい。風景と女優の美しさ、重厚な大木像が、原作とは違った角度からの視覚面での映画の楽しみを提供する。

映画版を見ることは、リアルにヴィジュアルに小説を別の角度から鑑賞できる。活字上曖昧で想像の域を出なかった点を監督をはじめとするスタッフの演出と出演者の演技によって、読書だけでは気がつかなかった別の見方に気づかされる場合もある。映画製作には大勢の人間が関わっているので、映画は必然的に多数の視点を内包し、観客に向

『美しさと哀しみと』
監督：篠田正浩、製作：佐々木孟、脚本：山田信夫、撮影：小杉正雄、美術：大角純一、音楽：武満徹、録音：栗田周十郎、照明：中村明、編集：杉原よ志
キャスト：山村聰、渡辺美佐子、山本圭、加賀まりこ、八千草薫、杉村春子、中村芳子、中西杏子、佐藤芳秀、鈴木房子、朝生郁子
1965年、106分、カラー
DVD：発売・販売元：松竹ビデオ事業部

かって投影する。その意味で、映画は小説以上に複眼なので、小説の映画化を文学愛好家は無視できない。映画が自分と同じ解釈、感じ方で撮影されているのか、それとも自分とは違う角度から作品をとらえているのかを確かめることができる。映画は小説に対する自分の解釈の鏡であり、自分の知性と感性を点検してくれる媒体でもある。

一九六〇年代初めの二都(鎌倉と京都)の不気味なまでに美しい風景

映画『美しさと哀しみと』には、一九六〇年代初めの日本の風景の美しさが記録されている。まず北鎌倉だが、大木年雄の住む緑豊かで、風情のある神社と寺院に囲まれた環境は、目を楽しませる。作者の川端康成は鎌倉に住んでいた。鎌倉は東京の近くでは最も京都に近い雰囲気を持った地域で、大阪生まれで京都が好きだった川端ならではの設定である。

物語の主たる舞台の京都では、上野音子と坂見けい子が愛の巣を構えている。和装の美女二人が、瀟洒な日本庭園を控えた豪奢な日本家屋でひっそりと住む。初老の手伝い女が出入りするのみで、二人の仲を裂くものはいない。音子とけい子は、スケッチのために近くの寺院を訪れたり、散歩したりして、京都の自然の美しさを次々と見せる。二人の美女の足取りを追って、カメラは二尊院、念仏寺、苔寺、野々宮の竹やぶへと移動する。人里離れた観光客のあまり知らない名所旧跡を映画は案内する。

登場人物が移動するごとに、二つの都のひそやかな美しさと艶やかさを見せる二都物語でもある。

観光旅行ではここまで効率よく見て回ることはできないパノラマ・ビューの展開である。映画公開時の観客も二都の美しさを堪能しただろうが、二十一世紀の現在では、貴重な映像であり、カルチャー・スタディですらある。

二大古都の秘密めいた薄暗い家屋において展開される女二人の妖しげな関係が、映画の中で息づく。日本の古都にある日本家屋の陰翳が日本版ゴシック、サイコホラー小説の雰囲気を盛り上げる。

日本の美しいしきたり

音子とけい子が見せる京都の文化は魅惑的である。地味だが趣味のよい着物を粋に着こなす音子、振袖をはじめとする色彩豊かな着物を目もあやに着飾るけい子は、古きよき時代の日本の有産階級の女性である。二人は、けい子の琵琶湖でのシーンを除いて洋装を披露しない。二人の女の立ち居振る舞いと物言いは、しとやかで洗練されている。音子は、立って絵筆を握っても畳の上で描いていても、絵になる美しい姿である。風変りで狂ったけい子ですら、反抗する時は口をとがらせ、小悪魔的なポーズで、大きな手の中で暴れる子猫のような愛らしさを見せる。北鎌倉の大木の妻の文子は、地味だが思慮分別があり、夫を支え、かばい、かいがいしく世話を焼く賢婦人である。大木の度重なる女性遍歴に傷つきながらもあきらめの境地で尽くす。登場する三名の女性は、激しい葛藤を洗練された立ち居振る舞いで覆い隠し、言葉使いはていねいで作法を守り、特に男性に対してはへりくだり、常に美しく品よく装う二十世紀中庸の日本の知的有産階級の理想を表している。

立派な家と家制度

妻の文子は、生活の糧を得る手段を持たず、家の中にしか居場所がなかった昭和中期の女である。結婚前、和文タイピストをしていた文子は世間知らずではないが、主婦になった以上夫に従うしかなかった。逆に音子のように画家として自立できた女性は、稀有な存在であったと言える。音子の経済的背景については描かれていないが、立派な一軒家に住んで、お手伝いを使い、芸子を呼んでお茶屋や料亭で一席設けたり、気ままに外食を楽しんだりする余裕がある。パトロンもいなさそうなのに驚きである。戦後の日本ではかっての有産階級は没落したはずだが、まだささやかな贅沢ができる階層が生き延びていたのだろう。現代ならば、よほどメディアに露出して高給を取らないかぎり、音子のような優雅な生活は送れない。警備もなく、ゆったりと大きな屋敷に住めるはずはない。都心の堅固なセキュリティを備えたマンションに陣取るのがせいぜいであろう。文子のような夫に従順な賢婦人も、豪奢な音子の女性画家の生き方も、二十一世紀においてはすでに御伽噺《おとぎばなし》の感がある。

文子や音子の美しい日本の女性に対して、本当にそれでいいのか？　という疑問に答えるのがけい子である。けい子は、音子の庇護下にあって形の上では人形のように日本女性の枠に収まっているが、当時の女の道から大きく逸脱して混乱を引き起こし、周りの人々を破滅させる。けい子は、堅固な家制度に守られて、男としての優位性にあぐらをかいて性懲りもなく女を苦しめ、搾取してきた男へ反逆ののろしを揚げた。けい子の復讐は、家制度の中心的存在にある男の力に屈するのみで、無批判に無抵抗に従ってきた女たちの行動に対する非難を含んでいる。「美しい日本」を礼賛する川端だが、けい子の存在それ自体に、男性優位主義に対する川端の自省と自責の念が込められているともとれる。日本の怪談が、男に踏みにじられた女たちの怨念によって成り立っていることを考えれば理解できる。社会的弱者である女性は、男性優位の社会的仕組みの中で、自我を押し殺してあえぎながら生きた末に耐え切れずに破滅し、復讐のために化けて出るのが定番だからである。ある意味で、サイコパスのけい子は、作者の川端の抑圧している批判的自意識であり、禁断のヴィジョンなのかもしれない。川端は、世間のモラルを越えたところに美の理想の境地、つまり魔界の幻影を見た作家だからである。

二大女優の魅力

映画を支えるのは、美しい風景と共に、音子を演じる八千草薫とけい子の加賀まり子の二大女優の魅力である。

八千草薫――八千草薫の音子は、純日本風の清楚な美人で、あくがなく、さわやかである。畳に敷いた布団の中で、淡いスタンドのもとで演じるけい子とのレズビアン・シーンも清潔で嫌味がない。八千草の自然で気負わない演技に、観客も音子とけい子の関係をごく普通のこととして受け入れてしまう。八千草は、美しく魅力的だが、欲を言うならば、時々秘めた毒気を見せてくれればもっとよかった。原作には、音子も魔性を時々ちらつかせ、けい子の復讐は音子の意図だとほのめかす箇所もあるので、音子の魔の部分をもうもう少し加味してほしかった。音子の描き方は、一直線でまじめすぎる感じがする。『鍵』の京マチ子のような悪女ぶりをちらつかせると、もっとコクのある演技になった。

加賀まり子――けい子役を演じる加賀まり子は、一九六五年には映画『雪国』の葉子役と本映画のけい子役で川端作品に関わっている。当時「和製ブリジット・バルドー」と呼ばれた加賀の小悪魔的魅力を存分に生かしている。不可解で、見方によっては厭わしいけい子という娘の存在を納得させてしまうのは、加賀の魅力である。子猫のように甘えん坊で、機嫌がいい時はまとわりついてくるが、気が向かないと爪を立てて威嚇する狂ったけい子を見事に演じる。十五点の着物を劇中着こなす加賀は、どの着物も着映えがして見事である。加賀のかわいらしさを見ているだけであきない。ただ、けい子は、小説では音子の影の存在のはずなのに、けい子ばかりやたら目立ち、印象が強烈すぎる。映画としてはこれでいいのかもしれないが、原作の意図とはややずれる。加賀自身が『美しさと哀しみと』の映画化を映画会社に提案して企画を実現した(鈴木)のだから、その意気込みからいってても目立ちすぎは、必然的結果だったのかもしれない。

成功だが川端の耽美性は希薄

『美しさと哀しみと』の初の映画化は、おおむね成功である。作者の川端康成も存命中だったので、原作から逸脱することなく、美しく仕上がったこの映画化に文句はなかったであろう。川端の小説中のせりふも映画内にそのまま上手に効率よく取り入れている。

しかしあえて言うならば、原作の表面的運びに忠実であろうとするあまり、川端の妖艶で危うい世界の耽美性が薄まっている。リアルに仕立て上げすぎて、川端作品の持つ抽象性と観念性が浮かび上がってこない弱さがある。篠田正浩監督は、「川端先生の作品はたしかに美しい。世間ではフワーッとした甘美な作品のように受けとられていますがボクは決してそうじゃないと思います。これほど厳しい鋭い作品はないと思いますね」(鈴木敏夫『美しさと哀しみと』DVDパンフレット)と当を得た川端の芸術に対する深い理解を示している。篠田監督は、川端の原作を尊重するあまり、生真面目にストーリーを追い、小説内のせりふを丹念に拾った結果、全体の印象として川端の世界を映像に移しきれなかったきらいがある。作者存命の当時としては無理もないが、もう少し大胆に原作をデフォルメできればよかった。そうすれば逆に、川端の妖しい観念性の強い世界が浮かび上がった可能性があるのではないか。

この映画で注目すべきもう一つは、音子の描く「嬰児昇天」の絵である。青のモチーフでまとめられた幻想的で見事な絵は、池田満寿夫によるものである。現物をぜひ見てみたいと思う魅力的な絵を映画の中によくぞ取り込めたと感心させる。

フランス版『美しさと哀しみと』

唯一の外国版映画化フランス版は、主演女優シャーロット・ランプリングの妖艶な華のあるところがみどころである。しかし、日本映画版に比べると印象が薄く、好き好きがある。

フランスのジョイ・フルーリー監督は、川端の「小説を読んでインスピレーションを受け、是非とも映画化したいと考え」(『美しさと哀しみと』パンフレット「解説」)、他の映画化希望者を下して権利を獲得した。

原作は川端康成、監督はフランス女性、主演の音子役はシャーロット・ランプリング、大木役はポーランドの監督アンジェイ・ズラウスキーであるから期待値は高い。原作も良いうえに、これだけ贅沢な役者たちをそろえたら、さぞかし妖艶な芸術映画になるだろうと予想したが、結果は意外に平凡である。

役者の個性が生かされていない

まず第一に、美しい盛りのシャーロット・ランプリングが生かされていない。緑色の切れ長で柴犬のような目、静かだがきりりとした容姿ゆえに、東洋の音子、ここではレアを演じるのにうってつけのランプリングの妖しく危険でエキゾチックな魅力が生かされていない。ランプリングの幻惑する目力《めぢから》と寂しげで孤高のたたずまいを前面に押し出すだけでも、映画全体の印象は引き締まるはずである。ランプリングの存在そのものが川端の「魔界」をイメージしているのに、宝の持ち腐れと言わねばなるまい。

けい子、つまりプルデンスは、顔はきれいだが、ヌードになると胸が大きすぎて垂れていて、自称処女のけい子のイメージにそぐわない。大木父子それぞれに胸を触らせ、「左はいや、出ないから」あるいは「右はいや、心臓がないから」という小説のけい子のせりふをそのまま踏襲させているが、プルデンスが言うと恥じらいと妖しい媚《こび》が感じられず、せりふの意味が宙に浮いてしまう。日本版の加賀まり子は、かまととの表情が悩ましく可憐だったが、遍歴が多そうなプルデンスが無表情で同じセリフをあけっぴろげに言うとしらける。それに主役のレアに比べて背が高すぎて、レアと並ぶと覆いかぶさるような、たくましいイメージを与えてしまうのもよくない。レアとプルデンス二人が並んだスチール写真はきれいなのに、映画のカメラワークがよくないのだろうか。

ユーゴつまり大木役のズラウスキーは、監督業だが役者としても通用する。ただし、服装にも表情にもメリハリがなく、毛布のように部屋の隅でくすぶっている中年男にしか見えないのが残念である。

低予算映画は川端作品に似合わない

期待はずれの映像に終わったのは、役者の服装にも、セットにもお金をかけていないためなのか。日本の篠田正浩版が、風景、家屋、女優の衣装、嬰児昇天の絵等に、豪華に贅沢に目を楽しませる趣向を凝らして観客を飽きさせなかったのに比べると、フランス版は経費節減があだになっている。

日本女性の服装に関しては、着物と洋服の二種類がある。特に着物に関しては、金銭に糸目をつけなければ、いくらでも豪華な装いが可能であり、映像映えするという強みがある。フランス文化

『美しさと哀しみと』
監督：ジョイ・フルーリー、脚本：ジョイ・フルーリー、ピエール・グリエ、製作：ピエール・ノヴァ、撮影：ベルナール・リュティック、音楽：ジャン・クロード・プティ
キャスト：シャーロット・ランプリング、ミリアム・ルーセル、アンジェイ・ズラウスキー、ジャン＝クロード・アドラン
1985年、100分、フランス、カラー
原題：Tristesse et Beaute
配給パルコ＝俳優座シネマテン
VHS：発売元アスミック

は、洋服という一種類の装いしか持たないが、宝石をつけたり、帽子をかぶったり、美しい靴やバッグを持って、いかようにも豪奢で目を引き付ける工夫はできたはずである。もっとも、修道院の隣につましく暮らす女所帯の贅沢は、不自然でリアルでないと見えるかもしれないが、原作はそこそこの贅沢を楽しませる世界なので、これではおもしろさが半減する。『美しさと哀しみと』は、川端の美意識を反映しているので、低予算の質素な設定は似合わない。

やっと競争に勝って版権を獲得したのだから、役者の使い方は言うに及ばず、もっと予算をとって、それぞれの場面が引き立つようなカメラワークが望ましかった。ジョイ・フルーリー監督は、元ジャーナリストで、『美しさと哀しみと』が監督デビュー作だと聞く。経験の浅い女性監督が版権を獲得するには様々な苦労があったと推察されるが、夫が映画プロデューサーのジャン＝クロード・フルーリーであることも力になったのかもしれない。川端のようにメロドラマ風に書かれているように見えて、実は形而上の美を表現する、きわめて観念的で抽象性の高い世界の映像化は荷が重い作業である。心理学に精通していた川端のような難物の小説の映画化は、経験を積んだ、感性豊かで表現力に富んだ監督でなければ手に余る仕事である。日本の女の業とも魔性ともいえる、表面は静かだが内的に激しい情念の世界を、異文化であるフランスへ並行移動する離れ業は期待するのが無理なのかもしれない。

日本文化の取り入れ方

フランス版『美しさと哀しみと』は、ストーリーは原作に忠実である。京都と北鎌倉は、エクサン・プロヴァンスとパリに、仏教寺院をカトリック教会あるいは修道院に、けい子の職業を日本画家から彫刻家へ置き換えるが、けい子と大木が海に行く場面はそのまま取り入れ、最後の湖のモーターボートに乗った若い二人の場面もそのまま採用する。原作でも日本版映画でも、けい子と太一郎のボート事故の詳細は描かれていないが、フランス映画版では、じゃれ合って抱きつくプルデンスとマルタンがボートの舵を失って転覆する様がリアルに見られる。登場人物の名前は、フランス風に置き換えられたが、主人公の上野音子のウエノだけが残されている。

それ以外は原作が日本であることを匂わすものはなにもない。唯一、マルタンがプルデンスを日本庭園に誘って、和菓子をプレゼントして、赤い太鼓橋を渡るシーンがあるのみである。この場面も、和菓子の実物を映すとか、プルデンスかマルタンが浴衣や着物を着てくつろぐ場面などを入れると、画面に多様性と奥行きが出て観客の興味をそそるはずである。ともかく、場面の細部の工夫や遊びが不足している。たとえばアラン・ドロン主演のフランス映画『悪魔のようなあなた』では、サロンでくつろぐドロンが日本の浴衣や紋付きの羽織を着ていた。こういう場面を見ると、日本人は「日本のもの」と喜ぶし、フランス人も「あれはなんだ?」と異文化に刺激される。さらにその映画を見た日本人が、その紋が家紋であることに気付き、盗品の質流れ品になっていたことが判明して話題になった後日談もある。映画というものは、原作に忠実なだけではだめで、映画独自の加工という工夫をして観客の興味を引く努力をしないと生き残れない。

しかし、日本映画版にはないサービス精神とメリットがこの映画にはある。レアがオールヌードを鏡に映して化粧する場面が最初にでてくるが、きれいに撮れている。八千草薫は、全裸を見せなかったが、美しい女優は、美しい時期にヌードを披露することを惜しんではならない。観客の目を楽しませるだけでなく、女優としての記念撮影であり、後になって懐かしむアルバムの貴重な一頁になるからである。またレアがプルデンスの腋毛を剃る場面は、日本映画版には出てこないが、原作を少し変えて表現して効果的だった。レアは、はじめは嫌がるプルデンスを説得してむだ毛を剃ってあげるが、プルデンスは次第に気持ちよくなり、身体を完全にレアに預ける。安心しきったプルデンスにレアは秘かに殺意を抱くが、二人のレズビアンのSM感覚がダイレクトに官能的に表現されて秀逸である。フランス女性に日常的に腋毛を剃る習慣があるかどうかわからないが、こういう場面をグロテスクでなく、きれいに撮れるところはフランス映画ならではと感心させる。

フルーリー版の鑑賞には、現在は絶版のVHSを求めるしか方法がない。DVDに焼き直して再発売してほしいが、期待薄の感がある。それよりも、豊富な資金と経験を蓄えた監督か製作者の目に『美しさと哀しみと』がとまって、リメイクされることを期待したい。才能あるフランス、イタリア、スペインをはじめとする世界の映画人に希望をつなぎたい。たった二本の映画化で終わるのは惜しい川端独自の耽美の魔界である。

小説の言葉によって幾層にも重ねられ、ひたひた、じわじわと忍び寄るように迫るサイコホラーの戦慄は、映画では薄められている。それでも日本映画版は、そこはかとない怖さが風景、家屋と女優たちの演技に漂うが、フランス版では、白黒をはっきりさせる欧米文化にあって、川端流の朦朧たる曖昧なサイコホラーは希薄である。しいていえば、ウエノとプルデンスのSM的レズビアニズムに、サイコホラーというよりもインモラルな常識から逸脱した魔の世界が表現されている。

魔界の紳士だった川端

端正な文学者として知られ、「美しい日本の私」を表明する川端康成の魂は、魔界の住民であった。川端康成は、一九六八年ノーベル文学賞授賞式の講演「美しい日本の私」(Japan, the Beautiful, and Myself)において「究極は真・善・美を目ざす芸術家にも『魔界入り難し』の願ひ、恐れの、祈りに通ふ思ひが、表にあらはれ、あるひは裏に潜むのは、運命の必然でありませう。『魔界』なくして『仏界』はありません。そして『魔界』に入る方がむづかしいのです。心弱くてできることではありません」(「美しい日本の私」21)(The fact that for an artist, seeking truth, good, and beauty, the fear and petition even as a prayer in those words about the world of the devil——the fact that is should be there apparent on the surface, hidden behind, perhaps speaks with the inevitability of fate. And the devil's world is the world difficult of entry. It is not for the weak of heart. サイデンステッカー訳)と述べている。

富岡幸一郎は、「ここでは仏界と魔界を区別して、仏界は悟りの境地であり、魔界は煩悩の地獄であるとの対立概念として考えるのではなく、仏界に執着せず魔界を避けることなくそのなかに向かうことによって、真の悟達が訪れるという意味であろう」(富岡231)と述べる。魔界とは、仏界と対極にある煩悩の世界に見えるが、魔界を経験した者のみが初めて仏の心をも知ると川端は考えた。魔界への煩悩と誘惑に対して川端は、文学という虚構の世界の中で魔界と徹底的に向き合い格闘することによって、逆説的に心の魔界から自力脱出を試みたのである。

魔界に遊ぶ川端の心は、幻想に彩られ、美しい少女たちに囲まれて戯れることを好んだ。現実の世界では許されない、インモラルで禁断の欲望を実現し、発散するために、川端は文学という幻想の世界を必要とした。紳士の仮面を外したもう一つの顔を得て、川端の魔界は活気づいた。『美しさと哀しみと』に登場する大木とその息子の太一郎が川端の分身であることはもちろん、上野音子も坂見けい子ですら川端の隠された自我を表している。川端の魔界を渇望する思いは、サイコパスのけい子の姿をとる時が一番大きく、妖しく、楽しげに羽ばたくとさえ言える。『美しさと哀しみと』で語られる白骨化した皇女和宮の一夜にして消えた硝子板の貴公子像のようにはかなくとも、川端は夢の中の愛の世界を強く欲求し、その幻影に魂を捧げたのである。おそろしい母を思わせるけい子によって、母なる湖に沈むことは、男の母体回帰願望である。羊水のような湖、つまり子宮に呑み込まれた後、胎児となって母の胎に宿り、再び産まれ出たい川端の死と再生の輪廻転生願望を『美しさと哀しみと』は、サイコホラーの横顔を得て体現する。

参考文献

川端康成「美しい日本の私」『美しい日本の私』角川ソフィア文庫、二〇一五年
――「美しい日本の私」(Japan, the Beautiful, and Myself) エドワード・G・サイデンステッカー訳、講談社、一九六九年
――『美しさと哀しみと』中央公論社、一九七三年
――「しぐれ」『反橋、しぐれ、たまゆら』講談社、一九八二年
――『みずうみ』新潮社、一九五〇年
――『雪国』新潮社、一九四七年
岩波明「第十章　川端康成」『文豪はみんな、うつ』幻冬舎、二〇一〇年
――「カルテ21ストーキングと幻　川端康成『みずうみ』」『精神科医が読み解く名作の中の病』新潮社、二〇一三年
衣笠貞之助「『狂った一頁』始末」映画パンフレット『狂った一頁／十字路』(九)岩波ホール、一九七五年
『美しさと哀しみと』パンフレット「解説」PARCO／シネマテン、一九八七年
篠田正浩「鈴木敏夫の『美しさと哀しみと』」松竹株式会社ビデオ事業部DVDパンフレット、発行年不詳
鈴木敏夫『美しさと哀しみと』松竹株式会社ビデオ事業部DVDパンフレット、発行年不詳
高橋紳吾『サイコパスという名の怖い人々』河出書房新社、一九九九年
ド・フリース、アト『イメージ・シンボル事典』大修館書店、一九八四年
富岡幸一郎『川端康成　魔界の文学』岩波書店、二〇一四年
中河與一「川端に於ける神秘主義」『川端康成全集　第一巻　月報』(二)新潮社、一九五九年
中野信子『サイコパス』文藝春秋、二〇一六年

羽鳥徹哉「川端康成と心霊学」『作家川端の基底』教育出版センター、一九七九年
――「川端康成と万物一如・輪廻転生思想」『作家川端の基底』教育出版センター、一九七九年
東雅夫「解説　心霊と性愛と」『文豪怪談傑作選　川端康成集　片腕』筑摩書房、二〇〇六年
――「Q3　ホラーと会談の違いは?」『怪談文藝ハンドブック　愉しく読む、書く、蒐メル』メディアファクトリー、二〇〇九年
Matt Cardin Ed. "psychological Horror."Horror Literature through History: *An Encyclopedia of the Stories That Speak to Our Deepest Fears*. Santa Barbara: Greenwood, 2017. Print.(『歴史でたどるホラー文学:深層の恐怖を語る百科事典』)
メベッド、シェリフ・ラムシー「川端文学におけるフロイト思想の影響を巡る一考察:自由連想から『不気味なものまで』」名古屋大学博士論文、二〇一五年。Nagoya Repository　http://hdl.handle.net/2237/22961

第九章　三島由紀夫『午後の曳航』ナルシストの視線

欧米で最も人気のある日本の作家

三島由紀夫（一九二五〜一九七〇）ほど海外で人気の高い日本の作家はいないと言われる。ロイ・スターズ（Roy Starrs）は、『死に至る論理体系——三島由紀夫の世界におけるセックス、暴力とニヒリズム』（*Deadly Dialectics: Sex, Violence and Nihilism in the World of Yukio Mishima*）において、三島の名は日本に特別な関心を持たない一般の西欧人にも知られていると言う。三島の知名度を高めるのに貢献したのは、一九八五年のポール・シュレイダー（Paul Schrader）監督の映画『ミシマ——四章から成る生涯』（Mishima: a Life in Four Chapters, 1985）である。

映画『ミシマ』は、英語圏でのミシマ・ブームに火をつけた。フランスでもミシマ・カルトはこの映画以前に存在していたが、マルグリット・ユルスナール（Marguerite Yourcenar）のすぐれた研究書『ミシマまたは虚無の視覚』（*Mishima ou La vision du vide*）によって三島に注目が集まった。欧米で三島のように注目を集めた日本の現代作家は皆無である。

三島が西欧で成功を収めた理由をスターズは以下のように挙げる——(1)三島の作品はサーカスのショーのように、色彩豊かで、組織化されている、(2)三段論法によるしっかりした構成と美的均整のとれた結末を持つ、(3)知的興奮を提供する——読者は既成概念に挑戦する虚無的で「危険な思想」に触れる火遊びのスリルを味わう、(4)日本の魂を表象するので好奇心をそそる(武士道、侍、切腹、ふんどし、はちまき)、(5)三島の思想の源泉は近代西欧にあるため、欧米人に理解しやすい(三島のニヒリズムはドイツのニーチェから影響を受けた)(Starrs pp.4-7)。

スターズは、三島以前にも夏目漱石、谷崎潤一郎、川端康成などのすぐれた作家がいたが、三島の西洋における人気は三島の特異なパーフォーマンスによって注目を集める技に負っているのであり、先輩作家の方がむしろ尊敬に値すると考えるが(Starrs pp.4-5)、筆者はスターズの意見には反対である。最後の割腹自殺を含めて、三島の自己顕示欲旺盛なパフォーマンスに対する好悪の念はあるだろうが、三島の作品それ自体が傑出して魅力的だからもてはやされると私は考える。先輩作家に対する三島文学独自の強みは、日本的なものと西洋的なものの双方を強力に保持し、正反対の対立する二つの概念、対極にある二つの文化が調和して、美しいコントラストをなす点にある。

外国の事物が受け入れられるためには、第一にエキゾチックでなければならない。自国にまったく同じものがすでに存在するならば、人々は関心を持たないからである。第二に、自国のものとある程度の親和性がなければ、受け入れの対象にならない。まったく異なっていて、理解不能のものは、評価も吟味もできないのでその国に根付かないのである。三島は、外国人が日本的だとみなすものを強烈に誇示する一方、その思想の根は西洋の影響を深く受けているので、外国人には消化しやすい。三島のように日本と西洋という対極のものを同時に強力な形で備え、かつ融合できた作家はいないといってよい。

ホモ・セクシュアルとSMとナルシシズム

R・スターズは、三島を以下のように評する――三島は、ホモ・セクシュアルを伴うサディズムとマゾヒズム、自体愛のナルシシズム、そして人肉嗜食《カニバリズム》を披露した『仮面の告白』によって、本格的に文壇デビューを果たした、『仮面の告白』の内容にショックを受けた読者が、三島に注目するようになったため三島は名声を得た、その意味で若い野心的作家であった三島の作戦は成功したが、この初期の作品において、すでに三島のスタイルと特徴は明らかだと評する。

スターズが指摘する三島の文学的特質とは、哲学的に遊離した語り口、古典的抑制、文学的美しさ、淫らでショッキングな主題を巧みに和らげ、補う平衡感覚である。三島の芸術は、古典的形式とデカダントでロマンチックな内容、つまりアポロ的秩序とディオニュソス的混沌の相反する二つのものが緊張を伴って生み出されるところにあるとスターズは位置づける(Starrs pp.97-98)。スターズの指摘は当を得ている。『仮面の告白』(一九四六年)に描かれた「ホモ・セクシュアルを伴うサディズムとマゾヒズム、自体愛のナルシシズム、そしてカニバリズム」は、十七年後の『午後の曳航』(一九六一年)の主題にそのまま受け継がれるからである。

『午後の曳航』は、死に向かう倒錯的自体愛《ナルシシズム》によって支配される。十三歳の少年、黒田登は、三十三歳の美しい母、黒田房子の情事を子供部屋の大抽斗《おおひきだし》に隠れて、覗き穴から盗み見することに充足を覚え、孤独を癒していた。母の情人の二等航海士の塚崎竜二は、孤独に耐えて世界を旅する逞しい男であり、数年前に父を失った登にとって英雄であった。その登が近所の少年の一団の加勢を得て、竜二を殺害するに至ったのは、竜二が海を捨てて、母との結婚を選び、父となって登の家に侵入することを決心したからである。父親を「真実を隠蔽《いんぺい》する機関で、子供に嘘を供給する機関」、「自分が人知れず真実を代表していると信じている」のであり、「じっと狙《ねら》っていて、僕たちの腐敗につけ込む」「汚ならしい蠅《はえ》」(132)とみなす登は、空っぽの世界の秩序(154)の「見張り人」、「執行人」を自負する仲間の少年「首領」の言葉にしたがって、竜二を「処刑」する。子猫を叩き潰して解剖したのと同じ手順で、竜二も殺害される運命である。「好んで自分の幻から船と航海の幻を断ち切って」、「忌《いま》わしい陸の日常の匂い」、「陸の人間」の「屍臭《ししゅう》」(129)を染みつかせる「情ない」(152)男に堕落した竜二は、死んで栄光を取り戻すべきだと判決を受けたのだ。何も知らずに少年たちの隠れ家におびき寄せられた竜二は、登の差し出す睡眠薬入りの紅茶を飲み干して、夢心地で「栄光の味は苦い」(175)と感じる。

エディプス・コンプレックス(男の子が父親にライバル意識を持ち、母親を自分のものにしたいという心理的抑圧)の理論によれば、思春期の少年登が、母を奪って、自分の領域への侵入をたくらむ男、竜二の殺害を企むことは納得がいく。

しかし、登のエディプス・コンプレックスは、普通の少年と結果は同じでも、動機づけが異なり、倒錯している。登は、母の房子に愛人ができる前から、寝室で裸になった母を窃視する習慣を持つが、それは、女体への好奇心からではなく、母に対する憎しみからである。ジェリー・S・ピヴァン(Jerry S. Piven)が指摘するように、「登が夜、母を覗き見するのは、母が登を邪険にして、叱った後に始まる。接触する代わりの視覚的欲求充足ばかりではなく、視覚的侵略は、母が登を傷つけ、屈辱を与えた後の登の視線によるレイプと復讐である。母がやさしかった晩は、登は覗き見をしないからだ」(Piven 210)。

登は、視覚によって母を犯すが、登に代わって母の肉体に本物の侵入を果たすのは、竜二である。竜二の「腹の深い毛をつんざいて誇らしげに聳《そび》え立つつややかな仏塔」(14)を驚きを持ってうっとりと眺める登は、竜二が母の肉体に侵入するさまを誇らしげに、恍惚となって見入る。登の視線は、通常のエディプス・コンプレックスの法則から逸脱している。登は、母に侵入する他の男の肉体と行動を自分自身のものであるかのような感嘆と官能を持って迎えるからだ。登は母を犯す竜二を敵意と嫌悪ではなく、自分が母に侵入して、征服したかのような喜悦と恍惚感をもって見入る。

登は竜二に自己投影して、快感を得ている。さらに奇妙なのは、登の視線は、女の官能ではなく、男の肉体賛美に向かっていることだ――「塚崎は母と同い年ぐらいだったろうが、陸の男よりもずっと若々しい堅固な躰、海の鋳型《いがた》から造られたような躰を持っていた。ひろい肩は寺院の屋根のように怒《いか》り、夥《おびただ》しい毛に包まれた胸はくっきりと迫《せ》り出し、いたるところにサイザル・ロープの固い撚《よ》りのような筋肉の縄目《なわめ》があらわれて、彼はいつでもするりと脱ぐことのできる肉の鎧《よろい》を身に着けているように見えた」(14)。竜二の逞しい肉体は、少年・登があこがれる男性美、自分があるべき近未来像を表し、さらに踏み込んで言えば、ボディー・ビルによる肉体改造に余念がなかった作者・三島由紀夫の自己の肉体に対するナルシスティックな賛美を暗示する。登は、窃視者としての自分と行為者としての竜二を重ねることによって快楽を味わう。登を書物の外から眺める読者は、登は竜二の男らしい肉体の欲望が登自身に向かって放たれたという幻覚にとらわれたと感じる。ピヴァンは、「竜二は登がなりたいと願った(あるいはなった)男性として描かれ、登のナルシシズムとホモセクシュアリティーを示す例である」(Piven 214)と述べる。川島勝は、「少年(登)はあきらかに作者の分身として書かれているが、一方海の男(竜二)のなかにも、青春との決別と共に変貌した作者自身の心象が重ねられている」(197)と言う。「ホモ・セクシュアルを伴うサディズムとマゾヒズム、自体愛のナルシシズム」の持ち主と推測される登は、母を視覚によってレイプし、竜二と一体化することによってサディスティックに母に侵入して犯す。

さらに、登は竜二の誇らしいシンボルが母に埋没する様子を見て、母の位置に自分を置き換え、竜二にマゾヒスティックに犯される自分を想像する。登は、竜二によって犯し、犯される快楽を二重に味わう――登は、覗き穴から竜二を覗くことによって、水面に映った自分の顔に恋するナルシスのような奇妙な官能に目覚めたと考えられる。竜二が登の「もう一人の自分」(alter ego)だとする夢想によって、登はナルシストとしての欲望の充足をはかるのだ。

ドッペルゲンガーの構造

登と竜二は、一人の人物の分裂した自我だという読みを可能にする根拠は、年齢と立場の違いを除いて、二人は奇妙に似通った性質を持つことにある。

第一の共通点は、海への並はずれた執着である。二人とも海と船に愛着を持ち、陸での生活を世俗的堕落したものとして下に見ている。登は船について玄人はだしの知識を持ち、堕落したこの世において許しうる僅かなものとして「海」と「船」を挙げ(155)、船員である竜二に究極の男らしさを見て、あこがれている。一方竜二は、希望と夢を海に託したために船乗りになったのである。

第二に二人とも海を媒介にして死に接近する。海との濃密な関係修了は、二人を死の観念に導く。竜二は、「航海の行く手に、大義なんかありはしないことを、誰《だれ》よりもよく知っている」(74)男になり、「船乗りの生活のみじめさと退屈に飽きはて」「栄光はどこにも存在しなかった」(108)ことを悟り、海に代わって登場した房子との関係に死の甘い匂いを嗅ぎつける――「その接吻は死だった。かねて彼の考えていた恋の中の死そのものだった。女の唇のいいしれぬ滑らかさ、目をつぶっていても闇《やみ》の中のその紅《あか》さがわかる口腔《こうこう》の無限の潤《うるお》い、なまあたたかい珊瑚礁《さんごしょう》の海、藻《も》のようにそよいでやまぬ女の舌、……これらの与える暗い恍惚《こうこつ》には、直下《じきげ》の死につながるものがあった。(中略)彼の心の中で死はなまめいていた」(77)。「女に似すぎている」(41)海にとって代わろうとする房子によって、「つねに三位《さんみ》一体だった」「栄光と死と女」(173)の調和した関係は崩され、「女が獲《え》られると、あとの二つは沖の彼方《かなた》へ遠ざかり、あの鯨のような悲しげな咆哮《ほうこう》で、彼の名を呼ぶことはなくなった。自分が拒んだものを、竜二は今や、それから拒まれているかのように感じた」(173)。「危険な死からさえ拒まれている。栄光からはむろんのこと」「いつも胸をさいなむ暗い憧れ」と「自分を男らしさの極致へ追いつめてきたあの重い甘美な力」(173)を竜二がいとおしむ時、登たち少年は竜二に死を準備する。「壮厳な、万人の目の前の、壮烈無比な死を恍惚《こうこつ》として夢み」る竜二に応えるかのように、登は「光輝にあふれた死」を「準備」(174)する。「血が必要なんだ！ 人間の血が！」(160)と叫び、死にかけている、空っぽの世界への輸血が「鼠《ねずみ》の一生」(160)を断ち切る道だと信じる自称天才少年たちのカニバリズムの生贄に竜二は選ばれたのだ。「万人の目の前の、壮烈無比な死」(174)には、作者三島の幻影が投影されていないだろうか。

『午後の曳航』でほのめかされる「死」は、小説の中の幻には終わらなかった。竜二と登が魅せられた「栄光の死」は、九年後の一九七〇年十一月、陸上自衛隊市ヶ谷駐屯地での三島の割腹自決によって実現する。三島は竜二の「厚い胸にひそむ死への憧《あこが》れ。彼方《かなた》の光栄と彼方の死」(108)を、「夢の中での処罰の情景」(146)に終わらせずに、忌むべき現実において「夢よりもたしかなもの」(44)へと変えた。この小説と同様に三島はこの時、一人で死に向き合ったのではなかった。三島は主催する「楯の会」の森田必勝《まさかつ》を道連れにして、森田と古賀の介錯で割腹自殺を遂げた。作者の影を作品に読み込むことを嫌う傾向は、二十世紀に入って一世を風靡した。しかしそれでもなお『午後の曳航』の登と竜二に、三島由紀夫は自分の思い入れを書きこんでしまったことは否めない。登も竜二も死に対峙する姿勢において、三島自身から分離した複数の人格とみる余地がある。

第三の共通項は、閉塞状況に対する両面価値《アンビヴァレンス》である。竜二は「陸がきらいだから船員になった」(17)が、「きらきらした、別誂《べつあつら》えの、そこらの並の男には決して許されないような運命」(19)を船員であることに見出し、海は光栄を得るための夢想の供給源である。

しかしその一方で、船は「別の牢屋《ろうや》」(18)としての機能を持ち、竜二を「みじめな虜囚《りょしゅう》の身の上」(74)にする。「日々の海の気まぐれな心」(75)に倦み、房子の色香と安逸な生活に心惹かれて海を捨てる決心をした竜二は、「すっかり飽《あ》き果てていたくせに、その放棄したものの大きさに、又しても少しずつ目ざめ」(172—173)、海に対する未練を捨てきれない。竜二には「陸にも海にも本質的に属さない船乗りのふしぎな性格ができあがっていた」(18)のであり、この特質は竜二の海へのアンビヴァレンスを物語る。竜二の牢獄が海であり、船であるのに対して、登を監禁するものは「鍵のかかった部屋」である。船も部屋も母胎を象徴するので竜二も登も胎児の立場にあるとも考えられる。横浜中区山手町に住む登は、少年グループの「首領」に誘われて夜中に二階の部屋から抜け出そうとしたのをみつかって以来、母によって部屋のドアに外側から鍵をかけられ、朝まで閉じ込められる仕置きを受けていた。登は、監禁されることに屈辱を感じ、怒り、脅えていた。

だが、造りつけのおおきな引き出しの中に覗き穴があるのを発見して以来、登は、外から鍵をかけたこの部屋に監禁される夜を心待ちにするようになった。汽笛のひびく子供部屋の「小さな息苦しい覗き穴」から「彼と母、母と男、男と海、海と彼をつなぐ、のっぴきならない存在の環《わ》を垣間見《かいま》」(15)た登は、「息苦しさと、汗と、恍惚のために、気を失わんばかり」(15)に、この状況をマゾヒスティックに享受する。登が身を「折り曲げ」(7)て、この狭い引き出しに潜み、隣室の母の寝室を窃視する姿勢は、母胎内の胎児の状況である。子供と大人の中間地点に立たされた登は、期せずして胎児の状態に強引に引き戻されたことに奇妙な安心感を覚えるのだ。子宮を思わせる引き出しの中で、安全に匿われて外界を眺める特権を得た登にとって、鍵をかけた監禁状態を解かれることは、「不安」を引き起こし、「成長」を無理やり迫られることである。「今夜から鍵をかけるのはやめたらどうかな。登君ももう子供じゃないんだし」(136)と提案する竜二に、登は「追いつめられた小動物のように目を光らせ」(136)、「何とか僕が室内にいたままで、その同じ僕がドアの外側から、鍵をかけることはできないだろうか?」(137)とマゾヒストの歪んだ欲望を隠さない。

第四番目の登と竜二の共通点は、意識下の処罰願望である。登は、勇気を出して、鍵のかからない部屋からいつものように覗き見する胎児状態の快楽に浸ろうとするが、いつになく真っ暗にした寝室で、登の部屋から漏れる光に竜二は気づく。恥辱と怒りで震える母は、竜二に登を殴ってくれと頼むが、竜二は登をなぐろうとしない。竜二が本当に登を愛していれば叩いたはずだが、「荷《に》厄介《やっかい》な」(150)子供に対する義務よりも、寛容を示すことによって房子の歓心を買おうとしたのだ。竜二に殴られることによって、愛情を確認したかった登は、「この世には殴ること以上に悪いことがある」(152)と竜二への反発を強める。登の竜二に対する究極の反感は、「パパは明日あの穴を槇《う》めてしまうよ」(151)という言葉によって引き起こされる。

竜二にずっと覗き見をしていたのかと問われ、うなずいた登は、次の瞬間、「熱情的に何ものかを待っていた」(149)が、竜二は予想に反して何もせず、「部屋着のポケットにだらしなく両手をつっこんで」(150)、登を殴らなかった。竜二は愛する男によって処罰されたいという登の欲望に応じなかったばかりか、覗きの快楽を満たしてきた「光輝への小さな一点の通路を、永久にふさいで」(152)しまうのだ。登は「この男」は「猫撫《ねこな》で声で、世にも下賤《げせん》な言葉を喋っている。これこそは地球の終わる日まで、決して彼の口からは洩《も》れる筈《はず》のなかった汚れた言葉、人間が臭い巣の中でブツブツ呟《つぶや》く言葉だった」(152)と幻滅を露わにして、竜二の抹殺を決心する。ホモ・セクシュアルを伴うマゾヒストである登の処罰要求を拒んだ竜二、海を捨てて女を選んだ竜二を仕置きせずにはおけない。登の理想の分身である竜二を痛めつけ、死に至らしめることは、ナルシストであり、マゾヒストである登にとって極上の快楽である。自分を自分で痛めつけるのは、自分が投げた球が自分にあたって痛いのと同じ作用を及ぼすのだ。竜二は、「パニッシャブル」「罰せられる」(166)と書かれた立札のある丘で、登たち少年によって処刑される。少年たちの企みに気づかないはずの竜二は、不思議なことに「壮烈無比な死を恍惚《こうこつ》として夢み」(174)ながら、差し出された毒入り紅茶を一気飲みする。強者であるはずの竜二が、弱者であるはずの少年たちに寄る辺ない子猫のように処罰され、命を奪われる。登は、「世の中でいちばん醜悪な父親というものになる」(160)ことによって、陸の女によって去勢された存在に堕落した竜二を抹殺する。竜二も登によって処罰されたことになる。

フロイトは、マゾヒズム的な拷問において、去勢と盲目、つまり性器と目だけは傷つけてはならないという条件が付いている(『マゾヒズムの経済的問題』280)と言う。登は、覗き穴を塞がれることによって、窃視者の視線を遮られ、快楽の要である目を傷つけられた。さらに登は、自分の分身である竜二が母のために海の男の誇りを失い、去勢された存在に貶められたことによって、登自身も去勢されたのと等しい状態になる。登は、マゾヒズムのルールに違反して、自分に去勢と盲目を強いた竜二を処罰なしに生かしておくことはできなかったのである。

最後の第五番目の共通点は、登も竜二も父を早くに亡くしていることである。登は五年前に父を亡くし、母一人で育てられ、忙しい母に存分に甘えることを許されない孤独な少年である。竜二は逆に母を早く失い、父によって育てられたが、すでに父はなく、妹をチフスで失った天涯孤独の身である。父がいないという登と竜二の連帯感を、竜二が登の新たな父に成り変わることで崩したことが惨劇の引き金になったともいえる。

登と竜二の間には、以上の五つの共通項が存在することから、抽象的な意味において、二人は互いに分身同志であり、作者・三島の自我が分裂して投影されたものと考えられる。三島の伝記的事実に踏み込むならば、竜二同様、三島は、一九四五年十月に妹・美津子を腸チフスで失い、この作品執筆の前年一九六二年五月に長男・威一郎が誕生して(伊藤「三島由紀夫略年譜」)、男児の父親になっている。登の父親に対するアンチテーゼといってよい反感は、三島の父に対する反発とその父の立場に自分が立たされるという複雑な思いが重ね合わされていると考えられる。

井上隆史は、「三島は昭和三十七年五月に長男・威一郎を得た。それが三島に喜びを与えたのは確かだが、その一方で三島は、男児の父となった自分自身への殺意を、大人の男が少年に殺されるという『午後の曳航』の筋に密かに投影したとは言えないだろうか。そうだとすれば、『午後の曳航』は一種の遺書であり、そのことがこの作品に異様な力をもたらしているのである」(井上186)と述べる。

三島のナルシストの視線は、父を主体であると同時に客体としてとらえ、見る自分と見られる自分を同時に提示する。ピヴァンは、ドッペルゲンガーの構造が作品内に仕込まれており、登のメタ・ヴォイス(変形された声)がそこかしこに響いている、登の竜二礼賛に異議を唱える「首領」の少年の声は、登のアンビヴァレンスを代弁している(216)と指摘する。房子の持ち物になり、陸の男に落ちぶれた竜二の処刑を決議する六人の少年、首領、三号(登)たちの声は、登自身の内部に潜む、自問自答し、反駁し合う、登のメタ・ヴォイスを表すと考えてよい。

『午後の曳航』は『午後の栄光』か

三島は「『午後の曳航』の『曳航《えいこう》』は日本語で『栄光《えいこう》』と同じ発音になります。それを利用して、表題には『栄光』の意味を含めたのです」(川島198)と語る。

三島のこの言葉を川島は「『曳航』とは、廃船などを他の船が引張って航海することである。「栄光」を失ったものは、曳航して廃棄するしかないという、三島流寓意のこめられた結晶度の高い作品」（川島198）と評する。ピヴァンは、「船員竜二の殺害は三島自身の自殺を意味する。三島は女に吸収されて合体される屈辱よりも自殺を選んだのだ」（229）と言う。

三島由紀夫の世界は二項対立で成り立つ——生と死、愛と死、夢と現実、栄光と死、栄光と屈辱、男性性と女性性、海と陸、父と息子、男と女、善と悪、覗くものと覗かれるもの、具体性と抽象性、勝利と敗北、強者と弱者、仮面と素顔、個人と世界、サディズムとマゾヒズムである。

三島はエッセイ「All Japanese are perverse」の中で、日本文学における二項論的思考の脆弱さを批判している。

われわれの二元論的思考の薄弱は、両性の対立を扱った近代文学の傑作が、ほとんど皆無である点からも、肯定されよう。ストリンドベリも、近くはオールビーも、日本人には馴染みのない、いたづらに苛烈な「両性の対立」の誇張と考へられた。われわれの先人は、女をして女であることを主張させることが、いかに社会の男性的理知的原理を崩壊させ、社会をアモルフなものに融解させてしまふか、といふ洞察力をもってゐた。女は女であることを決して主張しないことによって真の女になり、そこにこそ真の「女らしさ」が生ずるといふ女大学のモラルは警抜で、シニカルな、水も洩らさない社会的強制（コンパルスン）であった。つまらぬ風俗現象ではあるが、現代の風潮を、「女性の男性化、男性の女性化」といふ言葉でとらへようとする論者の脳裡にはこの古いモラルが、裏返しの形で貼りついてゐるのである。現代の風潮は、女が女であることを主張し、男が男であることを主張しない、といふだけの話であり、むかしの日本では、男が男であることを主張し、女は女であることを主張しなかった。真の根源的な、妥協をゆるさない両性の対立は、男が男であることを主張し、女が女であることを主張する、といふ状況からしか生れないのである。もちろんそんな状況は、人類に平和と幸福をもたらすものではない。（27）

三島は、日本文化における二元論的思考の貧弱さを、ジェンダーを例にとって述べている。三島の「男らしさ」を強調したライフ・スタイルを眺めれば、三島がどれほど男であることにこだわり続けた作家だったかということがわかる。一方、三島が自己の主張とは別に、二項対立の極度に発達した社会は「平和と幸福をもたらさない」と認識している点には、作家としてのすぐれた平衡感覚が読みとれる。

しかし、二項対立の危うさを十分自覚した三島の作品は、昭和の日本人作家には珍しく西欧的二項対立の世界から成り立つ。逆に言うならば、三島自身の内なるものが二項対立的概念であったゆえに、自分の持つ危うさを鏡で見るように西欧近代の思考形態を批判できたのかもしれない。とにかく三島の二項対立思考は、作品内にとどまらず、三島の行動も支配したようである。三島の割腹自決も『午後の曳航』同様、死か生か、栄光か恥辱かの選択にのっとっていたのではないだろうか。「栄光の死」を選んだ三島は本望だったのかもしれないが、残された者たちの心に幸福と平和は訪れることはなかった。聡明な三島にそれがわからないはずはなかった。三島文学および作家・三島の強みも弱点も、この二項対立思考にあったと私は考える。コントラストのはっきりした概念を打ち出す三島文学は、モダンなものを好む現代の読者にアピールした。三島のファンが日本国内にとどまらず、世界中に存在するのは三島の西欧風の二元論の思考形態がグローバルに受け入れられている証である。

しかし、日本の一読者の私としては、もし三島がもう少し日本的なあいまいさを身につけていたならば、死なずにすんだのではないかと思う。白か黒かの思考が三島を追い詰め、死を選択させてしまったのではないだろうか。三島文学に魅せられれば魅せられるほど、三島の早すぎた死が惜しまれる。「もし××でなかったならば」という三島に関する、答えのみつからない仮定法への問いかけを後に残された読者は永遠に紡ぎ続ける。

映画『午後の曳航』(The Sailor who Fell from Grace with the Sea)

映画『午後の曳航』(一九七六年)は、製作面では日米合作(日本へラルド社が製作費二百万ドルのうち三分の一を出費)で、スタッフとキャストはすべて日本人以外によった(映画パンフレット「解説」『午後の曳航』)。それゆえに、映画の舞台は、日本の横浜からイギリスのデボン州の古い港町ダートマスに移され、登はジョナサン・オズボーンに、竜二はジム・キャメロン、母・房子はアン・オズボーンに名前を変えられている。また原作には存在しないオズボーン家の家政婦兼乳母のパーマー夫人が映画には登場する。船乗りは、国際的色彩の強い職業であり、国は違っても共通するところが多いため、物語をそのまま外国に移し替えても不自然さは全く感じさせない。映画は、舞台を英国に、登場人物をイギリス人のオズボーン一家に、竜二をアメリカ人のジムに変えたが、ストーリーは意外なまでに原作に忠実である。原作をいたく気に入ったルイス・ジョン・カーリーノが監督と脚色をしたので、翻案ではなく、忠実な映画化になったのだ（パンフレット「原作に敬意を込めて映画化」）。

映画『午後の曳航』の長所

この映画が傑出している第一の点は、海の美しさを見せる映像である。クレジット・タイトルと共に、深紅の夕焼けに包まれた広々とした海が現れ、海に浮かぶたくさんのヨットがロマンチックで重厚な風情を見せる。浜辺に白い頭を逆立てて打ち寄せる波、美女の曲線美のようにエロチックで優美にうねる海岸線、美しい海に抗うようにごつごつした、原始的

『午後の曳航』
監督・脚本：ルイス・ジョン・カーリーノ、製作：マーティン・ポール
キャスト：サラ・マイルズ、クリス・クリストファーソン、ジョナサン・カーン、アール・ローデス
1976年、日英合作
発売：IMAGICA、販売：紀伊國屋書店
DVD：Warner Home Video

でいかめしい岸壁は、優雅であると同時に荒々しいイギリスの港町の風景を映し出す。

第二に良いのは、少年グループの描写である。特に一号(原作では「首領」)の金髪の美少年が、清潔で品のよい外見に似合わない冷酷な知能犯の屈折を表現してすばらしい。猫を生体解剖する場面は、生物の時間に顕微鏡を覗いているような乾いた印象で、原作が持つ倒錯的な忌わしさを感じさせない。早熟な一号は、医師の息子であり、猫の解剖に外科医の手術用メス一式を用意している。原作では、捨て猫を力まかせに放り投げて殺してからばらすが、映画では家で飼っている猫の口をこじあけて、毒入りミルクを飲ませる。満腹した猫の視線が宙に浮き、そのうちにふらついて倒れ、動かなくなる。この猫の演技がすばらしく、どのようにしたらあのような場面がカメラに収められるのかと好奇心をそそられる。毒入り紅茶を飲まされて意識が朦朧となるジムを前にして、猫を解剖する時のクリーム色のゴム手袋を一号が早々とはめにかかる最後の場面は残酷である。意識を失ってくずれた猫をみつめる少年たちの視線が、崩れ落ちるジムに集中する視線と重なり合うのも怖ろしげである。映画内の少年の持つ残酷さは、原作のそれよりも、より非人間的で科学的なタッチである。一号に逆らって、ジムを讃え、擁護した三号(ジョナサン)は、その直後に五号に降格になるが、ジムを丘におびき寄せ、殺害のお膳立てに成功したとたん、一号がジョナサンを二号と呼ぶと、ジョナサンがほほ笑む場面は不気味だ。一緒にいるジムには、ジョナサンが二号に昇格したことも、その理由もまったくわからない。少年たちと観客だけが瞬時にすべてを悟る仕掛けになっている。

監督のカーリーノは、「少年たちの関係は捕捉しがたい同性愛的感情が基盤になっている。だが非常に巧妙に扱われていて、けっして表面には浮かびあがってこない。意識下レベルのダイナミックな同性愛的な衝動が、暗示されてはいるが明示されていない。そこは三島の小説の凄いところで、よく味わってみなければいけないだろう」(「DVD解説リーフレット『午後の曳航』11)と述べる。カーリーノは少年たちの心理を明察している。原作に対する深い読み方と解釈が、すぐれた映像を生みだす。

しかし、映画『午後の曳航』が原作に比して、こくがなくなっている点は、ジョナサンのジムをみつめる視線である。海の男であるゆえに英雄であったジムが、自分の父になることが決まり、世俗的な平凡な男に堕落していくことが耐えきれず、ジョナサンは、好意的に見ていたジムに怒り、抹殺を計画する。映画の監督とプロデューサーは、ジョナサンのジムに対する気持ちを以下のように解釈する。

ジョノは船乗りのジムに対して同性愛的なものを感じているのでしょうか。

C「いや。……いやそういうこともありうるが、ぼくは同性愛が首領と他の少年たちの間にこそ存在しているという解釈だ。ジョノとジムは肉体的にではなく、観念の世界での関係性があると思う。海の英雄と少年という。だから二人の間にはそういう感情があっていいが、ぼくはそう思わない。(マーティン・ポールに)君、どう思う?」

マーティン「ジョノが二人の情事を節穴からのぞいたあと、他の少年にその様子をとても美しい見ものであったと語るが、のぞく行為は純粋な好奇心からだし、もしジョノがジムに同性愛を感じているなら、もっと違う反応がでてきたと思う。嫉妬とか、そういう感情がね。三島は決してそれをフロイト流な考え方から指摘したりはしていない」

（DVD解説リーフレット11—12）

カーリーノは、三人の人物（船乗り、息子、首領）はそれぞれ「三島の生まれ変わり《リインカーネーション》」であり、それぞれが「三島の分身だ」と急所を押えている。

映画の短所

しかしそれにもかかわらず、ジョナサンのジムに対する言葉にされない思いに鋭敏でない。三人が三島の生まれ変わりだとしたら、スターズがいうように「ホモ・セクシュアルを伴うサディズムとマゾヒズム、自体愛のナルシシズム」の傾向をもつ三島が、首領とジョナサンの間に引いた仮線をジョナサンとジムの間に引かないはずはないのだ。マーティンは、登（ジョナサン）の覗きを好奇心のみで割り切るが、最初はそうであっても、次第に覗き見が登のアイデンティティーに成り変わり、竜二（ジム）と自分を同一化するナルシシズムにまで高まっていたことを見逃している。もし単純な好奇心だけであれば、覗き穴を竜二が塞ぐことを提案した直後の登の猛烈な反発と敵意は説明しにくい。登は竜二を自分自身のように愛していたので、ナルシストの視線を遮られることに憎しみを感じたのだ。愛と憎しみは紙一重であり、登は、竜二に理想を壊されただけでなく、愛を拒まれたと感じたので、竜二消滅を計画したのである。

「フロイト流な考え方から指摘していない」(DVD解説リーフレット12)というように、たしかにフロイトの名前も理論も映画にはまったく表れていない。しかし登が体を折り曲げて入り込み、暗闇の中で窃視する姿勢は、母胎に守られた胎児のそれである。「登君ももう子供じゃないんだし」(136)と鍵による監禁状態を解かれた登は、「鍵のかからない部屋にいる不安のために、(中略)慄《ふる》えていた。あいつらが教育をはじめたのだ。怖《おそ》ろしい破壊的な教育。すなわち彼に、このやがて十四歳になろうとする少年に「成長」を迫ること。(中略)とりも直さず、「腐敗」を迫ること。(中略)何とか僕が室内にいたままで、その同じ僕が外側から、鍵をかけることはできないだろうか?」(137)と言う。登のこの屈折した願望には、成長して母胎の外に押し出されるのを嫌がる胎児への退行現象が読み取れる。三島はすぐれた作家の常として、フロイト流をあからさまに書き込むことはしないが、三島がフロイト的思考を盛り込んだのは明らかである。

スターズは『仮面の告白』において「ナレーターあるいは主人公が自分をナルシスティックに、サド・マゾヒスティックなホモセクシュアルとして描いているところは、フロイトの原型にきわめて忠実である。フロイト理論への直接的言及はないが、カッコの中の傍白として引用されている」(98)と三島流フロイト使用術を披露する。先に述べたように、『午後の曳航』が『仮面の告白』と類似する特質を備えているため、三島がフロイトを巧みに自分の作品に応用する術を持ち合わせているとの証明になるだろう。

すぐれた文学作品の映像化はむずかしいとは、よく言われることである。その原因は、第一に言葉で語られたものを、せりふはあるにせよ、すべて映像に置き換えることは不可能であること、第二に小説に費やす時間は無限に与えられるのに、映画は二時間程度という制約がある、などいろいろ挙げられる。しかし、『午後の曳航』が映画としてはなかなか良いが、原作に及ばないのは、映画という媒体の限界を示すとばかりは言えない。映画の製作者も監督も原作の価値をよく理解しているが、内容の解釈と分析において、文学の研究者のそれらに比べてまさるとは言えない。映画の作り手の理解が限定的であれば、「とんびが鷹を生む」状況を期待するのは無理である。映画は、原作を一般向きにわかりやすく、観客が消化しやすい形に変換される必要があり、その点でこの映画は成功している。東洋の原作を違和感なく、西洋に移し替え、しかも残酷な美しさをたたえた余韻の残る映像に仕立てあげたのは見事だ。

しかし、映画が原作の持つ、濃厚で複雑な屈折した輝きを削る結果になったのは、映像という媒体が持つ限界ばかりとはいえない。映画の作り手が、三島という作家の本質を部分的にしか把握しえなかったためではないだろうか。彼らが三島自身がモデルになった写真集「男の死」(篠山紀信撮影『血と薔薇』1)、『薔薇刑』(細江英公撮影)を見れば、視覚化された情報によって、三島という作家の本質をより的確につかむことが可能である。聖セバスチャンの殉教を模して、弓矢で体を射抜かれ、苦悶のうちに恍惚の表情を浮かべて縄で縛られ、吊るされる三島、薔薇の花弁に顔を寄せて暗い眼差しで凝視する三島は、三島由紀夫の小説内に隠されたモチーフを雄弁に語りつくしている。

キャスティングの工夫

キャスティングについては、サラ・マイルズの母アンは名演技で文句がない。息子が覗いているのも知らず、一人寝のさみしさを紛らわして、亡夫の写真を見ながら鏡の前で自慰にふける原作にはない、むずかしい場面を果敢にこなしている。一九七〇年代の売れっ子演技派イギリス女優の力量を披露して面目躍如である。マイルズはもう少しゴージャスで、華やかな女らしさがあった方が視覚的にはより楽しめると思うが、観客側の過剰な要求に過ぎないだろう。クリス・クリストファーセンのジムは合格点に達しているが、もう少し魅力があった方がよい。作者三島の理想像としての分身であり、外見は平凡でも栄光を夢見るロマンチストなのだから、ふつうの船員とは一味違った内面的魅力が外に向かって光を発せなければ説得力がない。母が一目惚れしてすぐに肉体を預け、息子も英雄だと思いこんで覗き見したくなるような男なのだから、理想とエロスの化身としての磁気的魅力を備えていなければならない。

この映画の前にバート・ランカスター、カーク・ダグラスが製作と主演を目論んで交渉したが、実現しなかった(「DVD解説リーフレット『解説』」5)そうだが、バート・ランカスターが演じていれば、より映像上盛り上がったことであろう。もし二十一世紀にリメイクするならば、竜二にジョニー・デップあるいはクリスチャン・ベール、ヒュー・ジャックマン、ユアン・マクレガーなどの贅沢な配役を期待したいところである。バート・ランカスターとカーク・ダグラスも映画化をめざしたが、適任の子役がみつからず、映画化は断念した(「DVD解説リーフレット」5)のだが、登役のジョナサン・カーンは納得のいく演技を披露している。しかしそれ以上に、首領のアール・ローデスが冴えた演技を見せる。一九七〇年代映画化当時の欧米における子役の供給状況はわからないが、二十一世紀の現代であれば、もっと楽に子役をみつけられるであろう。

映画『午後の曳航』の評価は、IMDbによれば六二点(一〇〇点中六二点)である。この映画化は、原作をしのぐ出来栄えとはいえないかもしれないが、原作を尊重しながら、原作よりもわかりやすく、より大衆的に作られている。三島の作品を読んでもよくわからない読者には、この映画は理解の手助けをする。三島ファンは、三島が国境を越えて支持され、理解される作家であることを再認識させられるので、この映画は歓迎される。監督と脚本をつとめるカーリーノが三島の愛読者であったことが『午後の曳航』映画化の糸口であった(「DVD解説リーフレット」5)。日本が誇る作家が、海外で読まれ、さらに映画化されることは、日本人として誇らしく、世界の人々との連帯感に浸れる幸福な時間の共有である。

映画『ミシマ』

文武両道を掲げ、実践した三島由紀夫の作品と生涯は、映画『ミシマ』(mishima: A Life in Four Chapters, 1985)に凝縮されている。垣井は、『ミシマ』は日本人俳優が日本語を話す初の日米合作映画であると述べる。

> この映画がなぜ画期的なのかといえば、日本人俳優が日本語を話す初の本格的日米合作映画だったからである。ハリウッドのスタッフが主演俳優を引き連れて来日し、日本でロケをした映画は珍しくないが、そのほとんどは英語映画であり、日本人俳優はゲスト的な役割を演じたにすぎなかった。言葉は民族と文化の根源である。日本の武士やゲイシャが映画の中で英語を話しても、どこか不自然さと違和感がつきまとう。まして三島由紀夫は言葉を駆使する作家であり、日本語で製作されたことの意味は大きい。(中略)ポール・シュレイダー監督は日本語映画の興行的な難しさや演出の不便さを承知の上で「Mishima」ではあえて日本語に挑戦した。そこには作家・三島由紀夫に対する敬意や、日本語と日本文化を尊重する姿勢を感じることができる。(垣井 229)

垣井が指摘するように、日本を舞台に日本人俳優が出演した欧米映画は数多くあるが、そこでは、日本人は英語などの外国語を話さねばならず、一定の語学力を備えていることが出演条件の一つと

mishima: A Life in Four Chapters. Dir. Paul Schrader, Prod. George Lucas & Francis Coppola, Perf. Ken Ogata, Kenji Sawada, Yasosuke Bano, Toshiyuki Nagashima, Ryo Ikebe, Sachiko Hidari, Hisako Manda, Naoko Otani, Haruko Kato. 1985. DVD. Warner Home Video, 2001.

されてきた。三島の魅力が日本での日本語による日米映画製作へと駆り立てたという点だけとっても、三島の力は大きい。

映画「ミシマ」は、第三十八回カンヌ国際映画祭（一九八五年五月八日）のコンペティションで、観客から五分以上にわたる拍手喝采を受けた。酷評もあったが、結局最優秀芸術貢献賞を受賞した（垣井238）。その後「ミシマ」は、アメリカのワーナー・ブラザースによって、日本を除く世界各国で劇場公開された。シュレイダー監督は、日本での上演を強く望んだにもかかわらず、一部の右翼団体が横やりをいれ、配給会社が劇場公開を怖れたため実現しなかったと言われる（垣井239）。さらに、脚本の第二部に『禁色』を使おうとした監督の意図は、三島の遺族が承諾せず、『鏡子の家』に変更を余儀なくされた（232）。肝心の日本で映画を公開できなかった監督は、「『日本の映画界は米国に比べて十年遅れている』と嘆いた」（239）という。

映画『ミシマ』は、三島由紀夫の生涯と代表的作品を交互に四部に分けて構成される。一部から四部までの始めの部分は、自決した一九七〇年十一月二十五日の三島と「楯の会」の隊員四名の行動が順番に展開するドキュメンタリー・タッチで、そのあとに三島の小説『金閣寺』『鏡子の家』『奔馬』が映画用にデフォルメされてそれぞれの部で登場する。

各部には、三島の最後の日だけでなく、病弱で厳しかった祖母、学習院時代など伝記的逸話が挿入される。剣道の練習場面、楯の会の制服を着込んで行進し、最後に出陣する姿、はちまきをしめて切腹に至る場面は事実ではあるが、三島の行動自体が時代錯誤的《アナクロニスティック》なので、日本人には気恥かしくて真面目に向き合うのはむずかしい。自決の当日、車中で盾の会の制服に身を包んだ三島を始めとする男たちが、日本の義理人情の演歌を合唱するところは奇妙なほほえましさで、悲しむべきなのか、笑っていいのか何とも言えない気持ちにさせられる。

渾身を込めた最後の演説が自衛隊員に理解されず、不発に終わった後、三島は「天皇陛下万歳!」を唱えて、自決へと向かう。戦後生まれのふつうの日本人には奇妙に映る三島の「天皇陛下万歳」は、若者向けに翻訳すれば「お母さ〜ん!」であり、西欧人ならば「おお神よ!」ということだったに違いない。

三島の自己の心情への殉教は、十字架上のキリストの言葉「エリ、エリ、レマ、サバクタニ」(「わが神、わが神、どうしてわたしをお見捨てになったのですか」)と聞こえないこともない。監督は、共同で脚本を担当した日本映画通の兄のレナード・シュレイダーのアドヴァイスを受けて、英訳されている三島作品を全部読んだ(垣井230)。そのかいあって、『ミシマ』には驚くほど正確で詳細な事実がここかしこにちりばめられた。三島自身が被写体になった篠山紀信撮影の「男の死」や細江英公による写真集『薔薇刑』撮影に至るまで丹念に挿入されている。外国の人々の三島由紀夫研究の真剣さと熱意と、外国人から見た日本の三島への視線を知らせるために映画『ミシマ』は日本での公開が切望される。垣井は「『MISHIMA』が日本の作家・三島由紀夫の存在を世界の映画ファンの間に広めたことだけは確かである」(240)と結んでいる。

三島由紀夫という人は、極度に個性的な生涯を自ら演出して常に注目を集め、もの騒がせな最期を遂げた。日本では思想的に危険人物だとみなす人々もいる一方、三島の芸術への人気は衰えない。三島の文学に惹かれれば惹かれるほど、三島の最後の行動の意味を解き明かしたいという気持ちになる。三島の割腹自殺は『午後の曳航』執筆時にはすでに決意されていたと私は感じる。あるいはそのずっと前から、若い頃から夢みていたのかもしれない。

天才は紙一重の場合もあるので、凡人には測り知れない部分を秘めている。凡人にはすごすぎて手の届かない、恐るべき三島の闇の部分こそが、才華として妖しく、人の心を惹きつけ、離さない。

参考文献

伊藤勝彦「三島由紀夫略年譜」『最後のロマンティーク　三島由紀夫』新曜社、二〇〇六年
井上隆史『豊饒なる仮面　三島由紀夫』新典社、二〇〇九年
垣井道弘「日本では未公開の映画『MISHIMA』は何を描き、どう評価されたのか」『世界の中の三島由紀夫』三島由紀夫論集(三)　勉誠出版、二〇〇一年
川島勝『三島由紀夫』文藝春秋、一九九六年
フロイト、ジークムント『自我論集』筑摩書房、一九九六年

三島由紀夫『午後の曳航』新潮社、一九六八年
――「All Japanese are perverse」『血と薔薇』（二）一九六八年、白順社、二〇〇三年
映画パンフレット『午後の曳航』東宝株式会社事業部&日本ヘラルド映画、一九七六年
DVD解説リーフレット「インタビュー『監督とプロデューサーに聞く』」『午後の曳航』IMAGICA&紀伊國屋書店、一九七六年

Piven, Jerry S. "Voyeurism and Rage in The Sailor Who Fell from Grace with the Sea." *The Madness and Perversion of Yukio Mishima.* Westport, Connecticut: Praeger, 2004.
Starrs, Roy. Deadly Dialectics: *Sex, Violence and Nihilism in the World of Yukio Mishima.* Honolulu: University of Hawaii Press, 1994.
Stokes, Henry Scott. *The Life and Death of Yukio Mishima.* Harmondsworth, Middlesex: Penguin Boos, 1975.

インターネット
IMDb . "The Sailor Who Fell from Grace with the Sea (1976) ."6 April, 2013. <http://www.imdb.com/title/tt0075161/?ref_=fn_tt_tt_1>.

初出一覧

二〇一〇年(平成二十二年)映像による異文化理解「陰獣」：闇に葬られた欲望 法政英語英米文学研究会PHOEBUS第十号

二〇一三(平成二十五)年 映画『午後の曳航』に学ぶ異文化理解―ナルシストの視線」東京女子大学大学院研究誌『ありす』第三十二号

二〇一五(平成二十七)年 映画による異文化理解『枕草紙』(The Pillow Book――ピーター・グリーナウェイのパロディ化『ありす』第三十四号

二〇一六(平成二十八)年 文学と映画『卍』――性の境界侵犯か？ PHOEBUS第十三号

二〇一七(平成二十九)年 文学と映画：芥川龍之介「藪の中」――多様な読みを許す複数の視点『ありす』第三十五号

二〇一八(平成三十)年 小説から映画へ――川端康成『美しさと哀しみと』のサイコホラーの側面 PHOEBUS第十四号

二〇一九(令和元)年『瘋癲老人日記』文学から映画へ――女神に溺れるパラフィリア老人『ありす』第三十七号

作家紹介

芥川龍之介(一八九二〜一九二七) 東京市京橋に生まれる。龍之介七か月の時に母フクが発狂し、叔父に預けられる。東京帝国大学英文科卒業。傑作と言われる多くの短編小説を書く。題材は、日本の古典のみならず、東西の文献を参考にしたものも多く、エキゾチックな異質性への憧れが見られる。芥川の文章は、西欧の小説の手法と様式に影響を受けて簡潔で論理的に構成され、無駄なく研ぎ澄まされ、才気がほとばしる。「将来に対する唯ぼんやりした不安」を動機に致死量の睡眠薬を飲み、三十五歳で自死する。純文学者の登竜門である「芥川賞」は芥川龍之介にちなんでいる。代表作は、「鼻」「羅生門」「戯作三昧」「芋粥」「藪の中」「杜子春」「歯車」「或阿呆の一生」である。

江戸川乱歩(一八九四〜一九六五) 三重県に生まれる。早稲田大学政治経済学部卒業。ペンネームの江戸川乱歩は、アメリカの小説家エドガー・アラン・ポーに由来する。日本の探偵小説の祖と呼ばれる。怪奇幻想文学の旗手として猟奇・異常性愛文学の扉を開き、マイノリティーの歪んだ欲望を読者に覗き見させ、社会ののけ者の孤独と差別を提示する。恐怖と娯楽性の共存する作風は、人間心理の闇をついて読者の心を離さない。作品は途絶えることなく、映画、テレビ、舞台に翻案化され続ける。代表作は

『押絵と旅する男』『人でなしの恋』『白日夢』『陰獣』『人間椅子』『芋虫』『D坂の殺人事件』『怪人二十面相』他多数ある。

川端康成（一八八九〜一九七二） 大阪に生まれる。東京帝国大学国文科卒業。幼少時に父母、祖父母、姉を相次いで失い、「葬式の名人」と自ら称す。「新感覚派」として西欧の前衛文学の擬人法、暗喩を取り入れた感覚的な文体を目ざしたが、後年は日本の伝統と美意識を意識した作品を描く。一九六八年日本人として初めてノーベル文学賞を受賞。一九七二年厨子マリーナの一室でガス自殺。川端の死については、自死か事故かと真相が取沙汰される。代表作は、『伊豆の踊子』『雪国』『古都』『山の音』『眠れる美女』の小説、『美しい日本の私』のノーベル賞受賞記念講演がある。

清少納言（九六六年頃〜一〇二五年頃） 清原元輔の娘として京都に生まれる。清少納言という名前は宮廷の女房になった三十歳の時、主人の中宮定子から与えられた名である。実名は「諾子《なぎこ》」あるいは「なき子」という説がある。『枕草子』は、清少納言が中宮定子の家庭教師兼世話係として仕えた十年間に書かれた。『枕草子』は、約三百の文章で構成され、宮中の暮らしの中で見聞きしたり、体験したり、感じたこと、考えたことを美しく鋭く思いのままに、平仮名中心の簡潔な和文で綴られる。『枕草子』は知性的な「をかし」の美の世界を描き、源氏物語の心情的な「もののあはれ」と対比される。当時の日本には物語や日記はあったが、『枕草子』が初めての随筆である。

谷崎潤一郎（一八八六〜一九六五） 東京市日本橋に生まれる。東京帝国大学文学部国文科中退。日本的な耽美の世界を西洋文学の影響のもとに、華麗な変幻自在の文体で描く。谷崎の作品は、マゾヒズムと足フェティシズムのデカダンス、美とエロス抜きでは語れない。作品の完成度の高さと幅の広さから「大谷崎」と呼ばれ、国民文芸賞、文化勲章、毎日芸術大賞等の多くの受賞歴を持ち、ノーベル文学賞候補にも上がっていた。代表作には、『刺青』『痴人の愛』『卍』『春琴抄』『細雪』『鍵』『瘋癲老人日記』の小説、『陰翳礼賛』『文章読本』の随筆、『潤一郎訳源氏物語』がある。

三島由紀夫（一九二五～一九七〇） 東京に生まれる。学習院高等科主席卒業後、東京大学法学部卒業。大蔵省銀行局に勤務するが、退職して執筆業に入る。暗い日本文学の流れを、西欧の理念と形式を加えて修正することを理想とした。レトリックと逆説の多用、緊密な構成に基づいた形式美の唯美的世界を繊細で華麗な文体で綴った。雑誌『血と薔薇』で、三島自らが演じた「聖セバスチャン殉教図絵」に見られるように、その文学世界は、強烈な自己愛と自虐から成る。三島の才能を早くから認めた川端康成とは師弟関係にあった。私的民間防衛軍事集団「盾の会」を組織して、一九七〇年十一月二十五日、市ヶ谷の自営隊員に憲法改正を訴えてクーデターを起こし未遂に終わる。その直後に森田必勝と共に割腹自殺を遂げる。代表作は、『仮面の告白』『潮騒』『金閣寺』『鏡子の家』『憂国』『豊饒の海』の小説、『鹿鳴館』『近代能楽集』『サド侯爵夫人』の戯曲がある。

著者紹介／清水《しみず》純子《じゅんこ》

［学歴］

立教女学院小学校、中学校、高等学校卒業
東京女子大学英米文学科卒業
東京女子大学大学院文学研究科修士課程英米文学科修了
法政大学大学院博士後期課程満期中退
シドニー工科大学（ＵＴＳ）英語教育学修士課程修了
筑波大学大学院博士課程（英文学）修了
筑波大学 Ph.D. 博士（文学）号取得（博甲第五二三〇号　ユージン・オニール研究　視線をとらえる「不気味なもの」）

［職歴］
日本興業銀行本店外国為替部勤務を経て、大学非常勤講師。現在、都内主要五大学にて非常勤講師を務める。日本ペンクラブ電子文藝館委員。

［専門］
映画批評、英米文学・英米演劇および英米文化批評

［著書］
単著『アメリカン・リビドー・シアター：蹂躙された欲望』彩流社
単著『様々なる欲望：フロイト理論で読むユージン・オニール』彩流社
共著『イギリス文化事典』「イギリス映画」の項目編集および執筆、丸善出版
共著「ブラック・スワン：多重構造のサイコ・スリラー」『英米文学に見る仮想と現実』彩流社
共著「小説から映画『嵐が丘』へ：なぜヒースクリフはキャシーの墓を暴くのか」『文学の万華鏡——英米文学とその周辺』れんが書房新社
共著『映画英語授業デザイン集』スクリーンプレイ社
共著『エリザベス・ボウエンを読む』「第十九章ボウエンと映像——スクリーンを舞う亡霊たち」エリザベス・ボウエン研究会編、音羽書房鶴見書店

［WEB映画批評主宰執筆］
『J・シミズの映画レビュー』
『シネマの千夜一夜』
『シェヘラザードのシネマデータベース』

【人名索引】

【事項索引】

や行

ら行

あとがき

彩流社の河野和憲氏から「日本文学の外国映画化について書いてみませんか？」とお誘いを受けてから十年の歳月が流れた。正確に言うと、私が「歳月を流してしまった」のだが、当時、若手のやり手だった河野氏は今や彩流社の看板である。

本書に登場する日本の大文豪は、若い方にとっては、皆昔の人々になるのだろうが、筆者は親族から間接的に彼らの話を聞く幸運を得ていた。一番近いところでは三島由紀夫である。母方の伯母が、S女子大に在学中、クラスメートが「お兄様のサインほしい？　もらってきてあげるわ」と言ってくださったが、伯母は「けっこうよ、あなたのお兄様のサインなんかもらってなになるの？」ともったいなくも断ってしまった。

あとで知ったことだが、彼女のお兄様とは、当時売り出し中の三島由紀夫だった。その後、そのクラスメートも若くして亡くなり、「あの時サインをいただいておけばよかった、なんて馬鹿だったのだろう」と伯母は後悔した。

私が日本の大文豪の一人、谷崎潤一郎を身近に感じて興味を持ったのは、明治生まれの父方の祖母によってであった。祖母うめは、谷崎潤一郎の妹さんと仲良しだった。芸者衆を引き連れて日本橋界隈を闊歩する潤一郎氏を幾度も見かけていた。綺麗どころの彼女が妹君にむかって「どう、きれいでしょ、このおべべ？　お兄様に買っていただいたのよ。あなたも買っていただいたら」と話しかけてきたという。祖母はその時の潤一郎を「脂ぎったお人でねぇ、私はああいうのはどうもねぇ、弟の精二さんも妹さんも清楚な方だったのに、同じ兄弟でもずいぶん違うものね。母親が違うせいかしら」と話した。母は「おばあちゃまの好みはよくわからないわ。潤一郎はなかなか立派なお顔じゃないの」と賛成していない。

祖母は、芸者遊びゆえに潤一郎を非難したのではない。祖母はお正月に、勝手口に次々と現れて「旦那様、奥様、今年もどうぞごひいきに」とずらりと並んで手をついて挨拶する芸者衆の話を誇らしげに語った。「お爺様は浮気はなさいませんでしたよ。芸者遊びは別です。あれは男の甲斐性です。金のない者にはできやしない」と信じていた。

戦前の良家の子女は、親の決めた相手と結婚式場で初めて会って祝言を挙げるのが普通とも言った。家と家同志の結びつきしか考えない時代に育った祖母は、恋愛は犬や猫のすること、ちゃんとした人間のすることじゃないと本気で考えていた。そんな祖母の同時代人であった谷崎をはじめとする大文豪たちが、いかに時代の先端を行く存在であったかがわかる。

うめの息子で最近亡くなった父は、先祖代々江戸っ子であることを誇り、読書とクラシック音楽をこよなく愛した。母同様、大の映画ファンでもあった父は、ジェームズ・スチュアートだと自負し、娘の私に相手役女優ジューン・アリソンの名をとって「純子」と名付けたという。

そんな両親の影響を受けて、幼い頃から本の虫、映画オタクであったが、英米文学を専攻してきた私にとって、この書は新たな挑戦である。日本文学を専門にしておられる方々からはいろいろとご指摘もあるだろうが、まずは英米文学と欧米映画を研究対象にしてきた者の視点による一つの考察だとご理解いただきたい。

外国人から見て日本がどのように映るか、また日本の文豪たちが外国文学・文化から何をどのように吸収して、日本人として消化していったかを本書から少しでも読み取っていただければ幸いである。

清水純子

二〇一九年十一月

Sairyusha

映画《えいが》と文藝《ぶんげい》

日本《にほん》の文豪《ぶんごう》が表象《ひょうしょう》する映像世界《えいぞうせかい》

二〇二〇年一月三十日　初版第一刷

著者——清水純子

発行者——河野和憲
発行所——株式会社 彩流社
〒101-0051
東京都千代田区神田神保町3-10大行ビル6階
電話：03-3234-5931
ファックス：03-3234-5932
E-mail：sairyusha@sairyusha.co.jp

印刷——明和印刷（株）
製本——（株）村上製本所
装丁——中山銀士＋金子暁仁

ISBN978-4-7791-2648-2 C0074
http://www.sairyusha.co.jp